21世纪高等学校
经济管理类规划教材

高校系列

大学生创新创业教程

◎ 刘艳彬 李兴森 主编
◎ 余志伟 陈剑平 副主编

人民邮电出版社
北京

图书在版编目（CIP）数据

大学生创新创业教程 / 刘艳彬，李兴森主编. -- 北京 : 人民邮电出版社，2016.7(2019.8重印)
21世纪高等学校经济管理类规划教材. 高校系列
ISBN 978-7-115-42424-2

Ⅰ. ①大… Ⅱ. ①刘… ②李… Ⅲ. ①大学生－职业选择－高等学校－教材 Ⅳ. ①G647.38

中国版本图书馆CIP数据核字(2016)第096499号

内 容 提 要

本书从大学生创新思维训练与创业知识的实际需要出发，概述了创新思维与创业管理的有关内容。全书共分 10 章，前 5 章分别介绍了创新思维的概念、创新思维的形式、头脑风暴法、水平思考法和可拓创新方法，第 6 章介绍了专利申请的有关知识，第 7～9 章分别介绍了创业的概念、创业团队的构建、创业机会的寻求和商业计划书的写作，第 10 章是创新思维与创业的整合案例。全书理论部分简明扼要，重点突出；实践部分内容丰富，形式多样。

本书既可作为高等院校开展创新创业教育的教材使用，也适合用作零售、培训班的参考用书。

◆ 主　　编　刘艳彬　李兴森
　副 主 编　余志伟　陈剑平
　责任编辑　武恩玉
　执行编辑　孙燕燕
　责任印制　沈　蓉　彭志环

◆ 人民邮电出版社出版发行　　北京市丰台区成寿寺路 11 号
　邮编　100164　　电子邮件　315@ptpress.com.cn
　网址　http://www.ptpress.com.cn
　固安县铭成印刷有限公司印刷

◆ 开本：787×1092　1/16
　印张：12.25　　　　2016 年 7 月第 1 版
　字数：280 千字　　　2019 年 8 月河北第 7 次印刷

定价：32.00 元

读者服务热线：(010) 81055256　印装质量热线：(010) 81055316
反盗版热线：(010) 81055315

前言 FOREWORD

创新教育开始于 20 世纪 50 年代，我国则始于 20 世纪 80 年代初，发展至今已经形成创造性理论与方法体系、发散思维、可拓创新、TRIZ 等一系列方法。创业教育开始于 20 世纪 90 年代初，2002 年开始在清华大学、北京大学等 9 所院校进行试点，2010 年在全国开始推行创业教育。随着国家以及各级政府对创新创业的逐渐重视，各个高校都开始开展创新创业的普及教育，创新创业教育正迎来它的黄金时期。

本书以创造性思维为出发点，以学生创新能力发展为主线，以创新的结果——新产品为过渡，将创新与创业的内容有机地结合起来，实现创新创业训练“一本通”。本书共分 10 章，第 1～5 章为“创造性思维”内容，这部分在阐述完思维基础知识后，着重论述了创造性思维的各种形式，同时将大量的故事、案例、寓言等具有趣味性的素材穿插在每个章节之中，并在每个章节之后配备了课堂游戏以及帮助学生回顾学习内容的训练习题；第 6～9 章为创业管理相关内容，对创业管理中的基本理论，例如，何为创业、如何组建创业团队、如何寻找创业机会、如何撰写商业计划书等内容进行了详细论述，在该部分还配备了经典案例、故事等来增强学生对内容的理解，同时在每章都有相应的训练游戏，帮助学生增强创业能力；第 10 章为贯穿全书内容的完整案例，该案例将创新创业的整个过程完整地记录，以便学生巩固所学的创新创业内容，同时提高学生的动手能力。

本书的主要特色体现为以下几个方面。

（1）教材内容上的特色。将创造性思维与创业内容系统整合，这样的系统整合对于提高学生的创新、创业能力有明显效果。

（2）教材编写形式上的特色。综合采用各种类型的素材，真正做到寓教于乐，能够极大地提高学生的阅读兴趣，这一点在我们的教学活动中得到了充分的证明。这些素材包括游戏、实验、案例、故事、寓言等。

（3）以创新创业成果形成过程为导向的教材设计原则。这是本书的又一特色。创造性思维认知—学习—训练—成果（新产品）—组建创业团队—寻找创业机会—撰写商业计划，构成了本书的逻辑主线。这种设计对学生创新创业能力的提高具有很好的效果。

本书由刘艳彬、李兴森、余志伟、陈剑平和袁平共同编写，由刘艳彬和李兴森负责统稿。在编写过程中，得到了可拓学创始人蔡文教授和中国创造学会副会长周耀烈教授的指导和帮助，在此表示感谢。

本书的主要内容曾在浙江大学宁波理工学院“创新创业实务”“可拓创新方法与创意训练”等素质提升课应用，反响良好。创新无止境，要编写一部真正让自己满意、让老师满意、让学生满意、让大众满意的书，还需要细化和完善。恳请广大读者不吝赐教！

刘艳彬　李兴森

2016 年 1 月于浙江大学宁波理工学院

目录 CONTENTS

第 1 章 创新思维导论

本章学习目标

（1）了解思维的概念和特点。

（2）了解思维的过程和思维的分类。

（3）了解思维定势的概念和类型。

（4）通过训练打破思维定势。

1.1 故事引入

自动洗碗机的营销故事

自动洗碗机是一种先进的厨房家用电器，是发明家和企业家适应社会需要的创新杰作。然而，当美国通用电气公司率先将自动洗碗机推上市场时，等待他们的并不是蜂拥而至的顾客，“门前冷落鞍马稀”的局面真是出人意料。

公司的经营策划者们将希望寄托在广告宣传上。按照过去的经验，只要让广告媒体实施心理上的“轮番轰炸”，消费者就会认识到自动洗碗机的价值。于是，他们在各种报刊杂志、电视广播上反复宣传“洗碗机比用手洗更卫生，因为它可以用高温水杀死细菌。”（见图 1-1 和图 1-2）他们还别出心裁地用电视画面放大细菌的丑恶形象，使人对此产生恐惧。他们想，细菌无处不在，人们对肉眼看不见的小东西的恐惧感必然使其寻求洗碗机的帮助。在电视广告里，他们示范表演了清洗因烘烤食品而被弄得一塌糊涂的盘子的过程，以形象地宣传自动洗碗机对付那些难于清洗的餐具的能力。

结果又是如何呢？一切“高招”都用尽了，人们对洗碗机仍是敬而远之。从商业渠道传来的信息极为不妙，新开发的洗碗机眼看就要夭折在它的投放期内。

消费者究竟怎样想的呢？持有传统观念的人认为，男人和十几岁的孩子都能洗碗，自动洗碗机在家中几乎没有什么用，即使用它也不见得比手工洗得好；机器洗碗先要做许多准备工作，增添了不少麻烦，还不如手工洗来得快。妇女们则认为，自动洗碗机这种华而不实的“玩意儿”将损害“能干的家庭主妇”的形象。一部分人则不相信自动洗碗机真的能把所有的碗洗干净，认为机器太复杂，无法理解它的功能原理，维护修理肯定困难。还有一些人虽然欣赏洗碗机，但认为它的价格难以被平静地接受。

顾客是“上帝”，他们的传统价值观和消费意识一时不接受您开发的新产品，您又有什么办法呢？无奈之下，公司只好请教市场营销策划专家。智囊团们经过一番分析推敲，终于悟出一个新的营销方案：将销售对象转向住宅建筑商人。

图 1-1　通用电气公司 1937 年的洗碗机广告

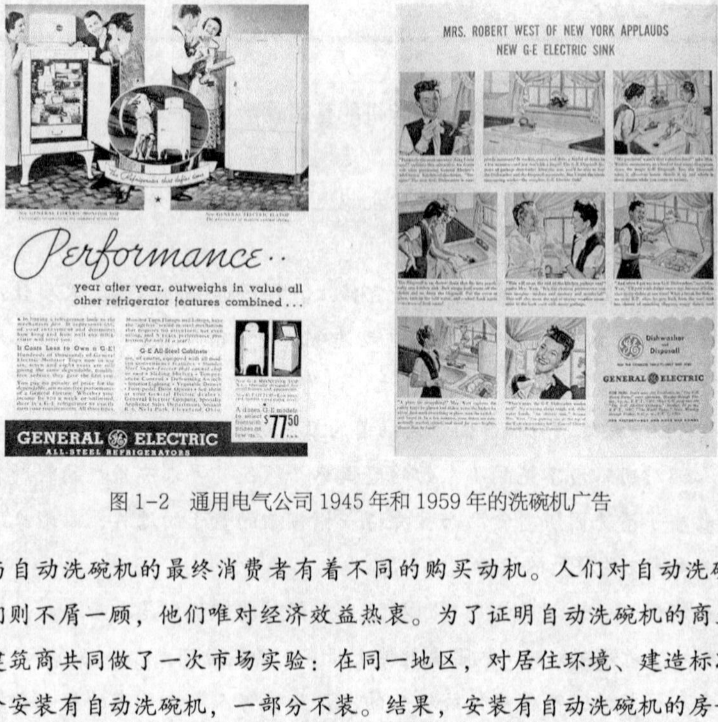

图 1-2　通用电气公司 1945 年和 1959 年的洗碗机广告

建筑商与自动洗碗机的最终消费者有着不同的购买动机。人们对自动洗碗机的评头论足，建筑商们则不屑一顾，他们唯对经济效益热衷。为了证明自动洗碗机的商业价值，通用电气公司和建筑商共同做了一次市场实验：在同一地区，对居住环境、建造标准相同的一些住宅，一部分安装有自动洗碗机，一部分不装。结果，安装有自动洗碗机的房子很快卖出或租出去了，其出售速度比不装自动洗碗机的房子平均要快两个月。这一结果使住宅建筑商感到鼓舞。当所有的新建住房都被希望安装有自动洗碗机的时候，通用电气公司生产的自动洗碗机便迎来了“柳暗花明又一村”的局面。

上述营销方案的产生并不是用我们常用的逻辑思维方式，而是来源于创造性思维。当正面推销或直接推销受阻时，不妨绕个弯，迂回一下，结果曲径通幽，从而达到原先企盼的目的。将自动洗碗机直接销售给家庭主妇，是一种直达目的的逻辑思维结果，如果这种想法能成功，当然是再好不过的了。当最终的消费者不乐意接受时，通过将洗碗机安装在住宅里，让购房或租房者在比较中产生兴趣，以拥有安装了洗碗机的住宅作为最佳选择，从而最终达到将洗碗机销售出去的目的，便是创造性思维产生的营销契机。显而易见，创造性思维是一种能产生新想法的思维方式，它的创新品质源于两点：其一，它可以让人们排除固有想法所造成的直来直往的线性思维，避开“经验”“常识”“逻辑”的羁绊；其二，它能帮助策划者借鉴表面看来与问题无关的信息，从全新的角度去求解难题。因此，当我们在新产品市场营销策划时，自觉地运用创造性思维的机制，有利于拓宽思路和捕捉创意。

1.2 理论精解

1.2.1 思维的概念

思维和感觉、知觉一样，是人脑对客观现实的反映。但是，它们之间又有所不同。感觉和知觉是人脑对客观现实的直接的反映，这种反映是我们的感觉器官直接与外界事物相联系着的，是对事物个别属性、事物的整体和外部联系的反映。它是认识的感性阶段或叫认识的低级阶段。而思维则是对客观事物的间接的、概括的反映，它所反映的是客观事物共同的、本质的特征和内在联系。所谓间接的反映，就是通过其他事物的媒介来认识客观事物，即借助于已有的知识经验，间接地去理解和把握那些没有直接感知过的或根本不能感知到的事物。所谓概括的反映，就是依据对事物规律性的认识，把同一类事物的共同特征、本质特征抽引出来加以概括。概括有感性的概括，也有理性的概括。概括有不同的水平，概括的水平越高，越能深入地反映事物的本质特征和内在联系。例如，我们拿一杯热水，能感觉杯子很烫，这是我们的触觉给大脑传递的信息，是直接的；但是根据已有的知识，我们知道之所以杯子很烫手是因为“杯子温度高于身体表面温度，摸到杯子会刺激手指神经，大脑会自动做出反应”，这种过程是间接的，也就是所谓的思维。所以，思维是认识的高级阶段或叫认识的理性阶段。

人的思维是在感性认识的基础上进行的，即在感知的基础上产生和发展起来的。因此，一方面思维与感知觉（感性认识）有着本质的不同，另一方面思维与感知觉又处于不可分割的联系之中。

1.2.2 思维的特点

上述思维的定义表明，思维具有与感知不同的特点：它对客观事物反映的方式是间接的、概括的；反映的过程往往借助于语言，并以旧有知识为媒介；反映的结果可能揭露事物的本质和规律；反映的水平属于高层次的理性认识，是认识过程的高级阶段。

1．思维的间接性

思维的间接性，指的是思维能对不在当前的、不能直接作用于人脑的事物做出反映。这就需要借助于中介物。例如，我们可以借助 pH 试纸，鉴别溶液是酸性还是碱性；我们可以借助 4000 万年前珠穆朗玛峰地区地层中的海洋生物化石，推断出现在的“世界屋脊”在那时还是一片汪洋大海。溶液的酸碱性质、珠穆朗玛峰在 4000 万年前的地貌，我们不能直接认识，它们不能直接呈现在我们的面前，但我们可以借助 pH 试纸和当时的海洋生物化石，做出正确的判断。这就是思维的间接性。

2．思维的概括性

人为什么能对不在当前的事物做出间接的认识呢？这是因为思维具有另一个特点，即思维的概括性。思维的概括性，指的是思维反映的东西，不是个别事物或事物的个别属性，而是一类事物的共同属性或本质属性，是事物间的规律。这种事物的共同属性或规律是通过概括来实现的。

概括可以分为两个层次，即经验的概括和理论的概括。概括的结果是概念。在日常生活中，我们见到的鸟都是会飞的，于是我们把这个经验加以概括，构成鸟是会飞的动物的概念。这是经验的概括，它所构成的概念叫作经验性的日常概念。

1.2.3　思维的一般过程

思维是以感觉、知觉、表象为基础的认识的高级阶段。这种认识的高级阶段的实现，是以感觉、知觉、表象提供的材料为基础，并通过分析、综合、比较、抽象、概括等过程要素予以完成的。

分析与综合是思维的基本过程。分析是在思想上把事物的整体分解为各个部分、个别特征和个别方面，而综合是在思想上把事物的各个部分或不同特征、不同方面综合起来。分析与综合是同一思维过程中不可分割的两个方面。分析为了综合，综合中又有分析，任何一个比较复杂的思维过程，既需要分析又需要综合。

比较是在思想中确定被比较事物之间的共同点和区别点。为了确定几个对象的异同，总是要先分出所比较事物的各个特征，然后才谈得上比较，所以分析是比较的必要组成部分。同时，在比较时，必须把它们相应的特征联系起来加以考察，确定它们在哪些方面是相同的，在哪些方面是不相同的，这就是进行综合。因此，综合也是比较的必要组成部分。可见，比较离不开分析和综合。当然，被比较的事物应该是在性质上有联系的，在性质上毫无联系的事物是不能进行比较的。

抽象是在思想上抽引出各种对象和现象之间的本质特征、舍弃非本质特征的思维过程。概括是在思想上把同类事物的本质特征加以综合并推广到同类其他事物的思维过程。抽象和概括是相互联系的。抽象和概括，又都离不开分析和综合这个思维的基本过程。抽象是概括的基础，没有抽象就不可能进行概括。概括则是把分析、比较、抽象的结果加以综合，形成概念。概括的作用在于使人的认识由感性上升到理性，由特殊上升到一般。

分析、综合、比较、抽象、概括等一系列活动相辅相成、一脉相承、相互影响、承上启下，共同构成了人类思维的一般要素。在社会实践活动中，必然会遇到各种各样的矛盾和问题，这就促使人们去研究、去解决，而人类思维活动过程也更多地体现在对各类问题解决的过程中。解决问题的思维的一般过程，可分为发现问题、分析问题、提出假设、检验假设四个步骤，这也是辩证思维的一般过程（见图 1-3）。

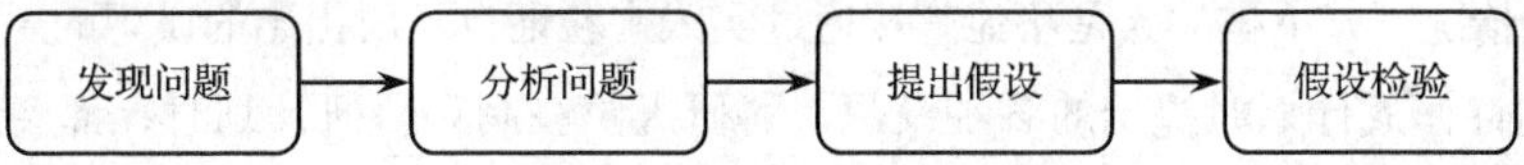

图 1-3　思维的一般过程

1．发现问题

思维都是从问题开始的，在人类社会生活的各个领域，如生产劳动、科学实验、技术革新、文艺创作、教育实践、军事活动、管理工作等领域中，都存在着各种各样的问题。不断地解决这些问题是人类社会生活发展的需要，凡此种种社会需要转化为个人的思维任务，这就是发现问题。发现问题是解决问题的起点，发现问题的过程也就是发现矛盾的过程。没有发现问题就不可能解决问题，所以发现问题比解决问题更重要。

2．分析问题

发现问题是从知道有问题到知道哪里有问题和有什么问题的过程，而分析问题是在详细占有资料的基础上，通过全面深入地分析研究，找出问题的核心即关键性问题的过程。抓住了问题的关键，就可以使思维活动更具有指向性，便于更好地运用已有的知识、经验来解决面临的问题。分析问题时能否找出关键性问题是非常重要的，这需要有充足的资料、丰富的经验和较强的概括能力。

3．提出假设

发现问题、分析问题是为了解决问题，而解决问题的关键是找出解决问题的方案——解决问题的原则、方法和途径。但这些，常常不是简单地能够立刻找到和确定下来的，而总是先以假设的形式出现，即预先在自己的头脑中做出假定性的解释——假设。在解决问题的过程中，假设起着重要的作用，许多问题的解决都离不开假设的作用。离开了假设的作用，人的解决问题的活动就会成为一种盲目被动的活动。正如恩格斯所指出的："只要自然科学在思维着，它的发展形式就是假设。"所谓假设，就是解决问题的人所假定的问题的结论，或者是解决问题的途径和方法。如工人在排除机器的故障时，必须对机器之所以发生故障的各种可能原因，提出种种假设，直至把问题解决。提出假设并不是很容易的事：首先，这与过去已有的知识经验有关；其次，提出假设还与前段工作，即对问题是否明确与正确理解有关；最后，通常需要经过多次"尝试错误"，才能确立假设。

4．检验假设

验证假设的方法有两种：一种是直接通过有关的实践活动或实验，来判断某一假设的真伪；另一种是通过智力的活动来检查，即依据间接的实践结果来推论假设的真伪。前者是直接验证的方法，通过实践活动和实验，人们就可用物质手段的形式将假设的东西转化成物质的成果或产品，从而以这物质的成果或产品来验证假设。假设的东西如果与物质的成果或产品相符合、相一致，则证明假设是正确的、可行的；反之，则证明假设是不正确或不够正确的，需要重做假设或修正假设。但是，也有一些假设是无法直接付诸实践加以验证的，这就需要通过人们的逻辑推理，凭借人们已有的知识、经验，对一种假设做出合乎规律的检验。例如，下棋的人到了局势危急的关键时刻，一着不慎，全盘皆输，可是按下棋规矩，落子无悔。在这种情况下，下棋的人是不能直接通过实践来验证自己所提出的设想的。另外，军事指挥人员制订作战计划时提出的各种设想、科研人员在制订科研计划时，都会面临这种情况。假设的验证要持客观的、实事求是的态度，避免主观主义，在寻找新的解决问题的方案时，要对以前方案失败情况做充分的了解，分析原假设失败的原因，这对找出新的解决问题的方案是有益的。

我们应该看到，提出问题、分析问题、提出假设、验证假设这四个阶段并不是截然分割的，有时是交错地进行着的。上述所阐述的即是解决一般问题的思维过程。

1.2.4 思维的分类

逻辑思维与非逻辑思维也是人类思维行为的常见分类与表现形式，而创造性思维是逻辑思维与非逻辑思维的结合与互补。

逻辑思维是一种依靠概念、通过判断和推理来反映事物的本质特征和内部联系的思维类型。它以各种概念、判断和各种推理作为思维形式，以分析、综合、比较、抽象、概括和具体化等为思维的基本过程。此外，逻辑思维还包括归纳推理（即由特殊到一般的推理）和演绎推理（即由一般到特殊的推理）等思维形式。

逻辑思维是严密的推理思维，在数学论证、福尔摩斯侦探小说、专业文献撰写等各领域的思维都是通过逻辑思维得以体现的。

整体而言，逻辑思维具有以下特点。

（1）思考的根据（前提）和思考的结果（结论）之间具有必然的联系。

（2）有确定的思考程序和步骤。

（3）有必须遵守的规则。

（4）要求步步正确，即每一步推论必须正确。

（5）采取线型思考方式。

（6）不受思考者动机、情感、兴趣、意志等因素的影响。

【小故事】微软经典面试题

- 有一辆火车以 15 千米每小时的速度离开北京直奔广州，同时另一辆火车以 20 千米每小时的速度从广州开往北京。如果有一只鸟，以 30 千米每小时的速度和两辆火车同时启动，从北京出发，碰到另一辆车后就向相反的方向返回去飞，就这样依次在两辆火车之间来回地飞，直到两辆火车相遇。请问，这只鸟共飞行了多长的距离？
- 你有四个装药丸的罐子，每个药丸都有一定的重量，被污染的药丸是没被污染的药丸的重量加 1。只称量一次，如何判断哪个罐子的药被污染了？

上面这个问题刚看上去好像所给条件太苛刻，不大好解。其实，只要仔细分析它们之间的条件，列出可能出现的情况，对这些情况进行分析类比，找出异同点，就能找出解题点。这种方法一般在逻辑分析里比较常见。从马丁分析问题的思路可以看到，遇见问题我们不应不知所措、退缩逃避，而应静下心来分析、理清思路、梳理逻辑主线，问题的答案往往就能显现出来了。

非逻辑思维是指一切在逻辑基本范围内所不包含，而在创造过程中发挥有效作用的各种思维形式。非逻辑思维属于人们内在的心理活动，如“联想”“想象”“灵感”“直觉”等。这类心理活动本来并不需要，有时甚至还难以用言语的方式来表达，但只要它们同样具备作为思维所必须具备的基本功能，我们便完全可以将它们称为“非言语思维”。非逻辑思维还可以表现为发散思维、逆向思维、侧向思维、组合思维等思维形式，我们将在后面讨论。非逻辑思维在创造活动中发挥着举足轻重的作用，或者说“关键性”的作用，有人认为它是创造性思维的精髓，或者说是创造性思维的核心。

与逻辑思维相对，非逻辑思维具有以下的特点。

（1）思考的依据（前提）和结果（结论）之间不具有必然联系。

（2）一般没有确定的思考程序和步骤。

（3）没有必须遵守的规则。

（4）不要求步步正确，可以在某些环节上走弯路、犯错误，它只要求最终结果。

（5）采取体型或面型思考方式，这种思考着眼于事物的“整体”“全局”，或一个个的“侧面”与横断面。

（6）受思考者的动机、意志、兴趣、情感等因素的影响。

相对来说，在创新思考中，非逻辑思维的主要作用是为解决有待创新的课题广开思路，从而提出众多新颖独特的设想；逻辑思维的主要作用则是对提出来的各种设想进行整理加工和审查筛选，从而找到解决问题的最佳方案。前者主要作用在于摸索、试探，后者主要作用在于检验、论证。运用非逻辑思考方法，侧重于使人的思考活动具有流畅性、灵活性和独创性；运用逻辑思考方法则侧重于使人的思考活动具有准确性、严密性和条理性。

人们在日常分析问题、研究问题时，通常仅用逻辑思维就可以得心应手地处理问题了。但是，要处理前所未遇或前所未有的新问题，光靠逻辑思维就很难应付了。有些学者认为，仅用逻辑思维不可能做出创造，正如爱因斯坦所说：“没有通向创造发明的逻辑通道。”因为逻辑思维是一种规范性的思维，无论是演绎，还是归纳，都只能按既定的逻辑程序进行，而绝不能违反逻辑规则，因而它不具备创新机制。创新机制只能来自非逻辑思维，逻辑思维形式本身永远不可能实现创新作用。爱因斯坦还曾断言：“创造并非逻辑推理之结果，逻辑推理只是用来验证已有的创造设想。”这些都说明非逻辑思维在创造活动中的关键性作用。

但是，能否因此而否定逻辑思维在创造活动中的作用呢？不能。许多重大创造表明，创造过程是由逻辑思维与非逻辑思维这两种思维形式协作互补而完成的。在创造活动的“准备——创新（酝酿和顿悟）——验证”的各个阶段中，在过程前期即准备阶段，研究主体要从人类知识宝库中，搜集、整理、分析和筛选现成的文献资料，或从前人的精神产品中汲取知识和经验，这时，所利用的只能是符合逻辑常规的思维形式，即逻辑思维。

同样，在创新阶段的后期即验证阶段，最主要的就是用符合逻辑常规的程序来验证经创新获得的新观念新成果，这个阶段用的也是逻辑思维。这说明，在创新活动的早期、后期，逻辑思维形式是必不可少的。至于在创新活动的中期即创新阶段，创造主体或冥思苦想，或泰然自若，直至豁然开朗。这时，无须受制于逻辑规范，所利用的思维形式则是非逻辑思维。可见，人的创造过程正是逻辑与非逻辑两种思维形式协作互动的过程，两种思维形式缺一不可。

人们既运用逻辑思维也运用非逻辑思维，既有形象思维也有抽象思维，任何把一种思维形式作为创造性思维的唯一形式的看法都是片面的。但是，也应该看到，逻辑思维与非逻辑思维在创造中的作用是不一样的，在不同性质、不同类别的创造中，各种思维形式的作用也是不一样的。

而从创造心理的心理机制和脑神经生理基础来看，逻辑思维和抽象思维一般是左脑的功能，非逻辑思维和形象思维一般是右脑的功能。创造的左右脑协同机制，也决定了逻辑思维与非逻辑思维、形象思维与抽象思维是互相补充的。但一般来说，在创造性思维中，非逻辑思维比逻辑思维起到更重要的作用；而在常规思维中，逻辑思维要比非逻辑思维起到更大的作用。

1.2.5 思维定势

人们由于经验的积累、知识的增加，会对常见的事物或问题有一种熟悉的认识和解法，形成个人一种固定的思考模式。心理学称为“功能的固化”（Functional Fixed），形容很难摆脱传统习惯方式的思维现象，又称思维定势或思维惯性。

【小故事】盲人怎样买剪刀？

世界著名的科普作家阿西莫夫从小就很聪明，年轻时多次参加“智商测试”，得分总在160分左右，属于天赋极高之列。有一次，他遇到一位汽车修理工，是他的老熟人。修理工对阿西莫夫说：“嗨，博士！我来考考你的智力，出一道思考题，看你能不能回答正确。”

阿西莫夫点头同意。修理工便开始说思考题：“有一位聋哑人，想买一根钉子，就来到五金商店，对售货员做了这样一个手势：左手食指立在柜台上，右手握拳做出敲击的样子。售货员见状，先给他拿来一把锤子，聋哑人摇摇头。于是售货员就明白了，他想买的是钉子。聋哑人买好钉子，刚走出商店，接着进来一位盲人。这位盲人想买一把剪刀，请问：“盲人会怎样做？”

阿西莫夫顺口答道：“盲人肯定会这样——”他伸出食指和中指，做出剪刀的形状。听了阿西莫夫的回答，汽车修理工开心地笑起来，“哈哈，答错了吧：盲人想买剪刀，只需要开口说‘我买剪刀’就行了，他干吗要做手势呀？”

这个小故事体现了年轻时的阿西莫夫的思维定势，在获得“聋哑人通过手势买钉子”的思考经验后，想当然地将盲人买剪刀的行为通过手势进行表达，而忽略了盲人可以通过言语表达的能力。这种阿西莫夫式思维定势表现在人类社会、生活、学习与实践的各个领域，构成巨大的定势思维障碍。一方面，思维定势有着巨大好处，它使人们的学习、生活、工作简洁明快，社会高度有序化；另一方面，思维定势的固定、程序化等模式又阻碍科技的发展，尤其是在创造中，思维定势往往形成了创造性思维的障碍，极大地影响着人们创造力的发挥。

心理学家卢钦斯（A.S.Luchins）在研究思维定势对解决问题的影响时做了一个很有名的

量水实验，实验非常简单，只是要求用给定的一定量容器 *A*、*B*、*C* 三者，通过组合使用量出定量的水 *D*（见表 1-1）。

表 1-1　卢钦斯量水实验

问题	给定容器容量/夸脱			求 D/夸脱	一般解法	更简便解法
	A	*B*	*C*			
1	21	127	3	100	*D*=*B*–*A*–2*C*	
2	14	163	25	99	*D*=*B*–*A*–2*C*	
3	18	43	10	5	*D*=*B*–*A*–2*C*	
4	9	42	6	21	*D*=*B*–*A*–2*C*	
5	20	59	5	29	*D*=*B*–*A*–2*C*	
6	23	49	3	20	*D*=*B*–*A*–2*C*	*D*=*A*–*C*
7	15	39	3	18	*D*=*B*–*A*–2*C*	*D*=*A*+*C*
8	28	76	3	25	*D*=*A*–*C*	
9	18	48	4	22	*D*=*B*–*A*–2*C*	*D*=*A*+*C*
10	14	36	8	6	*D*=*B*–*A*–2*C*	*D*=*A*–*C*

注：1 夸脱 = 1.1364 升，夸脱为英国的体积计量单位。

他首先给被试者做出示范，用给定的 29 夸脱和 3 夸脱的容器量出 20 夸脱的水，即先将 29 夸脱的容器盛满水，后从中倒出灌满 3 夸脱的容器三次，这便求得了 20 夸脱的水。随后，要求一部分人从第一题开始做起直到最后一题，而让另一部分人直接从第六题做起。观察结果显示，由于前五题的解法一致，均可用 D=B–A–2C 求得，使得第一部分人员约有 33%一直沿用老办法求解，甚至在第八题上卡壳，而后一部分人中 99%的都用更简便的方法求解。由此实验可以看出，由于前五题的影响，人们在有更简便方法求解时，也放弃探索而套用老办法，明显地表现出用三容器量法的思维定势。

心理学研究与社会实践证明人们过去的经历与经验，特别是能供我们取得成就的行为和思想，都是我们智力的重要组成部分，这对解决问题是有益的。当类似问题重新出现的时候，人们就可以使用被实践已证明行之有效的方法。但是，当人们面对一个新问题时，也往往会使用这类固定思维方式，即用老方法去解决新问题，这就是思维的惯性，这种“惯性”对创造活动会起阻碍作用，消极化“思维定势”也自然而然地产生了。

一般而言，思维定势具有两个特点：一是它的形式化结构；二是它的强大惯性。只有当被思考的对象填充进来，实际的思维过程发生以后才会显示出思维定势的存在，显示出不同定势之间的差异。思维定势强大的惯性表现在两个方面：一是新定势的建立；二是旧定势的消亡。多数情况下，某种思维定势的建立要经过长期的过程，而一旦建立之后，它就能够不假思索地支配人们的思维过程、心理状态乃至实践行为，具有很强的稳固性甚至顽固性。因此，了解、发现、研究并规避或清除思维定势是创造性思维实现与实践的重要组成部分。

【小故事】公安局长是什么人？

公安局长在茶馆里与一老头下棋，下到难分难解时，跑来一个小孩着急地对公安局长说：“……你爸和我爸吵起来了！”“这孩子是你什么人？”老头问。公安局长答道：“是我的儿子。”请问这两位吵架的人与公安局长是什么关系？

这个问题的答案是：公安局长是女的，吵架的一方是她丈夫，即小孩的父亲；另一方是公安局长的父亲，即小孩的外公。

用这道题对 100 人进行测验，结果只有两人答对。而对一个三口之家进行测验，结果父母猜了半天都拿不准，倒是他们的儿子（小学生）答对了。这就是人们的思维定势在作怪，人们习惯于把公安局长与男性联系在一起，更何况还有茶馆、老头等暗示、影响、支持、强化这种思维定势。而小学生因为经历少，经验也少，就容易跳出思维定势的“魔圈”。

思维定势的产生具有一定的要素与条件特征，正如故事表述的社会文化对公安局长的固有形象、教育对思维方式的固化、环境对思维定式的强化都有一定的体现。

思维定势有许多种表现，其中，与创新思维、创造活动有关联、影响较为普遍的主要有以下几种。

1. 从众型思维障碍

从众型思维障碍是指长期受日常接触的人们的行为模式、思考模式和解决问题方法模式的影响，习惯性地模仿和参照别人的一种思维定势。它所表现出来的是一种“趋同”势态，是人们行为盲从的一种反映。这种定势在大多数情况下是具有积极意义的，或者说是某种习惯性地适应周围环境，以便同所处的群体保持和谐的关系。例如，当某事物出现，自己的看法与周围的多数人不同时，人们往往对自己的判断产生怀疑，特别是在不能辨别的情况下，就会盲从地修正原有的想法，顺从多数人的意见。这样做的结果虽然有时也会冒风险，但至少比单独出风头要“可靠”得多，这也许是“适者生存”“和睦相处”的最保险的处世之道。

尽管如此，从众心理却会使人陷入盲从和随波逐流的境地，使人的思想简单、僵化，不愿意独立思考。例如，在 16 世纪之前的 1800 多年里，人们都盲目地接受古希腊科学家亚里士多德的“物体降落的速度和物体的重量成正比”这一错误论点。为什么在长达 1800 多年的时间没人提出疑问，直到意大利科学家伽利略做了著名的“两个铁球同时落地”的实验之后，才意识到过去的错误呢？这说明从众心理障碍对人们的重大作用。这种障碍严重地束缚了人们的思想，禁锢了人的创造性。它对人们的影响是无形的，有时甚至表现出决定性的。不仅对普通人如此，有时它的影响也反映在一些很有作为的知名人士身上。而且，它还表现在人们极易受他人或周围环境的暗示作用的影响，从而导致人们思维的局限性和思维的偏差性。在现实中，有很多人在面对出现的事物时，往往不假思索，仅凭固有的概念、做法简单地处理，而放弃了认真的思考过程。

思维的“从众定势”是怎样产生的呢？人类是一种群居性的动物，喜欢一群人待在一起。这个“群”小到数十人（原始人的部落），大到数亿人（现代的国家）。为了维持群体的稳定性，就必然要求群体内的个体保持某种程度的一致性。这种“一致性”首先表现在实践行为方面，其次表现在感情和态度方面，最终表现在思想和价值观方面。

然而实际情况是，个人与个人之间不可能完全一致，也不可能长久一致，一旦群体发生了不一致，那怎么办呢？在维持群体不破裂的前提下，可以有两种选择：一是整个群体服从某一权威，与权威保持一致；二是群体中的少数人服从多数人，与多数人保持一致。本来，

"个人服从群体，少数服从多数"的准则只是一个行为上的准则，是为了维持群体的稳定性。然而，这个准则不久便产生了"泛化"，超出个人行动的领域而成为普遍的社会实践原则和个人的思维原则。于是，思维领域中的"从众定势"便逐渐形成了。

经过心理学家研究，人类从众心理的形成主要有群体压力、盲从以及路径依赖等原因。一方面，在思维上的"从众定势"，使得个人有一种归宿感和安全感，能够消除孤单和恐惧以及群体压力等有害心理。另外，以众人之是非为是非，人云亦云随大流，也是一种比较保险的处世态度，跟随着众人，如果说的对自然会分得一杯羹；即使说错了、做得不好也不要紧，无须自己一人承担，况且还有"法不罚众"的习惯原则。而另一方面，说的是人们一旦选择了某个制度，就好比走上了一条不归之路，惯性的力量会使这一制度不断"自我强化，让你轻易走不出去"，形成所谓"路径依赖"。

【小故事】猴子为何不吃香蕉？

科学家将五只猴子放在一个笼子中，并在笼子的中间吊上一串香蕉，只要有猴子伸手拿香蕉就用高压水教训所有的猴子，直到没有一只猴子敢动手。试验的下一步是用一只新猴子换出笼子中的一只猴子。新来的猴子不知这里的"规矩"，动手去拿香蕉，结果竟触怒了原来在笼子中的四只猴子，于是四只猴子代替人执行惩罚的任务，把新来的猴子暴打一顿，直到它遵守这里的规矩为止。试验人员如此不断将最初经历过高压水惩戒的猴子换出来，最后笼子中的猴子全是新猴子，但再没有一只敢去碰香蕉。

猴子天生爱吃香蕉，可是偶然出现一个"不许拿香蕉"的制度后，这一违背猴儿天性的制度居然自我强化而成为第二天性！最初猴子们不让群体中的任何一只猴子去拿香蕉是合理的，为的是免受"连坐"之苦，但后来一切物是人非，"人"和高压水都不再介入，新猴们在未知原因与背景的情况下，却也固守着"不许拿香蕉"的制度，说明思维定势的可怕与不合理。在很多场合都有上述现象出现，因为"别人都这么做"，就不需什么理由来解释我为什么要这样做，这就是我这么做的最充分的理由，这似乎成了一条不言自明的公理。可见，思维的从众定势影响之大。

2．经验型思维障碍

经验可指经历、体验，也泛指由实践得来的知识或技能，有时也指由历史证明了的结论。在通常的情况下，经验指感觉经验（即感性认识），是人们在实践过程中，通过自己的肉体感官直接接触客观外界而获得的，是对各种事物的表面现象的初步认识。

人类的经验来自生活、工作的实践。从幼儿到成年，所看到的、所听到的、所感受到的各种各样的现象和事件，都进入头脑而构成了众多的经验。在一般的情况下，经验是我们处理日常问题的好帮手。人们只要具有某一方面的经验，那么在应付这一方面的问题时就能得心应手。特别是一些技术和管理方面的工作，非要有丰富的经验不行。老司机比新司机能更好地应付各种路况；老会计比新会计能更熟练地处理复杂的账目。正因为如此，在有些企业的招聘广告上，会有"限三年以上实际工作经验"之类的话。

而在经验与创新思维之间的关系上，问题显得较为复杂。一方面，随着时间的推移，我们的经验具有不断增长、不断更新的特点，经过各种经验之间的比较而发现其局限性，进而开阔眼界、增强见识，使我们的创新思维能力得以提高。另一方面，经验含有其稳定的一面，因而也可能导致人们对经验的过分依赖乃至崇拜，形成固定的思维模式，结果就会削弱头脑的想象力，造成创新思维能力的下降。这就是所谓的“经验思维障碍”。

从思维的角度来说，因为经验具有很强的狭隘性，所以会束缚了思维的广度。这种狭隘性主要表现在三个方面：一是时间与空间对经验有局限性，也就是说此时的经验不一定适用于彼时，外国的经验也不一定适用于中国；二是主体对经验拥有量的有限性，也就是说一个人的经历是有限的，不可能成为百事通、千事通，总有他不了解的地方；三是经验也可能会遇到意外不灵的地方，事物总是在发展的，“老革命也会遇到新问题”，如果我们仍用以前的经验来处理，则不可避免地要产生偏差和失误。

一张 A4 普通打字纸把它从正中折叠一次，纸的面积减小一半而厚度则增加一倍，一直折叠 50 次，请问，这张纸的厚度将达到多少？如果读者以前从来没有想过或计算过类似的问题，读者可能会根据日常经验，随意估计一个厚度，比如，像一座摩天大楼的高度，甚至是珠穆朗玛峰的高度等。懂数学的读者能够计算出，一张普通打字纸折叠 50 次以后，其厚度将增加“2 的 50 次方”倍，其最终厚度将达到 5000 万千米左右，比从地球到太阳整个距离的一半还要多。所以，这张纸无论多么大、多么薄，你都不可能把它折叠 50 次。面对这令人吃惊的答案，那些奉守“经验至上”的读者是否已有感触？

经验型思维障碍的形成主要受社会环境熏陶以及个人经历等多方面因素的影响。社会类经验型障碍是人们的思想长期受所在社会环境的熏陶，潜移默化，日积月累地形成的，这是一种最顽固的思维定势，通常人们又很难清醒意识到它的存在，可以说它在人的头脑中是根深蒂固的。其实，人们在不断积累经验的同时，也在不断地建立起扼杀创造性的思维障碍。如人们常说的“习惯成自然”“熟能生巧”等，其实都是在不自觉地“规划”人们的思维，为思维的运动设立了一个个路标。在个人经历方面，经验型思维是指个人对生活经历和往事的总结所形成的固定认识或看法。这种思维定势因人而异，很大程度上取决于个人的生活经历。在多数情况下，人的这种生活经验在认识新事物时都具有积极的意义。人们常说“某人办事老练，处理问题得心应手”，这都是指个人的经验在起作用。但是，在某些情况下，人生的经验却又成了思维上的障碍，反不如没有经验的人。

【小故事】塔有多高？

一群游客来到欧洲一座历史悠久的古城，其中的三位游客（一个是科学家，一个是工程师，还有一个是艺术家）面对一幢古老教堂的高度，争执起来。一个经营仪表的老板对此发生了兴趣，心想这也许是宣传产品的机会，他拿出来三只气压表，送给每人一只，并声言谁测得的高度最准确，他愿意付出一笔奖金。三人为此也都跃跃欲试。科学家先在下面测了一下气压，又上到教堂楼顶测量了一下气压，下来后，利用这两个压差计算出教堂塔楼的高度。工程师对此不屑一顾，拿着气压表也登上了塔顶，他把气压表平稳地从手中扔了下去，并同时注意观看手表上的时间，下来后利用自由落体的运动时间，计算出塔楼的高度。最后轮到了艺术家，人们只见他走进教堂，但很快就出来了。当各自报出所测出的教堂高度时，令人们惊奇的是，艺术家的数据最准确。人们大惑不解，在老板的询问下，艺术家告知：他把气压计送给了教堂守门人，请他告诉了塔楼的高度。

这个故事的真实与否不必管它，但它却生动地反映了现实中相类似的某些实际情况。这说明了当人们面对遇到的事情时，总是从职业的角度或熟知的经验中去寻找办法，而外行人就不得不另辟蹊径，从全新角度选择一个有效的办法。因此，经验的运用要“因时因地而行”，特别是面对新事物，运用经验要学会变通，绝不能形成定势。

3．权威型思维障碍

有人群的地方总会有权威，权威是任何时代、任何社会都实际存在的现象。人们对权威普遍怀有尊崇之情，这本来是可以理解的，然而这种尊崇常常演变成为神话和迷信。

在思维领域内，有不少人习惯于引证权威的观点，不假思索地以权威的是非为是非；一旦发现与权威相违背的观点或理论，便想当然地认为其必错无疑，并大张挞伐。这就是思维的障碍之一——权威型思维定势。

权威是后天建立起来的，并不是先天就有的。那么，权威型思维障碍是从何而来？权威型思维障碍的来源主要有两条途径：一是儿童在走向成年的过程中所接受的“教育权威”；二是由于社会分工的不同和知识技能方面的差异所产生的“专业权威”。

对于儿童来说，家庭、学校和社会都是不可抗拒的外在力量。这些力量构成了一个个的权威，这些权威们用一系列的如“必须先做完作业再看电视”“看到老师应该敬礼”“上课不准做小动作”来教育儿童。如果服从这些权威，儿童就能从中得到好处，而抗拒这些权威就要吃苦头。从这个角度说，成年人教育儿童与马戏团训练动物，两者在方法上如出一辙，都是采取两种手段：奖励其正确的行为，惩罚其错误的行为。而划分正确和错误的标准则是由成年人或训练员确定的。在有些场合，当后天教育与儿童的自然天性发生冲突的时候，儿童会以各种方式加以抵抗，但是反抗的结果往往以儿童的失败而告终，这从反面又教育了儿童：权威的力量是不可逾越的，只能无条件遵从。于是，从反抗到不敢反抗，到不愿反抗，进一步到根本想不起来去反抗……如此久而久之，在儿童的思维模式里，由教育所造成的权威定势就这样最终确立下来。

【小故事】训练大象

马戏团有一只能按照人的意志表演的大象。当大象还小的时候，人们把它绑在一根很大的木桩上，好动的小象一开始就想挣脱木桩，但没有用。于是，小象发现自己是无法挣脱那木桩的，过了一段时间，人们给小象换了一根较小的木桩，以小象的能力还是挣脱不了。久而久之，小象就会得到这样一个条件反射：凡是木桩形状的物体自己都是挣脱不了的。于是，有时一根小木棍也可以拴住小象，即便等到小象成为一头大象时。

权威定势形成的第二条途径，是由深厚的专业知识所形成的权威，即“专业权威”。一般来说，由于时间、精力和客观条件等方面的限制，个人在自己一生中，通常只能在一个或少数几个专业领域内拥有精深的知识，而对于其他大多数领域则知之甚少甚至全然无知。没有人可以成为真正的全知全能型的“万事通”。即便像小说中福尔摩斯那样聪明绝顶的人物，也只是具有“精深的”化学知识、“准确的”解剖学知识、“充分实用的”英国法律知识等。

由于专业知识的缺失，专家的意见就会被你奉为神明；由于专家以前的意见是正确的，是超过别人的，那么今后的意见正确性也不容置疑。在多数情况下，人们按照专家的意见办事，能得到预想中的成功；如果违反了专家的意见，会招致或大或小的失败。如此久而久之，人们便习惯了以专家的意见为标准答案，而在思维模式上，形成了一道"权威专家"的、难以逾越的思维屏障。

从本质上说，思维领域的权威定势根源于个人的有限性。个人知识上的有限性，使我们崇奉博学者为权威；个人力量上的有限性，使我们崇奉强力者为权威。我们试图通过权威的力量，把自身的有限性上升为无限性。

4．书本型思维障碍

书本型思维障碍从本质上说也是一种权威型思维障碍，是以书本为权威对象的权威型思想障碍。书是一种知识载体，是千百年来人类经验和体悟的结晶，是人类文明的标志。通过书本，人类能够很方便地把观念、知识、思考的问题和价值体系广泛传播并传递给下一代人。

知识的传播与传承是人类社会的进化得以加速度进行的原因所在，但书本知识给我们带来了好处，同时也会给我们带来一些麻烦。其原因很多，第一是书本知识与客观现实之间的距离。书本知识是经过头脑的思维加工（选取、抽象、截取等）之后所形成的一般性的东西，它不可能把所考虑的问题、所发生的事统统写出来，所以它表示的是一种理性的状态而不是直观的状态，于是就出现理想状况与实际状况的差异。

现实环境下，知识的实践是由无数个别事物所构成，其中每个事物都具有无数属性，每个事物和每种属性又不停地在发生着无数的变化。我们是生活在现实世界之中，尽管我们的头脑里有一个"理想化"的知识世界，我们却无法生活于其中。正如英国哲学家贝克莱所说，人们不能吃观念，不能喝思想，只能依靠物质性的东西而存活。所以把握这两个世界的不同，乃是人生的第一要素。举例来说甲乙两地相距 10 千米，从甲地到乙地，是乘汽车快呢，还是骑自行车快？一般而言，汽车的速度远远超过自行车，这是众所周知的。但是，这个"常识"也有不灵验的时候。大多数情况下，在拥挤的城市早晨，骑自行车要比坐公交车快，因为上班高峰时的交通，公交车总是在车流的长龙中像蜗牛一样爬行。所以，"汽车的速度比自行车的速度快"，这只是理想状态的知识，是排除了具体条件之后所得出来的结论。但是我们无法在理想状态下乘汽车或者骑自行车，我们总是在一个具体的环境中乘车或骑车，届时究竟是汽车速度快还是自行车速度快，则是一个很难说的问题。这就是书本世界与现实世界的差距。

因此，知识的关键在于"知"更在于"行"，在于知识与实践"知行合一"的结合。知识就是力量，是人们常用的一句格言，但应该说得到合理应用知识才是真正的力量，只有把知识正确地运用到社会、生活实践中，才能产生出力量，才能产生价值与积极的影响。

【小故事】纸上谈兵

战国时期，赵国有位名将叫赵奢，赵奢有个儿子叫赵括。赵括从小熟读兵书，谈起用兵之道，能够滔滔不绝，连他的父亲也对答不上来。后来，秦国进攻赵国，两军在长平对阵数年。赵王因听信流言，撤回廉颇，任用赵括为大将。结果，秦军偷袭赵营，截断粮道。赵军40万人马被围歼，赵括也遭乱箭射死，这就是改变中国历史的"秦赵长平之战"。

成语“纸上谈兵”的故事在我国家喻户晓，赵括沦为千古笑柄与历代反面典型说明“生搬硬套”“死读书”的严重后果。白纸黑字的兵书，与刀光剑影的战场并不是同一回事。任凭你“读书破万卷”，不见得“做事若有神”，弄得不好，读书越多反而创新能力越差。

在知识经济波澜壮阔、势不可挡的今天，在知识爆炸、终生学习等成为社会新理念的今天，如何对待各类书本知识是现代人面临的重大问题。必须清晰地认识到知识经济下的所谓知识，不是指知识的储存，而更多指的是知识的整合与运用。知识经济下真正的英雄，并不只是指学富五车的人，更是说那些能够把已有的知识正确地、有效地运用到现实实践中去的人群。

除以上表述的思维定势以外，常见的思维定势还包括自我中心、非理性等其他定势，这些都需要在思维过程中加以甄别、予以规避。

1.3 课堂练习

冲破思维定势训练——脑筋急转弯

1. 旅行家萨米·琼在周游世界之后，回到他阔别十年的故乡。有一次，他向人们诉说了这十年中他在世界各地的所见所闻。他还向人们提出了两个怪问题。

问 1：在非洲的某地，我看到一个人的身体内有两颗心脏，而且都跳动得很正常。你说，这有可能吗？

问 2：在大洋洲的某一个村庄里，所有的人都只有一只右眼。你说，这有可能吗？

2. 某人有过这样一次经历：他乘坐的船驶到海上后就慢慢地沉下去了，但是，船上所有的乘客都很镇静，既没有人去穿救生衣，也没有人跳海逃命，却眼睁睁地看着这条船全部沉没。这里究竟发生了什么事呢？

3. 一年中有些月份有 30 天，有些月份有 31 天。问：有多少个月份有 28 天？

4. 曼谷市正处于雨季。某天半夜 12 点钟，下了一场大雨。问：过 72 小时后，当地会不会出太阳？

5. 某君看书逐渐养成习惯，12 月 1 日开始，他规定自己每天看书 20 页。12 月 3 日因故没有看书。问：12 月 1 日后的第八天，他读了多少页书？

6. 某个人到外国去了，可是，周围全是中国人，这是怎么回事？

7. 一个人走进森林，最多能走多远？

8. 有个男人站在速度为 250 千米每小时的列车顶上，虽然他不是一个会飞墙走壁的超人，但是，他仍然显得从容自如，毫不紧张。这是为什么？

9. 有两个孩子，在父母亲的携带下去学校办理新生入学手续。这两个孩子的脸几乎一模一样，出生的年、月、日都相同，而且是同父同母生的。老师问：“你们俩是双胞胎吗？”“不是。”两个孩子异口同声地回答道。老师奇怪了。这是怎么一回事？

10. 有一对亲兄弟好久不见面了。某天见面了，谈话间，哥哥忽然想起自己的侄女最近要结婚，他把这事同弟弟说了。可是，对于弟弟来说，他却没有一个要结婚的侄女。这又是怎么一回事？

11. 村边有一棵树，树底下有一条牛，它被主人用两米长的绳子拴住了鼻子。一会儿，主人拿着饲料来了，他把饲料放在离树三米远的地方，坐在一边抽烟去了。可是，当他没有注意的时候，牛把饲料全吃光了。当然，绳子很结实，没有断，也没有被解开。这是怎么一回事？

12. 有两个人，一个人脸朝东、一个人脸朝西地站着。不准走动，不准照镜子，怎样才能看到对方的脸？

13. 有一个考场监考非常严密，考生要作弊是根本不可能的。可是，试卷交齐后，阅卷的老师发现在 50 份卷子中，有 15 份卷子除了考生的姓名之外，答案是完全一样的。这是什么原因？

14. 一个男子惊恐地发觉头部的某处有黑色生长物，但他根本没求医服药，就顺利地除掉那黑色生长物。他是怎么办的？

15. 在美国，有这样的一对夫妻，他们两人年纪相同，都是 40 岁。婚后，他们每天都要吵架，而且每天只吵架一次。可是，在上个月，他们只吵架 15 次。这是怎么回事？

16. 有一名非常善辩的律师，办理离婚案件一贯站在女方立场，且为女方进行免费辩护，使女方从男方那里多得赡养费。然而，有一次这个律师自己出现了离婚问题，而这个律师仍不改变立场，仍为女方免费辩护，结果又使女方多得了赡养费，而且该律师在钱财上又没有什么损失。会有这样的事吗？

17. 如果一架飞机不偏不倚正好坠落在美国和加拿大的边界。在这种情况下，你该在哪一个国家埋葬幸存者？

18. 一只酒瓶装了半瓶酒，瓶口用软木塞盖住。不拔去瓶塞，而且不破碎酒瓶，用什么办法才能把酒喝光？

1.4 训练与测试

尤金的创造力评估调查表[①]

1．测试目的

本创造力评估测试是由美国心理学家尤金·劳德塞设计的，评估置信度高、应用广泛。劳德塞在评测问卷设计时并没有给这些题提供相应的正确答案，即它只重视过程而不是结果。每个人在做这些题时，也是审视自己的过程。所以要求在做题时不要思前想后，凭借直觉才是最保险的，得出的结果才是最准确的。评测后，学员应通过对问卷内容与评测过程中自我认识展开积极讨论，了解并改进自身的创造能力。

① 创造力评估调查表与评价标准见本书后附录。

2．测试介绍

指导教师向学生提供“创造力评估调查表”，要求在规定时间内填写。在测试结束后，指导教师要求学生就测试内容与结构展开自我思考与主题讨论。

3．测试条件

参与人数：集体参与，单独操作

时间：15 分钟

道具：每人一份“创造力评估”材料（多媒体教室可以通过 PPT 的方式公示材料）

场地：教室

4．测试步骤或提示

将评估材料分发给每个学员（也可以将它用幻灯片的形式显示出来），让他们根据自己的情况对每题做出判断。提醒参与学生在填写评估表时只需在每一句话后面选择同意、不同意或不清楚即可。回答必须准确、真实。

说明：试验时，只需在每一句话后面选择同意、不同意或不清楚即可。回答必须准确、真实。测试时间为 10 分钟。

（1）我认为，只提出问题而不想获得答案，无疑是浪费时间。

（2）无论什么事情要我发生兴趣，总比别人困难。

（3）我认为合乎逻辑的、循序渐进的方法，是解决问题的最好方法。

（4）有时，我在小组里发表意见，似乎使一些人感到厌烦。

（5）我花大量时间来考虑别人是怎么看我的。

（6）我自认为是正确的事情，比力求博得别人的赞同要重要得多。

（7）我不尊重那些做事似乎没有把握的人。

（8）我需要的刺激和兴趣比别人多。

（9）我知道如何在考验面前，保持自己的内心镇静。

（10）我能坚持很长一段时间来解决难题。

（11）有时我对事情过于热心。

（12）在特别无事可做时，我倒常常想出好主意。

（13）解决问题时，我常单凭直觉来判断“正确”和“错误”。

（14）解决问题时，我分析问题较快，而综合所收集的资料较慢。

（15）有时我打破常规去做我原来并未想到要做的事。

（16）我有搜集东西的癖好。

（17）幻想促进了我许多重要计划的提出。

（18）我喜欢客观而又理性的人。

（19）如果我在本职工作之外的两种职业中选择一种，我宁愿当一个实际工作者，而不当探索者。

（20）我能与我的同事或同行们很好地相处。

（21）我有较高的审美感。

（22）在我一生中，我一直在追求着名利和地位。

（23）我喜欢那些坚信自己结论的人。

（24）灵感与成功无关。

（25）争论时使我感到最高兴的是，原来与我观点不一致的人变成了我的朋友，即使牺牲我原先的观点也在所不惜。

（26）我更大的兴趣在于提出新建议，而不在于设法说服别人接受建议。

（27）我乐意自己一个人整日“深思熟虑”。

（28）我往往避免做那种使我感到“低下”的工作。

（29）在评价资料时，我觉得资料的来源比其内容更为重要。

（30）我不满意那些不确定和不可预计的事。

（31）我喜欢一味苦干的人。

（32）一个人的自尊比得到别人敬慕更为重要。

（33）我觉得力求完美的人是不明智的。

（34）我宁愿和大家一起工作，而不愿意单独工作。

（35）我喜欢那种对别人产生影响的工作。

（36）在生活中，我常碰到不能用“正确”或“错误”来加以判断的问题。

（37）对我来说，“各得其所”“各在其位”是很重要的。

（38）那些使用古怪和不常用词语的作家，纯粹是为了炫耀自己。

（39）许多人之所以感到苦恼，是因为他们把事情看得太认真了。

（40）即便遭到不幸、挫折和反对，我仍能对我的工作保持原来的精神状态和热情。

（41）想入非非的人是不切实际的。

（42）我对“我不知道的事”比“我知道的事”印象深刻。

（43）我对“这可能是什么”比“这是什么”更感兴趣。

（44）我经常为自己在无意中说话伤人而闷闷不乐。

（45）总是没有报答，我也乐意为新颖的想法花费大量时间。

（46）我认为“出主意没什么了不起”这种说法是中肯的。

（47）我不喜欢提出那种显得无知的问题。

（48）一旦任务在肩，即使受到挫折，我也要坚决完成。

（49）我不做盲目的事，也就是我总是有的放矢，用正确的步骤来解决每一个具体问题。

（50）从下面描述人物性格的形容词中，挑选出 10 个你认为最能说明你性格的词。

精神饱满的	有说服力的	实事求是的	束手无策的	有献身精神的
有独创性的	性急的	高效的	乐意助人的	坚强的
老练的	有克制力的	热情的	时髦的	自信的
不屈不挠的	有远见的	机灵的	好奇的	有组织力的
铁石心肠的	思路清晰的	脾气温顺的	爱预言的	拘泥形式的
不拘礼节的	有理解力的	有朝气的	严于律己的	精干的

续表

讲实惠的	感觉灵敏的	无畏的	严格的	一丝不苟的
谦逊的	复杂的	漫不经心的	柔顺的	创新的
泰然自若的	渴求知识的	实干的	好交际的	善良的
孤独的	不满足的	虚心的	观察敏锐的	易动感情的
谨慎的	足智多谋的	自高自大的	有主见的	

5．相关讨论

（1）你认为这些测试题对于认识自己有帮助吗？对个人创造能力有何感性评价？

（2）从评估材料的内容与评估过程的自我表现中个人有何心得体会？

第2章　创造性思维形式

本章学习目标

（1）了解创造性思维的各种形式和特点。

（2）能够运用不同形式的创新思维解决问题。

2.1　故事引入

吉列——剃须刀之王

吉列（King Camp Gillette，1855—1932）是美国商人，因发明了安全剃须刀片而成为发明家。那么，他是如何发明刮胡子的安全刀片的呢？

吉列出生在美国芝加哥，由于家产毁于 1871 年的火灾，被迫外出做流动商贩。他热爱机械修理，这种专长往往会导致在商业上获利的小发明。于是一个雇主建议他发明一种消耗性的物品，这样顾客就会不断地购买了。有一次，吉列在刮胡子时不小心刮破了脸，于是他就萌发了要发明一种安全剃刀的想法，挑战直刃剃刀。但是，他苦苦思索了许久，仍然没有想出解决的办法。他在一次理发的时候，感到奇怪，为什么理发师的剪刀不会剪破头皮呢？于是，通过镜子看到理发师修剪头发时，用梳子夹进头发之间，然后用剪刀剪去冒出梳齿的头发。由此，他悟出一个道理，实际上，梳子既起到了支撑剪刀的作用，又可以保护头皮不受伤害。他马上把剪头发和安全剃刀联系在一起，设计出在两片薄板中间夹上一片两边有刃的刀片，用一个 T 形手柄固定刀架以代替直刃剃刀。经过反复试验，终于获得成功，创建了专门生产和销售安全剃刀的吉列公司。1903 年，吉列公司售出 51 把剃刀和 168 张刀片；到 1904 年，销售了 9 万把剃刀和 1240 万张刀片。吉列担任公司经理直到 1931 年。

时至今日，吉列公司仍然是剃刀行业的“大哥大”。但是，20 世纪 80 年代中期以来，吉列受到 BIC 公司等竞争对手的严峻挑战。后者推出了“一次性刮胡刀”，具有便宜、方便和用后即丢的特点，因此一下子获得了近 50%的市场占有率。但是，吉列又开辟新的战场，创造新的刮胡刀，重振昔日雄风。吉列准确预测到未来剃刀环保化、人性化与科技化的趋势，结合当时先进的人体感应技术，推出了“吉列感应系列刮胡刀”（1989 年）、“吉列超级感应剃须刀”（1989 年）以及全新吉列锋速刮胡刀（1998 年）等系列产品，重新获得了全球男性消费者的青睐。

案例讨论：吉列是通过什么思维原理发明了安全剃须刀？BIC 的产品为什么能够给吉列带

来严峻挑战？吉列又通过什么思维创新发明了新的系列产品而重新获得消费者青睐？

2.2 理论精解

创造性思维形式有许多种，较常用的有多向思维、侧向思维、组合思维、逆向思维、前瞻思维与移植思维。在实践中，各类思维方式各具特色、融会贯通，共同构成了多姿多彩的创造性思维表现。

2.2.1 多向思维

多向思维也被称为辐射思维，形象地说就是“一点到多点的思维”，它是对同一问题探求不同的甚至是奇异答案的一种思维形式；它要求人们在思考问题时，要跳出点、线、面的限制，能从上下左右、四面八方去思考问题，即把常规的平面型思维模式扩展到空间，把二维思考扩展到三维思考，排除固定观念，突破一切框框，向全方位进行新的思考。形象地说多向思维就犹如一盏电灯，打开时，光芒四射，照亮四面八方。

国外有心理学家曾做过这样一个实验，让实验者用 6 根火柴搭出 4 个三角形来。结果，大多数人在拿到 6 根火柴棒后，急于在桌面上摆三角形，伤透了脑筋，也摆不出来四个三角形。原因是什么？因为实验者的思想受到了“平面”的束缚，只想到在桌面（平面）上排三角形，如果他们能跳出“平面”的限制，扩展到“空间”，想到“立体”，很快就可以搭成一个三角锥体而排出 4 个三角形来。

【小故事】鹅的全身都是宝

鸡、鸭、鹅是司空见惯的家禽，舟山白泉冷冻厂却能在普通鹅的身上，做出这么多的文章。这个厂建厂后不久就积极应用多向思维实施对鹅的“全方位开发”，综合利用，用他们自己的话来说，叫作“把鹅从头到脚，从里到外，统统吃光用净”。于是他们顺着多向思维的思路，一路路地进行了开发。

①肉——鹅的本体。通过抓好育肥（收购后喂养 20 天左右，把鹅育肥）、宰杀（技术要求高，不见疤痕）、加工、冷藏、包装、运输等各个环节，把好质量关，把它加工成色白、肉嫩、体大、膘肥，符合出口要求的小包装白鹅。

②毛——对 4 种毛，经过挑捡分类，提高其利用价值。如刁翎——每只鹅 13~15 根；窝翎——用来做羽毛球；尖翎——供做鹅毛扇；鹅绒——色白、蓬松、保暖，优于鸭绒，加工成羽绒衣、被、枕等 10 多种产品。

③鹅血——每只鹅 6 两左右，加工成鹅血粉。

④鹅油——制作加工后供应食品厂。

⑤鹅胆——供应有关工厂作胆膏等的原料。

⑥鹅胰——供应生化厂提炼药物。

⑦鹅黏膜——正在研究提取生化产品。

就连传统中所谓的废物，也做到了废物不废。

⑧鹅掌皮、鹅嘴皮，过去一直弃之无用，他们则把这些收集起来，供应医药部门作原料。

⑨鹅粪——每年 1500 吨，内含粗蛋白 11%，粗纤维素 12%，可加工成饲料或提取工业酒精。

舟山白泉冷冻厂的案例说明多向思维本身就是一种发散思维，它是人们进行某些问题的发散思维时可以采用的一种思考方法。其要点在于要求思考者在进行某些问题的发散思维时，要一路又一路地思考问题，使自己的思维更加周密，更有条理。下面举三个例子，望读者能举一反三。

【小知识】莲花图的奥妙

日本千叶市 Clover 管理研究中心的康夫松村发明的莲花图是进行多向思考的有效工具。在莲花图中，每次“剥落”一个围绕花心的花瓣，代表找出一个关键部分或分主题。这种做法可以不断继续下去，指导全面了解问题或机遇。莲花图的做法如下。

1. 绘制 9×9 的莲花方格。

2. 将中心主题写在图表的中心位置。

3. 将想法或做法写在中心主题周围分别标有 A～H 的方格中。

4. 将方格中的想法作为中心主题，围绕它们发展出新的莲花花瓣，这样你在方格 A 中写下的想法就会成为中下部 3×3 方格中 A 的中心主题。

5. 继续这个过程，直到完成整个莲花图。

以激光技术发展为例说明多向思维在科技、经济等领域发挥的巨大作用。科技工作者以激光原理和激光技术为基点，作为辐射源，全面辐射，促使了各类新技术、新材料、新工艺的产生（见图 2-1）。将激光用于材料加工，产生了激光打孔技术、激光切割技术、激光焊接技术等；在医学领域，利用激光的高温高压作用切割组织，产生了激光手术刀，与普通手术刀相比，激光手术刀具有自动止血、伤口基本无菌、感染率小等优点；将激光用于通信，产生的激光通信技术使古老的通信技术焕发青春……此外，人们先后发明的激光核裂变技术、激光高能武器、激光测距和制导、激光精密计量等都是人类以激光为圆点多向思维发明创造的种种表现。

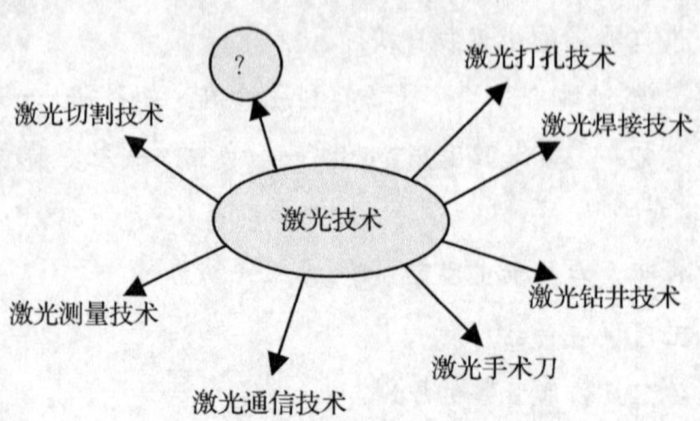

图 2-1　激光技术的多向思维

2.2.2 侧向思维

侧向思维也称旁通思维，是发散思维的又一种表现形式。侧向思维的思路、思维方向与其他思维不同点在于它是沿着正向思维的旁侧开拓出新思路的一种创造性思维。通俗地讲，侧向思维就是利用其他领域里的知识和信息，从侧面迂回地解决问题的一种思维形式。大航海家哥伦布发现美洲大陆后，在一次宴会上，有人贬低他的功绩，哥伦布没有直接与那些人争辩，而是拿起一个煮熟的鸡蛋，让在场的人竖立在桌子上，谁也办不到，而他却出人意料地把鸡蛋敲破竖在了桌子上。这是一个侧向思维出奇制胜的例子。侧向思维是创造性思维中的一种重要的思维形式，在现实生活中人们运用侧向思维巧妙地解决了许多疑难问题，对于创造活动有重要的作用。

【小故事】卖金不如卖水

19 世纪中叶，美国加州出现一股找金热。17 岁的小农夫亚默尔也准备去碰碰运气。他穷得买不起船票，跟着大篷车风餐露宿奔向加州。到了那里，他发现矿山里气候干燥，水源奇缺，找金子的人最痛苦的是没水喝。他想，如果卖水给找金人喝，也许比找金子赚钱更快（侧向思维）。于是，他毅然放弃了找金矿的目标，而是挖水渠引水，经过过滤，变成清凉可口的饮用水，装进桶里、壶里出卖。当时有不少人嘲笑他，说上这儿来是挖金子、发大财的，干这种蝇头小利的生意，何必背井离乡跑到加州来。亚默尔却不在意，继续卖他的饮用水，并在很短的时间里赚了大量的财富。

事实上，在那个狂热的淘金大军中还有一个名叫列维·司特斯的犹太青年商人。在司特斯陷入劳而无获、一无所有的窘境时，他灵机一动，将原来用于制作帐篷的滞销帆布制成几百条裤子到淘金工地推销，因为裤子耐磨、耐脏等特点解决了淘金者劳动强度过大而衣裤破损过快的难题，意想不到地大受欢迎，这就是很大程度改变近代服饰文化的牛仔裤。正是亚默尔与司特斯积极应用侧向思维，避开风险大、成功率低的淘金行业，而从满足淘金者相关需求的角度入手，获得了巨大的成功而真正成为整个淘金潮中为数不多的成功者。

【想一想】九点连线问题

已知 3 行、3 列 9 个点，要求用 4 条连续的折线连贯这 9 个点。

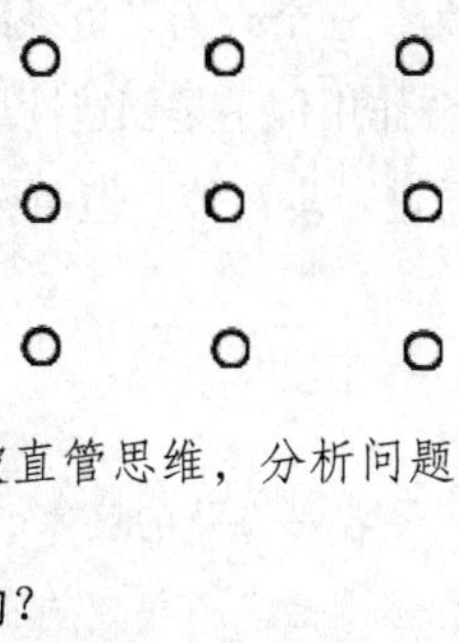

提示：解题的关键在于必须突破直管思维，分析问题的约束条件。

【小故事】当兵，有什么好怕的？

当兵，有什么好怕的呢？结果无非是两种：一种是你上了前线，一种是你在后勤部门，在后勤部门，你还担心什么？上了前线结果无非是两种：一种是你负伤了，一种是你没事，没事，你还担心什么？负伤的结果无非是两种：一种是你负了重伤，一种你负了轻伤，轻伤，你还担心什么？即便是你负了重伤，结果也有两种，一种是无药可治，一种是有药可治，可以救得活，你还担心什么？无药可治的结果无非是两种，一种是你死了，一种是你没死。没死的话，你不用担心吧？死了？死了你还担心什么呢？

这是第二次世界大战期间美国一个非常著名的征兵广告，广告很巧妙地运用了侧向思维的思维要素，积极地发挥了打消青年参军顾虑的作用。

2.2.3　组合思维

组合思维是由两种或多种思路的旁路相交引出思路的思维形式。《孙子兵法》有云："五味之变，不可胜尝也"，意思是味道不外乎酸、甜、苦、辣、咸五种，但是不同的搭配可以产生无以计数的美味佳肴，这里体现的就是组合思维。事实上，组合在人类的实践中是如此的普遍，可以说是无处不在。

【常见的组合创新实例】

- 牙膏+中草药→药物牙膏
- 电话+电视→可视电话
- 手枪+消音器→无声手枪
- 毯子+电热丝→电热毯
- 台称+电子计算机→电子称
- 飞机场+飞机库+军舰→航空母舰
- 洗衣机+脱水机+干燥机→全自动组合洗衣机
- 单门电冰箱+冷柜→双门电冰箱
- 照相机+电子调焦调光机→傻瓜相机
- 微波炉+电烤箱→微波烤炉
- ……

实际上，绝大部分技术都是由两个或两个以上技术因素组成的系统，从这个意义上讲，有技术就有组合。正因为组合创新、创造的普遍性及其丰硕的成果，组合创造也就格外受人重视，难怪有不少创造学者从"组合"的角度来定义"创造"。1929 年爱因斯坦在苏联《发明家》杂志创刊号中撰文表示："我认为，一个人为了更经济地满足人类的需要，而找出已知装备的新的组合的人就是发明家""组合作用似乎是创造性思维的本质特征"等。当然，组合思维是否是创造性思维的本质特征还需进一步商榷，但组合思维是创造性思维的一种重要的表现形式，则是肯定无疑的。

【铅笔+橡皮=橡皮铅笔】

橡皮铅笔是怎样发明的？美国有位名叫海曼的画家，画技平平，但很勤奋，整天用铅笔在画板上画素描，常常画了擦，擦了画，忙个不停。有时画得不好需要擦掉，橡皮一时找不到，找到橡皮擦好了，铅笔又不知放哪儿去了，让他感觉很烦躁。一天，他突发奇想，将橡皮用铅丝固定在铅笔顶端，发现效果奇佳。不久，有个生产铅笔的工厂以 50 万美元的代价买了他的专利，海曼了由此成了富翁。

将橡皮和铅笔结合起来，再简单不过的事了，没有什么高深的道理，连小学一年级的学生也懂，人们却把它看成是一种发明，而且卖了那么多钱，也许让人有些难以理解。实际上，组合往往呈现两极分化的特点：一方面，简单的组合一般容易做到，却不容易想到，在海曼之前不知有多少人使用过铅笔，却都没有想到将它与橡皮结合，说明从“想不到”到“想到”并不是一件容易的事；而另一方面，复杂的组合容易想到，却很难做到。早在1924年，德国就有一个叫Max Valier的人提出将火箭与飞机组合的设想，直到1972年美国总统批准航天飞机计划，上述设想才在美国进入实施，已是近半个世纪的事，这说明复杂的组合容易想到，而要做到却十分难。

除了科学技术实践外，组合思维在人类其他实践中也扮演非常重要的角色。如我国历史上著名的“房谋杜断”故事，说的是唐太宗的两个重臣房玄龄与杜如晦，他们作为唐太宗的左膀右臂，常被招来共谋国事。房玄龄善于谋划，对一些棘手的问题常能提出精辟的意见和多种对付的办法，但缺乏决断力；杜平时很少高谈阔论，却能对房的谋划细加评估，判断利弊，建议取舍，两人优劣互补，成就斐然。故事可见，唐太宗在用人上创意十足，注重人员的组合与搭配，终于缔造了我国历史上“贞观之治”的辉煌。

【小知识】达·芬奇的组合技巧

文艺复兴时期著名艺术家达·芬奇以其卓越创造力而著称。美国学者米哈尔科通过对人物肖像画的研究分析总结出达芬奇的组合创新技巧。

1. 明确挑战是什么。

2. 分离出挑战的参数。参数是挑战的最基本框架。选择出你希望表达挑战所使用的参数性质和数量。

3. 在每个参数下，列出尽可能多的变化。变化越多，种类越多，那么所包含的想法越多。比如10个参数，每个参数下有10种变化，就能够产生100种组合。

4. 随意浏览参数以及各种变量，从每一栏中选择一个或多个项目，对他们进行组合，从而得到全新的形式。

随着知识大爆炸与知识经济蓬勃发展时代的到来，组合思维的地位与作用越来越得以彰显。美国科学家对1900年以来的480项重大创新成果进行过分析，发现50年代前原理突破型发明所占比例较大；而在50年代后，现代技术的组合型成果已占全部发明的70%以上。因此，可以说有无组合意识和整合能力是现代人创造力高低的重要体现。

2.2.4 逆向思维

逆向思维也称逆反思维，是与正向思维或常规思维相反的方向，即以对立、颠倒、逆转、反面等方式去认识问题或寻求解决问题的思维或方案。简单地说，逆向思维是从相反的方向去思考问题，探寻解决问题的方向。逆向思维在现实生活中作用十分广泛，是创造性思维中最重要的思维形式之一。

【小故事】圆珠笔的改进

圆珠笔是20世纪30年代美国比罗兄弟发明的，这种不用吸墨水，又能书写的小玩意投放市场后，很受欢迎。遗憾的是，圆珠笔写到 2 万字左右时，笔尖上的圆珠由于磨损变小，色油外浸，弄得到处都是色油。于是制造商投入了大量人力、物力在如何延长圆珠的寿命上想办法、找出路，但是问题始终未能解决，研究陷入一筹莫展的困境。后来有位叫中田滕三郎的日本青年另辟蹊径，从控制圆珠笔笔油容量着手，缩短笔芯使用寿命来达到回珠不坏油先尽的目的，而一举成功。中田滕三郎的笔芯写到 15 000 字左右时，色油正好用完。

中田的案例是一个巧妙利用逆向思维（从油多逆向为油少）与侧向思维（不从圆珠而从笔芯解决问题）获得成功的例子。在创新过程中，运用逆向思维主要是解决突破传统观念的问题，对于提出富有创新的设想或方案是很有效果的，但光靠它而忽视正向思维的基础性作用，是不能完全解决问题的。事实上，当逆向思维提出新想法之后，还得运用正向思维去解决常规性构思问题。因此，逆向思维与正向思维也是相互协同、相辅相成的。因此，运用逆向思维时，首先要明确问题求解的传统思路，然后以此为参照系，尝试着从影响事物发展的诸要素方面进行思维反转或背逆，以寻求新的创见。

【小知识】天花与免疫学

天花疾病在中世纪时期，一直是困扰着医学人员的重大疾病。人们试图找到治疗天花的办法，可一直未果。1766 年，英国青年爱德华·琴纳在一次偶然的机会里，听到一个挤奶的姑娘说，她今生是不会生天花了。原因是她染过痘疮，一生就不会得天花病了。于是琴纳突发奇想，何不让没得天花的人都感染一次痘疮呢？实际上，琴纳的这次逆向思维的应用不仅解决了长期困扰人类的天花疫情，更加开创了免疫学这一重大的医学进步。

在实践中，采用的逆向思维形式主要有时序逆向、原理逆向、结构逆向、功能逆向和方向逆向等。时序逆向就是从时间顺序上进行逆向思维，如现在常见的反季节农产品生产，通过“物以稀为贵”的基本规律给农民带来良好的经济效益。原理逆向指从事物的原理的相反方向进行逆向思维，1829 年奥斯特通过对电流产生磁效应原理的逆向思维，发明出世界上第一台以磁场发电的发电机，这是原理逆向思维的典型例子。结构逆向就是从已有事物的结构方式，如固体与液体、空心与实心、冷与热、干燥与湿润、金属与非金属等出发所进行的逆向思维，如 1928 年兰米尔通过用“充实”氮气的逆向灯泡改进思路而一举推翻了当时主流的“真空”灯泡改进思路，并因其在充气灯泡的发明和对高温低压下化学反应的研究等做出的突出贡献而荣获帕金奖，堪称结构逆向思维的经典。功能逆向就是指从已有事物的相反功能，去设想和寻求解决问题的新途径，从而获得新的创造发明。性能与方向的逆向是指与事物性能或方向相对立的方面，进行反向思维创新，如 1968 年苏联工程师米哈依尔在通过对“往上发射”航天火箭的逆向思维，成功了发明了“往下发射”的钻井火箭，引起了“穿地手段”革命。这些钻地火箭相对同样作用的钻地机械，能耗可减少 2/3，效率能提高 5 ~ 8 倍。

2.2.5 前瞻思维

我国家喻户晓的故事“塞翁失马”描绘了这样一位睿智的老者，他在失马、儿子受伤后均做出了异于常人的前瞻性观点，这是创造性前瞻思维的积极体现。前瞻思维，即发展思维、超前思维，是对未来状况与事物发展的思考与判断。做任何事情，都要有预见，走一步，看二步，想三步，不能临时观点，走到哪里算哪里。前瞻性思维对社会发展、经济建设、个人的工作生活，都有较大的价值与意义，是一种重要的战略思维。

【小故事】曹操以逸待劳破二袁

官渡大战后，曹操与袁绍的力量对比发生了重大变化。袁绍败回幽州养病，不久便吐血而死。临死之前立次子袁尚继承爵位。曹操手下的众谋士都主张乘胜彻底消灭袁氏，但是郭嘉不同意这种做法。郭嘉认为，袁绍废长立幼，袁谭、袁尚兄弟之间必然会进行权力相并，各自树党。在我们的急攻形势下，他二人会结成联盟互相支援；在我们退军之后，他二人的矛盾则立即暴露出来，必然会兵戈相争。我们不如退兵，南向荆州去征讨刘表，在这段时间内等待袁氏兄弟自相残杀，一旦袁氏兄弟自己打起来了，我们立即攻击，可一举而攻破。果然，曹操刚一退兵，袁谭、袁尚便打起来了，国分两部。曹操闻讯后立即回兵，先破袁尚，再破袁谭，不费多大的劲就铲除了袁氏势力。

《三国演义》中创造性思维的代表人物应首推郭嘉，郭嘉的思维善于突破常规，他往往从常人不易察觉或更加战略前瞻的方面下工夫。袁氏虽然刚败，仍占青、并、幽、冀四州，还有一定的实力。与其硬攻四州，不如给二袁留下一个无外患的和平环境，让他们自相残杀，自损其力。乘胜追击是常规思维，退兵等待事态发展是极具战略前瞻性的创造性思维。

在知识经济的今天，企业与个人应该意识到“世界唯一不变的东西就是变化”这一辩证真理。只有充分运用前瞻思维，不断地调整、改善、变革自身思想、观念、战略、行为特征，才能在激烈、动荡的市场、技术、自身变化中站稳脚跟、寻求突破。英国雷利自行车公司是成立于 1887 年的世界老字号自行车生产商，进入 20 世纪中后叶，自行车作为交通工具的作用已被轿车所代替，而自行车的主要消费群体青少年对自行车的价值与功能定位也发生了重大变化，面对这些变化，一些富有开拓精神的企业家很快设计出新型的自行车，它集游玩、体育锻炼、比赛于一体，“抢”走了雷利的许多市场，但雷利公司顽固地奉守“坚固耐用”的生产经营理念，后陷入泥潭，难以自拔，终于在 1982 年破产被收购。雷利公司注重质量、注重信誉的基本理念并没有错误，它失败的原因是未对行业已经发生或将要发生的重大变革有清晰的认识并采取具有前瞻性、变革性的行为去适应行业与时代的发展，百年品牌毁于一旦。在 1975 年间，我国正在研究照排系统的有五家，其他研究者都选择了二、三代机为攻关对象，而北大王选，却选择了“技术上的跨越”，直接研制四代机。他考虑，由于我国基础工业落后，搞二、三代机，加工精度要求高，有一系列难以克服的困难，而直接搞四代机，“向头脑要出路”，反而可以充分发挥和利用我们中国科学家的优势，并可使机械部分变得更简单，于是决定跳过分色机而直接向四代机发起攻击。结果，北大方正激光照排系统带来了汉字排版的技术革命，至今在报业排版市场方正技术占有率达 99%以上，海外华文报纸早已超过 70%，而跟在别人后面“填空白”的几个单位，却全军覆没，一无所获。

创造性思维的学习，不能片面强调某一思维方向的功能与形式，而应辩证地、全面地去设计“互补性”学习方案，目的是真正明白创新思维是一种复杂的、多元思维的整合过程。

2.2.6 移植思维

移植思维就是将某个领域的原理、方法、结构、材料移植到另一个领域中去，从而产生新的事物的方法。移植思维是科学研究中最简单的，也是最有效的方法之一。现实生活中，移植思维应用非常广泛，从好莱坞的蜘蛛侠，到航空雷达，再到蜂巢式轮胎设计都体现了移植思维的内容。从移植思维的内容上分，其可以分为方法移植、原理移植、材料移植、结构移植四大类。

【小故事】听诊器的发明

听诊器是医生的常用器械，它是 1816 年由法国医生林奈克发明的。一次，林奈克为胸疼的肥胖女病人看病，他将耳朵贴在病人的胸前，但是病人肥胖的胸部隔音效果太强了，听不到从内部传来的声音，而且还存在男女性别上的不方便。林奈克非常懊恼，在小路上漫步也在思考这个问题，正好有两个小孩蹲在一条长木梁两端游戏，一个小孩敲打一端木梁，另一个小孩则把耳朵贴在木梁上，静听另一端传来的声音。林奈克思路顿开，他借鉴了这种方法发明了世界上第一个听诊器。

由于听诊器的发明，林奈克能够诊断出许多不同的胸前疾病，他也被后人尊称为胸腔医学之父。1840 年，英国医生乔治·菲利普·卡门改良了林奈克设计的单耳听筒，将两个耳栓用两条可弯曲的橡皮管连接到可与身体接触的听筒上，变成“双耳听筒”。虽然新型听诊器不断面世，但是医师们普遍爱用的仍然是由林奈克发明、经卡门改良的旧型听诊器。

林奈克的听诊器发明是方法移植的一个典型案例。方法移植思维指将一个学科的研究方法或工作原理移植到另一个学科中去，从而创造出新的交叉学科或新的解决问题的方法。传统面团经过发酵以后进入烤箱，烘烤时其内部产生大量的气体，使其体积膨胀，变成松软可口的面包。研究人员将这种可使物体体积增大、重量变轻的发酵方法移植到塑料及其制品当中，便发明了价廉物美的泡沫塑料。同样将发酵法移植到金属材料上塑造出了泡沫金属。

【小故事】海尔卡萨帝复式滚筒洗衣机

“陀飞轮”是瑞士钟表大师——路易·宝玑先生在 1795 年发明的一种钟表调速装置。当钟表在垂直位置时，它能校正地心引力对钟表机件造成的误差，使钟表走动时十分准确，并且能够互补误差，代表了机械表制造工艺中的最高水平。而时隔 214 年之后，海尔人将“陀飞轮”技术原理成功移植到了洗衣机中，于 2009 年 9 月上旬，向全球推出了卡萨帝复式大滚筒洗衣机。该发明全面降低了噪声，抬高了取放洗衣物口的高度及操作界面，使消费者不用弯腰就能取衣服，有效保护腰椎。实验数据显示，新发明的洗衣机运行平稳程度远远超过目前行业最高水平，噪音强度更是高出城市居住环境国家最舒适标准。

海尔新型滚筒洗衣机的发明体现了原理移植的思想。原理移植思想指将某一领域的技术原理移植到其他领域，产生创新成果的方法。由于各领域或多或少都存在一些相同或相似的规律和原理，这为原理移植提供了广阔的空间。动物学家研究发现，猫一旦不吃老鼠，它们的夜视能力就会逐渐下降，甚至会完全消失。原来，其貌不扬的老鼠体内有一种特殊的物质能自动合成牛黄酸，因为猫的体内缺少这种物质，因此，猫必须不断地捕捉老鼠，以弥补体内牛黄酸的不足。眼科专家将这一研究成果移植应用到医学研究中，让患有“顽固性夜盲症”的病人吃一些老鼠肉，结果他们的夜视能力显著提高，从而一举攻克了“夜盲症”这一世界性医学难题。

【小故事】竹蜻蜓与直升机

竹蜻蜓是我国古代劳动人民发明的一种玩具。它是用竹片削成螺旋桨形状，插在一根圆杆上，当手搓动圆杆快速旋转时，螺旋桨就可以飞上天。竹蜻蜓在明代传入欧洲，被法国人称为“中国陀螺”。1878 年，意大利人福拉尼尼借鉴竹蜻蜓的原理，发明了第一架直升机，飞行时间为 20 秒，高度为 12m，其严重的缺点是飞行时会打转。1938 年，美籍苏联人西科斯基制造出一架“VS-900 直升机”，这是世界上第一架实用型直升机，而这架直升机本质上而言就是由一大一小两个“竹蜻蜓”组成的。

结构移植思维指从一个领域的结构移植到另一个领域中，从而产生新的发明成果的方法。许多发明创造实际上是形态特征的创造，物体的功能往往从结构上体现出来。当某一事物的结构、功能与待要发明的事物所需功能相接近时，该结构也许就能满足目标的使用功能，正是这种相似性的存在，为结构移植提供了广阔的空间。

【案例】用废报纸制造环保铅笔

广州惠林铅笔公司用废旧的报纸制作环保铅笔，无须使用大量的木材。此铅笔的优点是不偏心、易卷削、不断铅，泡在水里也不变质，且卫生、防火，更环保。全世界年消费铅笔百亿支，仅此一项每年可以节省木材数十万立方米。

【想一想】人造心脏的诞生

法国科学家阿兰·卡朋特教授与 2008 年 10 月 27 日展示了世界上首颗完全可移植式人造心脏。该心脏与人心脏大小相当，可以完全替代人类心脏，其跳动频率与真实心脏类似，上面覆盖有经过特殊处理的组织以避免人类免疫系统的排异反应，尤其是血栓的形成。它移植使用了一种应用于导弹技术中的电子传感器技术，这种心脏还会对血压的变化做出反应，根据情况以相应的心率进行搏动。

请问：上述人造心脏所涉及的技术、原理或产品能否移植到其他产品或技术的开发中？

材料移植是指将某种产品使用的材料移植到别的产品的制作上，以起到更新产品、改善性能、节约材料、降低成本的目的。通常汽车的车身等部件是由钢板制作而成的，既笨重又需要防腐、防锈处理，现在改用工程塑料等非金属材料，不仅重量大大减轻，而且成本降低，也省去了防腐、防锈的工作。

2.3 课堂练习

1．请说出石头的用途，越多越好，限时 5 分钟。

2．请说出太阳能的用途，越多越好，限时 3 分钟，数量至少 15 种。

3．请说出用哪些办法可以将衣服弄干净，限时 3 分钟，数量至少 10 种。

4．小明期末考试数学考了 59 分，可是爸爸还是很高兴地和他一起去吃麦当劳，请你在 5 分钟内列举造成这种情况的各种原因。

5．采用哑剧方式，用一张 A4 纸（可以将纸制成各种形状）利用肢体语言和纸，描述生活中某一具体实物，限时 5 分钟，至少 25 种。

6．以“伞”为发散源，提出 10 个发明设想。

7.【案例讨论】一条新闻引发的商机

美国商人菲力普·亚默尔在报上偶然看到的一条新闻：《墨西哥发现了类似瘟疫的病例》。他兴奋不已，马上联想到：如果墨西哥真的发生了瘟疫，则一定会传染到与之相邻的加利福尼亚州和得克萨斯州，从而这两州又会传染到整个美国。这两个州是整个美国肉食品供应的主要基地。如果真如此，肉食品一定会大幅度涨价。于是，他当即派医生去墨西哥考察得到证实，就立即集合全部资金购买了邻近墨西哥的两个州的牛肉和生猪，并及时运到东部。果然，瘟疫不久就传到了美国西部的几个州。美国政府下令禁止这几个州的食品和牲畜外运，于是美国市场里的肉食品紧缺，价格暴涨。菲力普在短短几个月内，净赚了 900 万美元。

故事中的美国商人菲力普·亚默尔运用了哪些创造性思维形式？故事对你有何种启发？

8.【方案设想】

研究表明，经过磁化处理过的水，其溶解度和溶解氧均有所提高。这种微小的物理变化，造成水与其他特质的浸润性和渗透性加强。人饮用磁化水，有利于体内各循环系统的障碍物的溶解和排出，促进人体新陈代谢，从而具有保健的功能。请根据此原理，并运用多种创造思维形式，构想出一种新产品，要求画出设计方案简图。

9. 根据生活经历填写下表

移植方法	移植成果示例
方法移植	原型： 新成果：
原理移植	原型： 新成果：
结构移植	原型： 新成果：
材料移植	原型： 新成果

2.4 训练与测试

<了解自己的思考方式>

请在下列每个问题后写上从 5 ~ 1 的分；从 5 ~ 1 分表示由最适合你的情况到最不适合你的情况。

1. 一般而论，你吸收新观念的方法是（　　）。
   A. 把它们同其他观念相比较
   B. 了解新旧观念的相似程度
   C. 把它们与目前或未来的活动联系起来
   D. 静心思索，周密分析
   E. 将它们在实践中应用
2. 每逢谈到自助性的文章，你最关心的是（　　）。
   A. 文章中所提议的是否都能办到
   B. 研究结果是否具有真实性
   C. 其结论与自己的经验是否相同
   D. 作者对必须做到之事是否了解
   E. 是否根据资料得出观点
3. 听别人辩论时，你赞成的一定是（　　）。
   A. 能认清事实并揭示出矛盾所在
   B. 最能体现社会规范
   C. 最能反映我个人的意见和经验
   D. 态度符合逻辑，始终如一
   E. 最能简明扼要表达论点
4. 接受测验考试时，你喜欢（　　）。
   A. 回答一套客观而直接的问题
   B. 编写一套有背景、理论和方法的报告
   C. 写一篇叙述自己如何学以致用的非正式报告
   D. 将自己所知做口头汇报
   E. 和其他受测验者进行辩论
5. 有人提出一项建议时，你希望他（　　）。
   A. 考虑到利弊得失两个方面
   B. 说明建议如何符合整体目标
   C. 说清楚究竟有何益处
   D. 用统计资料和计划来支持其建议
   E. 对如何实施建议做出说明
6. 处理一个问题时，你多半会（　　）。
   A. 想象别人会怎样处理
   D. 设法找到最佳的解决步骤
   C. 寻求能尽快解决问题的方案
   D. 试着将它与更大的问题、理论联系起来
   E. 想出一些相反的方法来解决问题

统计结果：

- 把所有 A 的得分相加，表明综合型；把所有 B 的得分相加，表明理想型；以此类推，C 表明实用型，D 表明分析型，E 表明现实型。
- 你在哪类问题的总分最高，就表示你爱用哪一种方式思维。
- 通常只有 15%的人较平均地使用 5 种思维方式，而偏重一种方式的 50%，三类问题总分均高的占 35%，这些人可算作双管齐下的思想者。

思维方式类型：

- 综合主义者。富有创造性和进取心，但常使别人因他而不安。对思辨哲学的热爱导致他们有些脱离现实。对任何真理都多方位探讨，结果成为一个热衷于辩论的人。—般人逻辑思维程序单一，从一个念头想到另一个念头，可他们却在许多念头间跳跃，令人感到难以理解。
- 理想主义者。往往将注意力集中在相同之处，以谋求和谐。能耐心倾听别人意见，关心自己的目标、价值及造福他人；尊重道德传统和人格。常因未能达到自己所定的过高目标而自责追悔，对唯利是图和蔑视道德之人深感失望。理想主义者比别人更关心未来，可能会热心过度，对那些不需要或不愿意接受帮助之人也给予帮助。因此，也许有人会说你“多管闲事”。
- 实用主义者。有积极向上的人生观，遇到困难临危不乱，他们的信念是今天只需做今天之事，并深知明天还会有尝试的机会。他们不大周密规划，只将注意力放在现有条件可完成的事情上。实用主义者主意多，富有创造力，凡事都以优选的方法去做，毫不气馁。他们也是折中主义者，适应性强、易于满足，在做似乎不可为之事时也会很有兴趣。他们比大多数人的高明之处在于有对付难题的手腕和高超圆滑的谈判技巧。
- 分析主义者。认为做任何事情都只有一个最佳方案。为了这个最佳，他们会理性地判断问题，耐心搜集资料并精心求证。一旦有了最佳的方案，就此打定主意，不会反悔。他们是务实的人，认为感情、愿望和幻想以及恭维赞美等一概无关紧要。由于只求事事完美无缺，得到赞扬时也总感到不满意，因此很可能被视为令人难以忍受的吹毛求疵者。
- 现实主义者。认为耳闻目睹或亲身体验感知的事情为真实存在，其余的只是幻想和理论，没有丝毫价值。只喜欢摆在面前的事实，相信亲眼所见的世界才是真实的。不信奉折中综合和理想主义，有自己的目标，对别人不能与自己看法一致感到惊讶。

第3章 头脑风暴法

本章学习目标

（1）了解头脑风暴法的激发原理。

（2）了解头脑风暴法的程序和要求。

（3）掌握头脑风暴会议主持人的技巧。

3.1 故事引入

如何去除电线上积雪？

有一年，美国北方格外严寒，大雪纷飞，电线上积满冰雪，大跨度的电线常被积雪压断，严重影响通信。

过去，许多人试图解决这一问题，但都未能如愿以偿。后来，电信公司经理召开了一种能让头脑卷起风暴的座谈会，参加会议的是不同专业的技术人员，要求他们必须遵守以下四项基本原则。

第一，自由思考。即要求与会者尽可能解放思想，无拘无束地思考问题并畅所欲言，不必顾虑自己的想法或说法是否“离经叛道”或“荒唐可笑”。

第二，延迟评判。即要求与会者在会上不要对他人的设想评头论足，不要发表“这主意好极了!”“这种想法太离谱了!”之类的“捧杀句”或“扼杀句”。至于对设想的评判，留在会后组织专人考虑。

第三，以量求质。即鼓励与会者尽可能多而广地提出设想，以大量的设想来保证质量较高的设想的存在。

第四，结合改善。即鼓励与会者积极进行智力互补，在增加自己提出设想的同时，注意思考如何把两个或更多的设想结合成另一个更完善的设想。

按照这种会议规则，大家七嘴八舌地议论开来。有人提出设计一种专用的电线清雪机；有人想到用电热来化解冰雪；也有人建议用振荡技术来清除积雪；还有人提出能否带上几把大扫帚，乘坐直升机去扫电线上的积雪。对于这种“坐飞机扫雪”的设想，大家尽管心里觉得滑稽可笑，但在会上也无人提出批评。相反，有一位工程师在百思不得其解时，听到用飞机扫雪的想法后，大脑突然受到冲击，一种简单可行且高效率的清雪方法冒了出来。他想，每当大雪过后，出动直升机沿积雪严重的电线飞行，依靠高速旋转的螺旋桨即可将电线上的积雪迅速扇落。他马上提出“用直升机扇雪”的新设想，顿时又引起其他与会者的联想，有关用飞机除雪的主意一下子又多了七八条。不到一小时，与会的 10 名技术人员共提出 90 多条新设想。

会后，公司组织专家对设想进行分类论证。专家们认为设计专用清雪机，采用电热或电磁振荡等方法清除电线上的积雪，在技术上虽然可行，但研制费用高，周期长，一时难以见效。那种因“坐飞机扫雪”激发出来的几种设想，倒是一种大胆的新方案，如果可行，将是一种既简单又高效的好办法。经过现场试验，发现用直升机扇雪真能奏效，一个久悬未决的难题，终于在头脑风暴会中得到了巧妙的解决。

英国大文豪肖伯纳崇尚思想交流，他说：“倘若你有一个苹果，我也有一个苹果，而我们彼此交换这些苹果，那么，你和我仍然是只有一个苹果。但是，倘若你有一种思想，我也有一种思想，而我们彼此交流这种思想，那么，我们每个人将各有两种思想。”爱因斯坦与他的同事也一直坚持自由的聚会和谈话，交流关于现代物理学的各种想法，他们的讨论没有改变别人观念的意念，也没有激烈的争论，他们自由地提出脑中想到的东西，总是注意倾听他人的观点。

与肖伯纳思维同出一辙的创造学家 A.F.奥斯本，则直接向发明创造者大声疾呼：“让头脑卷起风暴，在智力激励中开展创造！”品味肖伯纳和奥斯本的名言，处在信息多变、竞争激烈社会的我们有何感想呢？随着发明创造活动的复杂化和课题涉及技术的多元化，单枪匹马式的冥思苦想将变得软弱无力，而“群起而攻之”的发明创造战术则显示出攻无不克的威力。

首先让我们看一些古今中外有趣的故事。

“三个臭皮匠，胜过诸葛亮”：三国时期，诸葛亮到东吴做客，为孙权设计了一座报恩寺塔。其实，这是诸葛亮先生要掂掂东吴的分量，看看东吴有没有能人造塔。那宝塔要求很高，单是顶上的铜葫芦就有五丈高，四千多斤重。孙权被难住了，急得面黄肌瘦。后来寻到了冶匠，但缺少做铜葫芦模型的人，便在城门上贴起招贤榜。时隔一个月，仍然没有一点儿下文。诸葛亮每天在招贤榜下踱方步，高兴得直摇鹅毛扇子。那城门口有三个摆摊子的皮匠，他们面目丑陋，又目不识丁，大家都称他们是“臭皮匠”。他们听说诸葛亮在寻东吴人的开心，心里不服气，便凑在一起商议。他们足足花了三天三夜的工夫，终于用剪鞋样的办法，剪出个葫芦的样子。然后，再用牛皮开料，硬是一锥子、一锥子地缝成一个大葫芦的模型。在浇铜水时，先将皮葫芦埋在沙里。这一着，果然一举成功。诸葛亮得到铜葫芦浇好的消息，立即向孙权告辞，从此再也不敢小看东吴了。“三个臭皮匠，胜过诸葛亮”的故事，也就是奥斯本头脑风暴法的“中国式”译义，即集思广益。故事告诉我们通过集合大家的想法，达到让人敞开思想、畅所欲言的效果，可以找出尽可能好的解决方案。

新型车辆转向架设计方案：前几年，我国华北地区铁道学会在一次有关新型车辆转向架设计方案研讨中，头两天的中心发言尽管很热烈，但从记录中可总结的新创见并不多。后来，会议组织者通过组织工作人员开展自由讨论，再次研讨，结果很快获得 30 多条有创见的新设想，收到了令人满意的答案。

日本三菱树脂公司新兴净化池：日本三菱树脂公司随着生产的发展，急需研制一种新兴净化池。公司领导召集十余名技术人员，在短短的半天里就提了 70 种方案，并从中选了 10 种最优方案。然后，根据 10 种最优方案设计的净化池的结构画成图纸，贴在净化池结构图的相应部位，通过公司内部技术人员的评审，最后得出一种研制新型净化池的最佳方案。这些技术人员敞开思想，使各种设想在相互碰撞中激起脑海的创造性“风暴”。

通过以上几个富有启发性的小故事，想必大家对“头脑风暴法”有了一定的了解。

3.2 理论精解

3.2.1 什么是头脑风暴法

头脑风暴法又称智力激励法、BS 法、自由思考法，是由美国创造学家 A.F.奥斯本于 1939 年首次提出、1953 年正式发表的一种激发性思维的方法。此法经各国创造学研究者的实践和发展，至今已经形成了一个发明技法群，深受众多企业和组织的青睐。

当一群人围绕一个特定的兴趣领域产生新观点的时候，这种情境就叫作头脑风暴（Brain Storm）。由于会议使用了没有拘束的规则，人们就能够更自由地思考，进入思想的新区域，从而产生很多的新观点和问题解决方法。当参加者有了新观点和想法时，他们就大声说出来，然后在他人提出的观点之上建立新观点。所有的观点被记录下来但不进行批评。只有头脑风暴会议结束的时候，才对这些观点和想法进行评估。头脑风暴法出自“头脑风暴”一词。所谓头脑风暴最早是精神病理学上的用语，指精神病患者的精神错乱状态，现在转而为无限制的自由联想和讨论，其目的在于产生新观念或激发创新设想。

在群体决策中，由于群体成员心理相互作用影响，易屈于权威或大多数人意见，形成所谓的“群体思维”。群体思维削弱了群体的批判精神和创造力，损害了决策的质量。为了保证群体决策的创造性，提高决策质量，管理上发展了一系列改善群体决策的方法，头脑风暴法是较为典型的一个。

头脑风暴法又可分为直接头脑风暴法（通常简称为头脑风暴法）和质疑头脑风暴法（也称反头脑风暴法）。前者是在专家群体决策中尽可能激发创造性，产生尽可能多的设想的方法；后者则是对前者提出的设想、方案逐一质疑，分析其现实可行性的方法。

采用头脑风暴法组织群体决策时，要集中有关专家召开专题会议，主持者以明确的方式向所有参与者阐明问题，说明会议的规则，尽力创造融洽轻松的会议气氛。一般不发表意见，以免影响会议的自由气氛。由专家们“自由”提出尽可能多的方案。

3.2.2 头脑风暴法的激发机理

头脑风暴何以能激发创新思维？根据 A.F.奥斯本本人及其他研究者的看法，主要有以下几点。

第一，联想反应。联想是产生新观念的基本过程。在集体讨论问题的过程中，每提出一个新的观念，都能引发他人的联想。相继产生一连串的新观念，产生连锁反应，形成新观念堆，为创造性地解决问题提供了更多的可能性。

第二，热情感染。在不受任何限制的情况下，集体讨论问题能激发人的热情。人人自由发言、相互影响、相互感染，能形成热潮，突破固有观念的束缚，最大限度地发挥创造性的思维能力。

第三，竞争意识。在有竞争意识情况下，人人争先恐后，竞相发言，不断地开动思维机器，力求有独到见解，新奇观念。心理学的原理告诉我们，人类有争强好胜心理，在有竞争意识的情况下，人的心理活动效率可增加50%或更多。

第四，个人欲望。在集体讨论解决问题过程中，个人的欲望自由，不受任何干扰和控制，是非常重要的。头脑风暴法有一条原则，不得批评仓促的发言，甚至不许有任何怀疑的表情、动作、神色。这就能使每个人畅所欲言，提出大量的新观念。

3.2.3 头脑风暴法的程序

BS法的具体运作程序通常分为以下五个步骤。

1．确定会议主题

BS 法适合解决单一明确的问题，不适合处理复杂、面广的对象。对于后者可分解成若干简单的小课题，逐个解决。

2．会前准备

会前应该对会议参与人、主持人和课题任务三落实，必要时可进行柔性训练。首先，选定理想的主持人，主持 BS 会议是一门艺术，BS 会议成效的大小与主持人有密切关系，因此，主持人应熟悉课题对象，且能善于运用此法和通晓其他技法；要以赏识激励的词句语气和微笑点头的行为语言，鼓励与会者多提设想，如说“对，就是这样！”“太棒了！”“好主意！这一点对开阔思路很有好处！”等。其次，组成 BS 小组，小组成员不一定全是专家，例如法国在预测军事技术的发展和计划时，邀请了非军人的局外人士，请他们从各自立场出发对军事技术提出看法，以期望发现新奇的设想。最后，会议之前通知与会成员，告诉会议目的，以便事前做些准备工作，但要防止造成先入为主的后果。

3．热身

“热身”的目的在于使与会者逐步地全身心地投入，使大脑进入最佳启动状态。此时，制造轻松的气氛是很重要的，最好能将桌子围绕成圆形或方形，也可播放音乐或放些香烟、水果以供享用，让与会者放松心情。几分钟后，主持人便可提出一个与课题毫无关系而有趣的问题，用以激励与会者大脑的兴奋。

4．自由漫谈

主持人在重申课题对象与会议原则后，转入正题。若出现中断或难以深入下去时，可采取一些措施，如休息几分钟，自选休息方法，散步、唱歌、喝水等，再进行几轮脑力激荡；或发给每人一张与问题无关的图画，要求讲出从图画中所获得的灵感；或抛出事先准备好的设想，以抛砖引玉的方式刺激设想的继续出现。会议记录员把会议上的设想写在黑板上，以便产生连锁效应。

5．加工处理

在 BS 会议之后，最好在第二天，由会议组织者和记录员共同收集整理与会者的新设想，交评价小组（不参加会议的、擅长批评分析的人员）按实用性设想、幻想性设想、平凡及重复设想等加以分类，对每个提案重点考虑：有无新颖性？有无实用性？有无经济价值？外观设计如何？内部结构简单否？制造可能性如何？商品魅力如何？从中选出一些较好的方案。

BS 法如果与其他会议结合起来进行，可能更能增强效果。例如有的创造发明会议按下列方法进行：BS→评价会议→BS 法。有的创造发明会议还采取个人与集体相结合的形式。就是先让个人单独构思，然后进行 BS 法的集体会议，会后再进行个人的构思：个人构思→集体 BS 会议→个人再构思。以上这些不同方法搭配的创造性构思方式，创造学者把它们称为创造发明的“夹层技巧”。使用不同形式的夹层技巧有时可以弥补 BS 法的某些不足。

3.2.4 头脑风暴法的要求

1．组织形式

参加人数一般为 5～10 人（课堂教学也可以班为单位），最好由不同专业或不同岗位者组成；会议时间控制在 1 小时左右；设主持人一名，主持人只主持会议，对设想不作评论。设记录员 1～2 人，要求认真将与会者每一设想不论好坏都完整地记录下来。

2．会议类型

头脑风暴会议有两种类型，其一是设想开发型，这是为获取大量的设想、为课题寻找多种解题思路而召开的会议，因此，要求参与者要善于想象，语言表达能力要强。另外一种是设想论证型，这是为将众多的设想归纳转换成实用型方案召开的会议，因此，要求与会者善于归纳、善于分析判断。

3．会议原则

BS 会议应在轻松、融洽的气氛中自由漫谈，不受任何拘束，相互启发，相互补充。为使与会者畅所欲言，互相启发和激励，达到较高效率，必须严格遵守下列原则。

（1）禁止批评和评论，也不要自谦。对别人提出的任何想法都不能批判、不得阻拦，欢迎标新立异。即使自己认为是幼稚的、错误的，甚至是荒诞离奇的设想，亦不得予以驳斥；同时也不允许自我批判，在心理上调动每一个与会者的积极性，彻底防止出现一些“扼杀性语句”和“自我扼杀语句”。诸如“这根本行不通”“你这想法太陈旧了”“这是不可能的”“这不符合某某定律”以及“我提一个不成熟的看法”“我有一个不一定行得通的想法”等语句，禁止在会议上出现。只有这样，与会者才可能在充分放松的心境下，在别人设想的激励下，集中全部精力开拓自己的思路。坚持“庭外判决”原则，对各种意见、方案的评判必须放到最后阶段，此前不能对别人的意见提出批评和评价。

（2）会议以谋取设想的数量为目标。BS 会议目标集中，追求设想数量，越多越好。在头脑风暴法实施会议上，只鼓励大家提出设想，越多越好。设想越多，产生好设想的可能性越大。

（3）鼓励巧妙地利用和改善他人的设想。这是激励的关键所在。每个与会者都要从他人的设想中激励自己，从中得到启示，或补充他人的设想，或将他人的若干设想综合起来提出新的设想等。探索取长补短和改进办法。除提出自己的意见外，鼓励参加者对他人已经提出的设想进行补充、改进和综合。

（4）与会人员一律平等。各种设想全部记录下来。与会人员，不论是该方面的专家、员工，还是其他领域的学者，以及该领域的外行，一律平等；认真对待任何一种设想，不论大小，不管其是否适当和可行，甚至是最荒诞的设想，记录人员也要认真地将其完整地记录下来。

（5）提倡自由发言，畅所欲言，任意思考。创造一种自由的气氛，会议提倡自由奔放、随便思考、任意想象、尽量发挥，欢迎各抒己见，自由鸣放。主意越新、越怪越好，因为它能最大程度激发成员创造出好的观念，提出好的设想。主张独立思考，不允许私下交谈，以免干扰别人思维。

（6）强调集体协作。BS 会议不强调个人成绩，以小组的整体利益为重，注意和理解别人的贡献，人人创造民主环境，不以多数人的意见阻碍个人新观点的产生，激发个人追求更多更好的主意。头脑风暴法的所有参加者，都应具备较高的联想思维能力。在进行“头脑风暴”（即思维共振）时，应尽可能提供一个有助于把注意力高度集中于所讨论问题的环境。有时某个人提出的设想，可能正是其他准备发言的人已经思维过的设想。其中一些最有价值的设想，往往是在已提出设想的基础之上，经过“思维共振”的“头脑风暴”，迅速发展起来的设想，以及对两个或多个设想的综合设想。因此，头脑风暴法产生的结果，应当认为是专家成员集体创造的成果，是专家组这个宏观智能结构互相感染的总体效应。

3.2.5 头脑风暴会议主持人技巧

主持人应懂得各种创造思维和技法，会前要向与会者重申会议应严守的原则和纪律，善于激发成员思考，使场面轻松活跃而又不失脑力激荡的规则。主持人可以参考的主持技巧如下。

（1）主持人可以要求参会人员轮流发言，每轮每人简明扼要地说清楚创意设想一个，这样可以避免形成辩论会和发言不均的状况。

（2）要以赏识激励的词句语气和微笑点头的行为语言，鼓励与会者多出设想，如说“对，就是这样!”“太棒了!”“好主意！这一点对开阔思路很有好处!”等。

（3）禁止使用下面的话语：“这点别人已说过了!”“实际情况会怎样呢？”“请解释一下你的意思。”“就这一点有用”“我不赞赏那种观点。”

（4）经常强调设想的数量，如平均 3 分钟要发表 10 个设想。

（5）遇到人人皆才穷计短出现暂时停滞时，可采取一些措施，如休息几分钟，自选休息方法，散步、唱歌、喝水等，再进行几轮脑力激荡。或发给每人一张与问题无关的图画，要求讲出从图画中所获得的灵感。

（6）根据课题和实际情况需要，引导大家掀起一次又一次脑力激荡的“激波”。如课题是某产品的进一步开发，可以从产品改进配方思考作为第一激波，从降低成本思考作为第二激波，从扩大销售思考作为第三激波等。又如，对某一问题解决方案的讨论，引导大家掀起“设想开发”的激波，及时抓住“拐点”，适时引导进入“设想论证”的激波。

（7）要掌握好时间，会议持续 1 小时左右，形成的设想应不少于 100 种。但最好的设想往往是会议要结束时提出的，因此，预定结束的时间到了可以根据情况再延长 5 分钟，这是人们容易提出好的设想的时候。在 1 分钟时间里再没有新主意、新观点出现时，智力激励会议可宣布结束或告一段落。

3.2.6 头脑风暴法成功要点

一次成功的头脑风暴除了在程序上的要求之外，更为关键的是探讨方式、心态上的转变，概言之，即充分、非评价性的、无偏见的交流，具体而言，则可归纳以下几点。

（1）自由畅谈。参加者不应该受任何条条框框限制，放松思想，让思维自由驰骋。从不同角度，不同层次，不同方位，大胆地展开想象，尽可能地标新立异，与众不同，提出独创性的想法。

（2）延迟评判。头脑风暴，必须坚持当场不对任何设想做出评价的原则。既不能肯定某个设想，又不能否定某个设想，也不能对某个设想发表评论性的意见。一切评价和判断都要延迟到会议结束以后才能进行。这样做一方面是为了防止评判约束与会者的积极思维，破坏自由畅谈的有利气氛；另一方面是为了集中精力先开发设想，避免把应该在后阶段做的工作提前进行，影响创造性设想的大量产生。

（3）禁止批评。绝对禁止批评是头脑风暴法应该遵循的一个重要原则。参加头脑风暴会议的每个人都不得对别人的设想提出批评意见，因为批评对创造性思维无疑会产生抑制作用。同时，发言人的自我批评也在禁止之列。有些人习惯于用一些自谦之词，这些自我批评性质的说法同样会破坏会场气氛，影响自由畅想。

（4）追求数量。头脑风暴会议的目标是获得尽可能多的设想，追求数量是它的首要任务。参加会议的每个人都要抓紧时间多思考，多提设想。至于设想的质量问题，自可留到会后的设想处理阶段去解决。在某种意义上，设想的质量和数量密切相关，产生的设想越多，其中的创造性设想就可能越多。

（5）改善组合。意思是从别人的创意中得到启发而想出更好的创意。也就是说会议要鼓励与会者思考别人的创意，在别人的基础上发展和提炼出新的创意。

3.2.7 头脑风暴法的注意事项

头脑风暴法是一种最为常用的激发群体创造力的方法。这种方法快速、简单而且有效。然而，许多组织却在头脑风暴法上屡屡受挫，以至于最后放弃使用它。于是他们说，头脑风暴法已经过时了，而且不再有效。但事实上人们受挫的真正原因乃是，他们没有适当使用头脑风暴的方法。一次奏效的头脑风暴是有趣而充满活力的。它能够产生许多好的主意。但较差的头脑风暴却令人受挫，消磨动力。下面列举几种简单却足以毁掉一次头脑风暴的情况。

1．没有清晰的目标

如果一次头脑风暴的意图是模糊不清的，就会导致逡巡不前甚至失去方向。所以一定要设立清晰的目标。一次头脑风暴的目的是，为了达到一个具体特定的目标，而产生许多有创意的主意。最好的方法是，把这个目标设定成一个问题。模糊的目标是无用的。“我们如何能做得更好？”就没有“我们如何在下面的一年内将销售量翻倍？”要好。然而，问题中的数字也不应该过细，否则会使头脑风暴受到局限，减少更多的可能性。像“我们如何通过利用现有渠道和当前的产品设置，使销售量翻倍？”这样的问题，也许就过于限制了。一旦这样的一个问题得到一致的同意，就将它写下来，以便所有人都能清楚地看到。同时，也应当为这个目标设定需要多少创意，以及要花多少时间。例如，“我们打算在下面的 20 分钟里，想出 60 个创意。然后我们将他们筛选至 4～5 个最好的创意。”

2．参与者的背景太过相近

假如每个人都来自同一个部门，就极易陷入一种“群体思考”之中，从而大大地禁锢创造力。因此要小心地选择参与者。参与者的数量控制在 6 到 12 人为宜。太少的人数会使头脑风暴的素材不够丰富。而太多的人又难以控制，限制了个人的发挥。在整个头脑风暴小组中还应引入一些其他领域甚至与讨论的话题无关的旁观者——这些人常会提出不同角度的看法，以及奇特的创意。不同背景的参与者组成的讨论，效果是最好的。这些人可以涵盖不同的年龄层次，男性和女性、经验丰富的老手或者新人，等等。

3．使老板成为讨论的推动者

要小心在团队中表现得独断专行的老板，他们可能会限制或固定住讨论的内容。如果这样的老板在场，那么最好找一名能够胜任推动者的独立人士——他要能够激励大家积极地思考，并防止某一个人主导了全局。对头脑风暴而言，最差的一种情形是，部门经理既主持会议，同时又做记录员和证明人。

4．允许过早的评判

头脑风暴最重要的原则是——将评判推后。为了鼓励大量不同凡响的好想法出现，确保没有人对任一想法提出批评、负面的评价或任何的评判，是非常重要的。参与者说出的任何一个想法，无论显得多么愚蠢，都要记录下来。在产生想法阶段不进行评判的原则极为重要，因而需要严格地加以执行。有个好办法是用水枪惩罚提出评判的人。

5．满足于为数不多的想法

不要刚得到几个想法，就开始分析。想法的数量才最重要，数量越多越好。在一切活动当中，头脑风暴是为数不多的数量能够改善质量的活动。想想达尔文式处理过程。各不相同的想法产生得越多，其中一些最终被选中的可能性就越大。你需要很多的精力和各种声音，才能得到大量特别的想法。完全无法使用的疯狂想法往往起到跳板的作用，引领我们想出可以被采用的新颖卓绝的方案。因此，要保持源源不断的疯狂想法——你需要吻过许多许多的青蛙之后，才能遇到真正的王子！

6．没有收场或后续执行

不要在达到清晰的执行计划之前，就结束头脑风暴会议，即使已经产生了一大堆想法。如果看不到一个真实的结果，人们会感到之前进行的过程没有意义，从而灰心丧气。应该在会上快速地分析一下得到的这些想法。一种好的方法是把总结性发言分成三个部分——有见地的想法、有趣的想法或反对意见。若在有见地的想法里，有特别出色的点子值得马上去实施的，应该立即将之作为一个实践项目交予相关的实行者。

还有，应该将想法收集起来，并加以分类。例如，把关于市场、销售或其他方面的有见地的和有趣的想法分别列示在不同的挂图板上。这种重新整理想法的形式能帮助我们发现新的组合及可能性。有些人会使用便贴纸，以便将各种想法方便随意的组合。

如果时间较为紧迫，可以使用五分制评分法选出最好的创意。参与者为每个想法打分。他们可以自由地将五分分配给喜欢的想法。比如，将五分平均分给五个想法，每个想法得到一分，也可以将五分全部给某一个想法。然后，将每个想法的得分相加，选出得分最高的想法，留待后议。

最后，在会议结束前，以感谢每个人对头脑风暴做出的贡献作为收场。应该再次提到一到两个最好的、最有创意或最有趣的想法。然后，考虑一下哪些想法是可以付诸实施的——即使它们微不足道。

人们喜欢的头脑风暴往往时间短、充满活力且能够促成实际效用。这样的会议能够激发人的潜能，提高效率，促进创新力的提升。

3.3 课堂练习

练习：

1．天马行空

这是一个考验联想与创意能力的头脑风暴游戏，考验你智商的同时也锻炼你的情商。

例如：想到米饭，就想到碗。

楼下接：想到碗，就想到筷子。

依此类推。

2．涂鸦接龙

规则：四个人一组，给每一组一个简单的图画作为模板，让四个人来回轮流的为图画添加任何元素，最后比哪一组的作品更有创意，更加天马行空。

3．应答自如

在巨大压力的情况下，人们往往会面对大脑短路的情况，但是同时这种头脑风暴的办法也会让大家的创造性得到良好的训练。

游戏规则和程序：

- 将每四个人组成一个组，在组内任意确定组员的发言顺序，两个组构成一个大组进行游戏。
- 让小组确定的第一个成员出来，对着另一个组喊出任何经过他（她）脑子的词，如姐姐、鸭子、蓝天等任何词。
- 另一个小组的第一个成员必须对这些词进行回应，如哥哥、小鸡、白云等。
- 小组成员必须持续地喊，直到他（她）不能想出任何词为止，一旦你发现自己在说“哦，嗯，哦……”你就必须宣告失败，回到座位上，换你们小组的下一位上。
- 哪个小组能坚持到最后，就算获胜。

游戏应用：

- 创造性解决问题能力的训练；
- 应变能力的训练；
- 课前活跃气氛使用。

你会发现在大脑短路的同时，你可能会有了一些以前连想都没想过的想法，而说不定就是这些想法可以帮助你更好地解决问题，所以这个游戏可以用于需要成员发挥想象力的热身运动，让大脑迅速地活跃起来。

3.4 训练与测试

练习 1：公司无钱却要有名，怎么办？

有几个年轻人成立了一家公司，公司并不大，也许也没多少钱，但是他们为了让公司有点名，于是花大钱做了一个广告，内容如下：本公司诚聘一名能够帮助本公司解决难题的难题专家，月薪 100 万元人民币。欢迎有水平有能力的人来应聘。

于是很多人来应聘，于是公司也出名了，这个时候，该是要录取的时候了，公司无论如何总是要录取一个人的。有个年轻人很优秀，公司也想录取他。而且如果公司不录取人的话那么他们所做的广告不但没有用处反而带来了负面效果。这时公司该怎么办？

练习 2：油管不够长怎么办？

日本南极考察队第一次到南极时，当越冬队想把汽油从船上卸下时，才发现油管不够长，当时大家都为此深感困惑，而西揪队长却提出一个令人惊异的构想。

第4章 水平思考法

本章学习目标

（1）了解水平思考法的特点。

（2）掌握应用水平思考法的四个规则。

4.1 故事引入

“水平思考”改变了奥运会历史

1984年的洛杉矶奥运会向全世界讲述了一个神奇的故事。那年，美国商人彼得·尤伯罗斯因个人承办奥运会，一夜成名。更令人侧目的是，他运用全新的观念以商业运作手段一举改写了国际上承办奥运会的城市不堪重负的历史，不仅使当届奥运会扭亏为盈，而且大举获利！

那么，尤伯罗斯是怎样成功的呢？让我们来大致了解下尤伯罗斯的一揽子商业策划，总的来说可以概括成四个字“开源节流”。论“节流”，他可不像前几届奥运会那样花巨资新建大批体育场馆，而是尽可能地利用洛杉矶已有的运动场所；他也没有提供各国运动员下榻的豪华奥运村，仅利用了该市3所大学的学生宿舍；必须新建一个游泳池，尤伯罗斯就以允许在指定场地营业和做广告为条件，说服了当地的“麦当劳”出资400万美元；必须新建一个自行车赛场，他又以相同条件将这一“任务”交给了当地的“7-11”便利店。而“开源”，他大刀阔斧。他慎重地选择了30家奥运会“赞助”厂商出资1.17亿美元；他找来了50家供应商，从杂货店到废品处理公司为奥运会提供商业服务，一应俱全，但供应商们每家至少得捐助400万美元；他让美国的三大电视网相互争夺奥运会的独家播映权，采取“只出价一次”的竞标方法“吊起来卖”，最终美国广播公司花了2.75亿美元才拿下播映权；当柯达公司认为奥运会理应购买它的照相器材而又埋怨400万美元的赞助费太昂贵时，尤伯罗斯果断地将这一权力出售给了日本富士公司；他还别出心裁地设计了出售火炬传递接力权，全程15 000公里，每公里3000美元。对于不少有实力的美国人来说，何不为跑上这1公里留下永久的记忆？他的另一高招，是把这届奥运会的标志“山鹰”也作为一种商标专利广泛出售。正是这些新举措，才使得洛杉矶奥运会盈利竟高达2.36亿美元！也从此，积极申办奥运会的国家和城市越来越多，电视转播权、TOP赞助计划、火炬传递等创新方法也沿用至今。

可尤伯罗斯怎么就能想出如此创意呢？原来，另一位人物影响了他。这就是当今被誉为改变人类思维方式的缔造者、举世公认的“创新思维之父”——爱德华·德·博诺博士。

一次演讲交流中，德·博诺偶然发现身边总有一个人在殷勤地照顾他，帮着做这做那，终于他忍不住询问那人，那人告知自己叫尤伯罗斯，就是 1984 年洛杉矶奥运会的商业策划人。随后尤伯罗斯说了这样一句话：“我的成功，是因为在 1975 年听了您一次 90 分钟的演讲。”他认为德·博诺的“水平思考法”引发出了自己的创意，正是这 90 分钟的演讲让尤伯罗斯打破了奥运会运作的“思维瓶颈”，全球受用！

资料来源：德博诺官方网站

4.2 理论精解

4.2.1 水平思考法介绍

水平思考法是针对垂直思考（逻辑思考法）而言的，由英国心理学家爱德华·德·博诺博士提出。这种类型的思考法是指在思考问题时摆脱已有知识和旧的经验约束，冲破常规，从多角度多侧面去观察和思考一件事，善于捕捉偶然发生的构想，从而产生意料不到的创意。这种方法的运用，一般是基于人的发散性思维，所以也把这种方法称为发散式思维法。例如，在人们普遍考虑“人为什么会得天花”问题时，琴纳考虑的则是“为什么在奶牛农场劳动的女工不得天花？”正是采用这种水平思考法，使他做出了医学上的重大发现。爱德华·德·博诺博士认为，没有水平思维，我们就无法充分利用那些可用的信息和经验，并会陷在原有的模式、结构、观念和感知中，无法自拔。

水平思考关注的是变化，即摆脱旧观点，形成新观点。因此，水平思考涉及两个过程，一个是摆脱旧观念，另一个是激发新观点。摆脱旧观念首先要识别主导观点或极端观点，拒绝接受将一切事情认作理所当然，试图逃离概念的牢笼。接着要意识到在看待事物的当前方式之下隐藏着其他方式待我们去发现，有意寻找看待事物的其他方式，寻找不同方式而不是最佳方式，将注意力转移到其他领域，改变一开始思考的切入点。激发则要先将观点的内容与观点的评价分开，看观点的内容能将我们带向哪儿，有何启发，而不是判断它是对是错。这之后我们可以利用偶然机会，进行无逻辑跳跃，以极富激发性的方式打破连续性。也许一开始会觉得有点胡闹，毫无关联可言，但有时创新就是如此，等到说出某句话后才发现这样说的理由，等到观点形成之后才发觉是有道理的。

水平思考的目的是生成新观点，摆脱旧观点。传统的思考习惯垂直思考能够有效发展观点，却不善于重建新观点。水平思考侧重于打破连续性，重建新观点。

4.2.2 水平思考法的规则一：辨认并识别控制性观念

通常，我们要改善某一事物，可以有两种相反的方式：第一种方式是直接改进；第二种方式是首先辨认，然后去除掉那些抑制事物发展的因素。例如，假设一辆汽车开起来不够快，司机可以使劲儿踩加速器，他也可以去检查确认一下刹车是否完全松开了。同样的道理，要设计一辆速度非常快的汽车，设计师可以给汽车加上一个更强有力的引擎，也可以想办法减轻车身的重量，减小空气的阻力。再例如，我们想要理解智商，那么去研究智障可能更为有用。看看智障的人缺乏什么能力，比调查聪明的人拥有哪些额外的能力更加容易。与其费尽心思去了解为什么有的人就能创造发明，还不如去想一想为什么其他人无法创造发明。如果我们能够洞察到是什么因素阻止了人们或者某个人产生创意，那么我们就能找到办法来改进创新的能力。那么，我们怎样才能逃离旧理论旧观念的影响呢？

1．辨识

水平思考的一个重要技巧就是，刻意找出，甚至写下自己所面临情况中的支配性观念。一旦这个支配性观念被暴露出来，我们就比较容易辨识它，并避免受到它的影响。这看起来似乎简单，但是对支配性观念的暴露必须要做到刻意、仔细，如果对支配性观念只具有模糊的认识，那是丝毫起不了作用的。

2．扭曲

另一个技巧是先接受既有的支配性观念，然后再逐步地扭曲、改变它，直到它最后变得面目全非。扭曲既定观念有一些方法，如把既定观念发展到极端，或者把其中的某个特征夸大等。

3．借助外力

要逃离既定观念的影响是非常困难的，所以有时候我们不得不借助于外力。在医学界，当一名医生过于熟悉患者病症从而很难开出恰当药方的时候，请另一名医生用另一种方式来诊断病人，就会有助于开出更好的不同的药方。在很多封闭的领域，不论是科学界的还是企业界的，既有的观念理论都变得越来越根深蒂固。这时，请一名局外人提出新鲜的观点，就十分有助于催生新的创意。

4．质疑

在追寻创意的过程中，除了要注意积极处理支配性观念以外，还要注意对待支配性观念的消极态度。接受既定观念，显然比质疑它然后追寻自己的创意要容易得多。任何一系列信息的提供者（收音机、电视和出版印刷品）都有权利（也许甚至是义务）以现有的方式来组合信息，使之传递某种既定的观念。而接受这种组织排列好的信息对我们来说是再容易不过的事情了。正因为如此，上述那些媒体传递的新信息是很难启发那些懒于寻求新观点的大众的。

5．勇于认错

很少有人会乐于承认自己以往的观念是错的，但是勇于认错却意味着从旧观点摆脱出来，并获得看待事物的新方式。尽管在为自己的旧观点进行辩护的时候，我们也可能取得某些进步，但是坚持自己永远正确，这只不过是一种刚愎自用。接受新观点的人往往会比提供新观点的人对新观点的发展做出更多的贡献，因为提出新观点的人本身可能已经江郎才尽了。即使某个新观点很快就被抛弃了，但是为了破坏既有的观点、摆脱其束缚，我们仍然应该勇于诚实地认错。

4.2.3　水平思考法的规则二：寻找看待事物的不同方式

寻找看待事物的不同方式，但并不一定是最佳方式。例如，刻意把某些正常关系故意颠倒过来，或者刻意转移一个问题的重点。由不同观点解释问题的好处，可以在数学里找到明显的例子。一个数学方程式的等号两边无非是两种表现相等数值的不同形式，数学方程式的计算基础就是以两种形式表达同一个等式。我们可以从以下几个方面来寻找观察事物的不同角度。

1．转移看待问题的焦点

看待事物的方式哪怕只发生了微妙的变化，也会产生深远复杂的影响。最重大的医学发现之一，就来自于爱德华·杰纳把他关注的焦点从人们为什么得天花，转移到为什么奶牛场的那名女工不得天花。正是经由这一发现，人们才找到通过种牛痘来避免得天花的方法，从而结束了天花在西方世界数个世纪的肆虐横行。三张牌的赌局也是一个典型的水平思考的例子。玩牌者把三张牌正面朝下，然后邀请赌博者从中挑选出是皇后的那张牌。作为一个诡计，这场赌局一开始会让赌博者赢些钱，但不久之后，发牌者会以同样的方式让皇后牌变得无论如何也找不到。这时候，赌博者如果想要赢的话，就应该转换角度，不再打赌自己挑的牌是皇后，而应该打赌自己挑的牌绝对不是皇后。

2．避免僵化的分类和名称

大脑把我们周围连续性的世界分成了不连续的片段。之所以如此，一方面是由于我们大脑神经组织的特性以及关注范围的有限所致，另一方面是因为我们有时会特意把事物拆分成熟悉的片段以便于分析。就像超市的货架上摆放着各种各样包装好的食品一样，经由一定的方式而被切割和重组的各种各样的信息包，也逐一摆放着等待我们去挑选，然后把它们组合成各种有用的信息。

但问题是，按照既定方式组合的信息都倾向于支持既有的观点。接受这些信息，就意味着接受信息里蕴含着的组合方式与观点。有这样一个故事，在一次战争中，一名轰炸机飞行员在返回的路上发现飞机失控了。经过检查诊断，是水压系统发生了渗漏，而当时飞机上并没有任何液体可以用来加满它。但是最后，机上全体人员都获救了，因为有人想到了用尿来加满水压系统。这是一个非常简单而且效果明显的解决办法，但是很多人都不会想到这个办法，因为固定的名称和分类使尿和水压系统成为毫不相干的两者。另一个类似的故事发生在一个没有灯光照明的小巷里，这条小巷非常狭窄，许多汽车开进去后又不得不倒回来。当时，汽车基本上都还没有配备倒车灯，因此要不碰坏东西而把车倒出小巷几乎是不可能的。一天，有人想到了用汽车后面闪亮的转向灯来照明，立刻，整条路都被照亮了。这个办法十分有效。一开始没有人想到这个办法，因为转向灯被命名和分类为指示器而不是照明灯。

要避免僵化名称的影响，有一个方法就是用具体的形象，比如线条、表格、颜色、图形等来思考事物，而完全不使用事物的名称。在思考过程中，这样做是完全可能的，只是在最后表达思考结果的时候有些困难。当然，不是所有人都擅长用具体形象来思考，也不是每一种情况都能以具体形象来思考。但无论如何，这是一种值得我们去培养的习惯，因为具体形象具有词汇和名称不具有的流动性和弹性。

3. 用不寻常的方式看待事物

寻找看待事物的其他方式，这并不是人们天生的能力。大脑的自然倾向总是先接受最显而易见的解释，然后据此进行推演。为了克服大脑的这种自然倾向，我们有必要做得十分刻意和人为。有一个十分简单的技巧，就是在看待事物之前先规定自己要从几种方式来进行分析。这个数目可能是三种、五种或更多。每遇到一个问题，我们都应有意识地用一定数量的方式来加以分析看待。另一个有效的技巧就是有意识地把一些事物关系加以颠倒。例如，我们不再把房子的屋顶看作是由墙支撑着的，而是假设墙是从屋顶上悬挂下来的。打破看待事物的既定方式的进一步的技巧，是把一个情况中的关系转移到另一个比较容易掌握的情况中去。这样，一个抽象的情况就可以得到具体的类推。

4.2.4 水平思考法的规则三：摆脱垂直思考的束缚

垂直思考有一种极端的倾向，即企图控制大脑里的每一个想法，企图使每一个想法都得到逻辑分析和系统化。具有这种倾向的人做事时通常一丝不苟、力求精确，他（她）对自己想法的逻辑处理就像给电影做剪辑一样。这是一种很极端的思考倾向，但事实上，很多人都不同程度地具有这种倾向。可以把垂直思考作为起点，并接受一个基本的框架以便于我们在思考的过程中对之加以扩展或修改。这种思考方式的确有助于修改既有观点，但却不大可能催生出完全崭新的观点。因为接受与维护既有事物，是与具有无限潜力的无序状态刚好是背道而驰的。那么，如何逃脱垂直观点的严密控制呢？这要求我们面对事物时，不急于去解释、去分类、去组织什么，这样意识才能自由开放、从容不迫地接纳一切的可能性，也就是在这种情形下，才能产生新概念。

1. 不要求每一步都正确

一些重大的发明或发现都来自于一系列推理过程，但这一过程中的每一步并非都正确，这样的例子还有很多。例如，马可尼在提高自己设备的功率和效率的同时，发现他可以由此发送长距离的无线电波。最后，他大胆地设想要传送一个穿越大西洋表面的信号。这看起来似乎只需要一个功率足够大的传送器和一个足够敏感的接收器就行了。但是，很多专家嘲笑了马可尼的这一设想。他们认为，由于无线电波像光一样，都是直线传导的，所以它们不可能穿越凹凸不平的地球表面，而且还会中断在大气之中。从逻辑上来讲，专家们是对的。但是马可尼依然坚持实验，并最终成功地传送了一个穿越大西洋表面的信号。当时，不论是马可尼自己还是那些专家们，都不了解更高的大气层中有一个电离层，而电离层会反射无线电波，如果没有电离层，无线电波确实就会像专家们预言的那样中断在大气之中。但正是电离层的存在，使我们的通信成为可能。马可尼虽然当时是错的，但他却获得了最终的成功，要是他当初和专家们一样进行严密的逻辑推导，就不可能获得这一成功了。

2. 避免有一个固定的方向

垂直思考直接把我们引向了问题的答案，但是最有效的答案也许恰恰位于相反的方向。由于水平思考并没有任何固定的方向，所以我们在解决问题的过程中不容易被问题束缚。如果你的车正在上山的路上，而前面有一辆汽车正冲着你向后滑落，你自然会赶紧倒退以躲避这辆汽车。然而，如果朝着相反方向去解决这个问题也许更有意义，你可以把车开向前面那辆车，这么做不仅可以减轻撞击，而且你车里的备用刹车也足以帮助你制止住那辆向后滑落的汽车。

3．避免对每件事物都分类和定义

逻辑思维总是喜欢每件事物都被予以分类和定义，而对于变化，这种思维方式就很难应对，因为每个词都被赋予了特定的含义，并且不可能做出暂时性的调整以适应概念的流动性。分类面临的最大困难在于大脑喜欢静态的定义。我们谈到“灰色”一词时，通常是把它作为一种静态的定义，而不是指颜色从黑到白的一种动态过程。静态定义和动态定义的区别在于：后者其实根本不是一种定义，而只是一种可能性。流动变化的可能性不会像严格的定义那样抑制新概念的产生。

4．对逻辑判断的反向操作

有的时候，在对创意进行评估的过程中故意出错也是一个有用的技巧。对于在逻辑上看起来很荒谬的创意，不要急于去拒绝，而是可以先接受它，然后从各个角度对它进行深入考察，亦即向下挖掘，看看支持它的论据是什么；向上推演，看看它能引发出什么。要把这个技巧付诸实施一般较难，而且需要大量的练习。这种反常操作的目的是对逻辑判断所基于的观念提出质疑。因为在为一个看起来不正确的创意进行辩护的时候，我们常常有可能发现到一个更好的观念。奥地利遗传学家格里高·孟德尔第一次笨拙而自豪地向世人展示他关于植物基因研究的实验成果时，没有人对他产生兴趣。没有人由此意识到格里高·孟德尔这个单纯的修道士是一个天才，也没有人意识到最重要的遗传学已经诞生了，当时的人们都还只是满足于听一些园艺家谈论花花草草。直到多年以后，格里高·孟德尔的实验报告被重新发现，其伟大的重要性才得到了世界的公认。

4.2.5　水平思考法的规则四：利用偶然性来催生创意

运用偶然性来做事情，听起来似乎不可能，因为偶然性不能被设计出来，但其价值正在于催生创意，我们完全可以有效地加以利用。人类文明史上许多重大的贡献都是偶然事件促成的。无线电波之所以被发现，起源于德国物理学家赫兹偶然注意到有一个小火花从他使用的机器上一直传导到房间的另一台仪器上。X 光被发现，是因为伦琴忘记了把一个特别准备的荧光屏从他正在研究高速电子的实验桌上拿走。在科学研究的过程中我们可以使用下面的几个方法，来帮助我们利用偶然性来产生创意。

（1）漫无目的地玩耍。漫无目的地玩耍是一种运用偶然性的实验，不强加任何设计和安排，自由自在地玩耍，才能使各种偶然性喷涌而出，才能使这些偶然性以一种我们想不到的方式发生关联。作为世界上最伟大的科学和数学天才之一，詹姆斯·麦克斯韦尔就一直都在玩耍，例如，在晚宴上，别的客人都会对他的举动感到吃惊，因为他一会儿在玩弄餐具，一会儿在观察酒杯或者一滴水折射出来的影像。在玩耍的过程中，各种想法会自动浮现，并衍生出进一步的想法，创意就有可能应运而生。

（2）头脑风暴。另一个促成偶然性相互作用来形成创意的办法，就是使用传统的头脑风暴法。

（3）随意挑选事物。激发出新创意的另一个有用的技巧，就是有意识地让自己身处这样一个环境：环境中充满大量的事物，而你不需要刻意从中寻找某一个事物。在此过程中你不需要刻意寻找某个事物，而是要随时准备好思考那些引起你注意的任何事物。最不相关的事物常常能够激发你的头脑产生出创意。

4.2.6 经典范例与分析

小故事1：黑白石头

古时候有一位商人，向高利贷者借了很多钱，贪婪的高利贷者看中了商人年轻漂亮的女儿，逼着商人立即还债，并提出以女儿代替债务的要求，他还故意表示大方地提出一个方法：把黑、白各一粒石子放在袋里，由女孩任取一粒，如果取出黑石子，则由女孩代替债务；如果取出白石子，不但给女孩自由，还自动取消债务。正当高利贷者从地上拾取小石子放入袋里时，女孩看到所拾的两粒石子都是黑色的。聪明的女孩想了几分钟，伸手到口袋里抓起一块石子，在她拿出袋口的一刹那，故意将手中的石子掉落在地上。然后对高利贷者说："呀！我真不小心，把石头掉在地上了。我抓出来的那一块是黑是白已经无法知道了。但这也无关紧要，看看你口袋里剩下的那一块吧，我抓的肯定与口袋中的那一块不一样。"

口袋里无疑是一块黑石子。高利贷者不敢承认自己的欺骗行为，他只好无可奈何地认定女孩取出的是一块白石子。就这样，女孩用自己聪明的智商，在情急之中冷静思考，拯救了自己。

【点评】

如果你就是故事中的女孩，你会像她一样聪明吗？如果按照传统的垂直思考一般会有以下答案。

（1）女孩拒绝摸石头。

（2）女孩揭穿高利贷者捡起两块黑石子的诡计。

（3）女孩只好随便抓出一块黑石子，违心地同高利贷者结婚。

然而，以上的办法都不尽如人意，女孩运用新的思维技巧水平思考法，将考虑的焦点由口袋中的石子移到地上的石子，口袋中的石子是黑色提出她拿出来的那颗是白色，由此挫败了高利贷者不可见人的龌龊想法，也拯救了自己。

小故事2：电灯的发明

1878 年爱迪生和巴克教授一起去看华莱士发明的弧光灯，他认为弧光灯走的是一架发电机加一条线上点几盏灯的老路，不能供千家万户使用。于是，他设想将电流分流，让家家户户都点上电灯。而且这种电灯必须结构轻便，价格便宜，工作无声、无臭、无烟、不损害人们的健康。

有了构想，爱迪生开始阅读和收集资料。他知道当时有关电灯方面的资料较少，而煤油灯历史悠久，资料丰富。于是，他阅读了大量煤气工程的图书资料，研究煤气工程操作程序，计算煤炭转化为煤气的费用并与煤炭发电的费用相比，共做了两百本共四万字的笔记。

爱迪生决定设计一种比煤油灯更简便、更价廉物美的电灯，但先要给电灯找一种可使用的耐热材料。他先用碳丝实验，一烧就断。爱迪生分析也许是因为灯泡里有空气，而空气中有氧气，有助于燃烧。于是，他抽出灯泡中的空气，碳丝可点亮八分钟。爱迪生并不气馁，他先后用白金、铜、锌等 1600 种材料进行实验，白金的效果最好，可以用 2 小时。但白金的成本太高，价格贵，不宜推广。后来，爱迪生借助普林斯顿大学的斯普伦格尔抽气机进行紧密抽气，发现碳丝可点燃时间高达 45 小时。从棉丝制成的碳丝，爱迪生联想到其他的植物纤维。他先后又用杨木、黄杨、月桂、亚麻、藤条、椰子壳，甚至象牙、头发、胡子也一一试验了。到了 1880 年 5 月已经试验了 6000 多种植物。然而，距爱迪生估计的可燃 1600 小时相比，最好的植物纤维只能燃 300 小时。一天天热，爱迪生拿了一把竹扇取凉，看到手中的扇子，他灵机一动，撕下一条竹片用显微镜仔细地观察，发现竹片条理匀称，于是，他用炭化竹丝做实验材料，试验了几十种竹子，发现一种日本产的竹子效果最好，用这种材料做的灯泡可用 1200 小时。

这样又过了几年，经过反复试验，爱迪生用了无数的材料进行试验。从最开始的碳丝，到金属材料，又回复到植物纤维制作的碳丝。最终，爱迪生找到了钨金属做的灯丝。钨丝使电力的发光效率又提高了三倍，这就是我们现在使用灯泡里的钨丝。

【点评】

穷举法就是不断地设计方案，不断地试验，它是水平思考的主要方法之一。水平思考是运用毫不相关的信息，试图开辟多条路径，采用不同的方法，寻找新的解决问题的方案。爱迪生在发明电灯的试验过程中运用了穷举法，经过众多的试验，终于取得了成功。

小故事 3：超市的由来

在 20 世纪早期，所有的商店都是店员为顾客提供服务的地方。顾客来到柜台前，店员取出顾客需要的物品。在 20 世纪 20 年代，一位叫作迈克尔·库仑（Michael Cullen）的人采用了一种完全不同的观点。他问了一个这样的问题："如果我们把商店掉个个儿，让顾客自己拿取他们自己需要的物品，然后他们再最后付钱，会是什么样子呢？"毫无疑问，有许多人反对这种观点。"顾客需要服务，他们不想自己做所有的工作。""所有的商品将全部标上价格。""如果没有店员帮助他们，顾客们将会感到困惑。""你让人们在仓库后面转来转去，将会发生什么情况呢？"等。但是库仑坚持这种观点，并创建了世界上第一个超市，即位于新泽西的金库伦商店。他根据自己几十年的食品经营经验，精确设计了低价策略，并首创按商品品种特别定价方法。他的超级市场平均毛利率只有 9%，这和当时美国一般商店 25%～40%的毛利率相比，实在是低得令人吃惊。

迈克尔·库仑在创业伊始就有开设分号的想法。然而，由于高额的房租，再加上低价倾销的弊端，所以，开业半年以来，该超市不仅没有按照他预期的想法开出分号，就连单间店面营销也陷入了捉襟见肘的困境。

30 年代的美国，正是经济大萧条的时刻，人员流动量大，物资更是极其匮乏。而在美国本土，有多家境外的投资商正在热火朝天地投资建设。倘若能把自己的超市平移到各个工地，那将是个很不错的主意。可是，按照惯例，超市的选址最起码要签订 1 年以上的租约。

一旦单方违约，依据合同，自己就要赔付房东大量的违约金。这使得迈克尔·库仑不得不开始重新审视自己的超市究竟该何去何从。

1932 年的一天，迈克尔·库仑无意间在一家汽修厂看到一辆报废的客车。当时汽修厂老板几乎完全是用购买废品的价格回收了这辆客车。迈克尔·库仑灵机一动，自己何不多收购一些这样的报废车辆，在每个投资工地都设置一个小型汽车超市。这样，不仅节省了房租，还可以使自己的超市在短时间就能遍地开花。

迈克尔·库仑把报废汽车简单装修了一下，在车厢里将货架底部焊接固定，雇用了一辆拖车将其拖到了附近的一个工地。考虑到当地的实际情况，他在货物摆放上侧重于低消费的商品，一个星期下来，超市的生意异常火爆，不仅弥补了购车的款项，还略有盈余。

第一家分号可以说是一炮打响。从此，迈克尔·库仑就以这种汽车连锁的方式开始了大规模的扩张。每当一个分号销售业绩持续走低，他就租用拖车将超市移动到另外的合适场所。然后，再根据当地的消费水准，来考虑商品的高低档次陈列。他唯一需要做到的是，每到一个地方，就象征性地付给业主一些低廉的停车费用。由于节约了大量的房租，而且经营场所可以灵活随意地变动，他的分号逐渐增多。不仅如此，他还逐步开始建立和完善统一进货的销售系统，采取一次性进货，集中结算，并且首创了自助式销售方式，这样，既保证了货物的低廉供价，更能有效保证商品质量和吸引客源。

从买下第一辆报废汽车开始，不到 15 年的时间，迈克尔·库仑就凭借着灵活移动的优势和不到百分之十的商品毛利，在全美开出了 152 家汽车连锁超市，并购置了多处商铺。2009 年，金库仑联合商店在全美创下销售第三的惊人业绩，年利润 6036 万美元。

【点评】

迈克尔·库仑进行了一定的水平思考。通过构思一种全新的顾客服务方式——让顾客为自己服务的观点，然后把观点付诸实施的全过程。创造性思维与水平思考之间的差异，就在于引进任意一种新商店和为购物整体引进一种新方法——超市之间的差异。后来为了节省房租，实现自己开设分号的想法，把报废车辆与小型超市结合起来，这种看似不可理喻的想法却在实施后被证实非常成功，水平思考与垂直思考的差异在于，垂直思考总是在判断观点的对错，错误的观点阻断了往下思考的途径，而水平思考没有对错之分，永远寻找着更佳的解决方案。

4.3 课堂练习

使用水平思考法解决以下问题，每个题目思考的时间为 3 分钟。

问题 1：国王该怎样选择

某国王要修建一座宏伟的建筑，打算聘请一位主持设计的建筑师。于是，他召集了全国所有著名的建筑师，叫他们自报条件候选，并推荐第二候选人作为自己的助手。国王耐心地倾听每个建筑师的自我介绍。听完以后，稍微考虑了一下，就轻而易举地决定了人选。你认为，中选的建筑师应该是谁？

问题 2：文化艺术摧残丑闻

游客有时会从帕台农神庙的古老立柱上砍下一些碎片，雅典当局对此非常关心。虽然这种行为是非法的，但是这些游客仍旧把它作为纪念品带走。

当局如何才能阻止这一行动呢？

问题 3：如何成为股票经纪人

一位年轻的股票经纪人即将开始经营他自己的业务。但是他没有客户。

他如何使一些富有的人相信他能够准确地预计股票价格走势呢？

问题 4：如何应付学校检查

一位学校教师知道，教育厅长将在下一天来访。教育厅长会向班级同学询问比如拼写或者心算之类的问题，然后教师会选择学生来进行回答。教师想让学校给人留下最好的印象。为了给人留下最好的印象，并使每个问题能够得到正确答案的可能性最大，她给孩子们下了什么样的命令呢？

问题 5：如何卖掉帐篷

在加利福尼亚淘金热期间，一位年轻的创业者怀着把帐篷卖给矿工的想法来到了加利福尼亚。他认为，成千上万的人聚集在一起挖找金矿，那里肯定会有一个非常好的帐篷市场。不幸的是，天气非常温暖，矿工们都是露天睡觉，没有多少人买他的帐篷。

问题 6：地铁问题

在美国的一个大城市中，地铁里的电灯泡经常被偷。窃贼常常拧下电灯泡，这会导致成本与安全问题。接手此任务的工程师不能改变电灯泡的位置，也没有多少预算供他使用，但是他提出了一个非常好的横向解决方案。是什么方案呢？

问题 7：鞋店的混乱

在一个小镇里有四家鞋店，它们销售同样的型号，都拥有相似的一系列鞋子。然而，其中一家鞋店丢失的鞋子是其他三家平均每家的 3 倍。为什么会出现这种情况，他们又如何解决这个问题呢？

问题 8：灌木丛火灾

加利福尼亚州洛斯阿尔托斯市希尔斯县大火区的政府官员们面临着一个严重的问题，即城镇周围山坡上的灌木丛大火。如果他们用螺旋桨飞机清除掉这些灌木丛，则可能会引起火花，而这种火花会导致火灾。他们是如何做的呢？

问题 9：椰子百万富翁

一个人以一打 5 美元的价格购进椰子，然后以一打 3 美元的价格售出。凭借这种做法他成了百万富翁。这是怎么回事呢？

问题 10：价格标签

许多商店把价格定得略微低于一个整数，如 9.99 美元而不是 10 美元，或者 99.95 美元而不是 100 美元。通常假设这样做会使顾客觉得价格看起来更低。但是它并不是这种做法开始的原因。这种定价方法本来的原因是什么呢?

问题 11：七只钟

一家位于纽约的商店叫作七只钟，然而在它外面却挂着八只钟。这是为什么呢?

问题 12：面试中的问题

这个问题曾被用作面试中的智能测试。你在一个寒冷潮湿的冬天驾驶着你的跑车。经过一个公共汽车站牌时，你看到有三个人在等公共汽车。一个是在学校的时候最好的朋友，但是你已经 20 年没有见过他了。一个是你的梦中情人——你一直想遇到的人。第三个是一位正在害病的老太太，需要有人把她带到医院去。已经知道你的车里的空间只能再容纳一个人，你会怎样做呢?

问题 13：舒适航空公司

舒适航空公司是欧洲以低成本领先的航空公司。它已经在低成本空中旅行方面做出了多项创新。在舒适航空公司的航班中没有免费的饮料。如果你想喝点儿什么就必须掏钱去买。在近期的一期杂志中，有一篇文章说明了这种做法的两大优点。一个优点是带来了收入。你认为另一个会是什么呢?

4.4 训练与测试

1. 有三个著名演员应邀到一个剧场演出。他们向剧场经理提出一个同样的要求，即在海报上把自己的名字排在前面，否则，他们将退出演出。这个难题令剧场经理头疼不已，三名演员同台献艺的消息早已传出，总不可能临时改为个人专场演出。何况这几位演员都是走红明星，得罪哪一个都对剧场经营不利，该如何是好呢?

2. 在一次欧洲篮球锦标赛上，保加利亚队与捷克斯洛伐克队相遇。当比赛还剩下 8 秒时，保加利亚队以 2 分优势领先，但是由于锦标赛采用的是循环赛制，保加利亚队必须赢球超过 5 分以上才能避免被淘汰。可是要用仅剩下的 8 秒再赢 3 分，谈何容易。如果你是保加利亚队的教练该怎么办?

3. 某小学办理新生入学手续时，有两个孩子来报名。他俩脸形、身材长得一样，出生年月日一样；父母姓名也一样；“你们是双胞胎吧？”老师问。“不是”他俩异口同声地回答。老师感到奇怪了，怎么不是双胞胎呢，那会是什么关系?

4. 在很陡的山坡上，两个人前后推拉着——大板车慢慢地往上爬。一个过路人问拉车的说：“后面推车的是你的儿子吧？”拉车的说：“是啊。”可是那个儿子却说前面拉车的不是他的父亲。请你说说，这两个人到底是什么关系?

5. 有人开始环球旅行了。可是，在地球上怎样才算“环球”呢？我很茫然，主要是弄不清“环球旅行”的定义。后来我就假设：“只要是跨过地球上所有的经度线和纬度线，就可以算环球旅行。”那么请问，在这样的假设下，环球旅行的最短路程大概是多少公里？不过，解这个题时，为了简化，可以把地球看作是一个正圆球，周长是4万千米。

6. 一份美国报纸曾经登载过一则缘由以收罗最佳答案——假设卢浮宫不幸火警了，你只能救出一幅画，那么，你将急救其中的哪幅？

7. 刚排完电视剧，就有人来紧急电话找女主角。接电话的是导演。于是，导演慌忙去叫。这时，女主角已去浴室洗澡。浴室的A室、B室、C室外边都放着拖鞋。浴室A、B、C各个房间都属明星个人专用。一进门是更衣室，对面玻璃门内是浴室。导演不知道女主角在哪个房间，一急，没有敲门就推开了A房间。这也难怪他，因为他以为女主角在浴室，哪知道她已回到更衣室，蒙着头巾在擦头。女主角啊地喊一声，急忙转身隐蔽。这时，导演也喊了一声，赶紧把门关上。问：导演喊了一句什么话，才能使女明星摆脱尴尬的局面？

8. 有一家人决定搬进城里，于是去找房子。全家三口，夫妻两个和一个5岁的孩子。他们跑了一天，直到傍晚，才好不容易看到一张公寓出租的广告。他们赶紧跑去，房子非常好。于是，就前去敲门询问。这时，温和的房东出来，对这三位客人从上到下地打量了一番。丈夫鼓起勇气问道：“这房屋出租吗？”房东遗憾地说：“啊，实在对不起，我们公寓不招有孩子的住户。”丈夫和妻子听了，一时不知如何是好，于是，他们默默地走开了。那5岁的孩子，把事情的经过从头至尾都看在眼里。那可爱的心灵在想：真的就没办法了？他那红叶般的小手，又去敲房东的大门。这时，丈夫和妻子已走出5米来远，都回头望着。门开了，房东又出来了。这孩子精神抖擞地说“……”房东听了之后，高声笑了起来，决定把房子租给他们住。问：这位5岁的小孩子说了什么话，终于说服了房东？

9. 英国一家著名的报纸举办智力竞赛，为下面的难题征求答案：三位名人都对人类立过不朽之功，其中一个在医学上有过重大贡献，一个是著名的化学家，一个是举世闻名的核物理学家。有一天，三人搭乘同一个气球。突然，气球遇到风暴，要把其中一人推下去，才能确保另外两人的安全。这三人中，究竟应该牺牲哪一位？

扩展阅读

爱德华·德·博诺（Edward de Bono）简介：创新思维之父，“六顶思考帽”“水平思考法”“DATT”“CoRT 教育思维”的创始人。拥有牛津大学心理学和生理学荣誉博士学位及医学博士学位，剑桥大学博士学位、马耳他大学医学博士学位，拥有在牛津大学、剑桥大学、伦敦大学、哈佛大学的任教经历，国际最知名的思想家，被誉为“世界创新思维之父”，剑桥大学思维基金会主席。

他是创造性思考和把思考作为技能直接教授的相关领域内德高望重的权威。有的人认为他的价值甚至超过了诺贝尔奖得主。爱德华博士把毕生精力用于创新思维领域的拓展与开发，他根据对人大脑的工作原理的理解，建构了世界上最庞大、最具穿透力的思维训练系统，创造出了“水平思考法”“平行思考法”“六顶思考帽”等思维工具，并将其广泛运用于企业管理中。

到目前为止，从全世界最高级的日本电信电话（NTT）到爱尔兰最大的包装公司，从国际商业机器公司（IBM）到加拿大威士顿食品集团公司（Weston Group），从通用汽车公司

（General Motors）到世界最大的日本广告业电通广告公司（Dentsu），从壳牌石油公司（Shell）到爱立信（L.M.Ericsson）电子工业，从军火工业（DuPont）到最大的保险业（Prudential），从瑞士汽巴嘉基制药有限公司（Ciba-Geigy）到麦肯锡咨询公司（Mckinsey），从荷兰皇家航空公司（KLM）到最大的美国花旗银行（Citicorp），从最大的澳大利亚钢铁公司（BHP）到意大利的著名服装公司（Zegna），从荷兰喜力啤酒酿造业（Heineken）到美标居家装饰（American Standard）都曾或正在使用德·博诺的创新思维。

德·博诺博士与许多全球大型集团公司有着合作关系，其中不乏美国国际商用机器公司（IBM）、杜邦、美国电话电报公司（AT&T）、英国航空公司、英国煤矿公司、日本电话电报公司、爱立信等知名企业。欧洲最大的集团西门子集团（有 37 万雇员）将他的教程在全集团内推广，并邀请德·博诺博士为其高级管理层做讲座。微软公司举行首次市场营销大会时曾邀请德·博诺博士到西雅图为其公司的 500 名高级经理做政策演讲。

德·博诺博士创建了国际创造论坛，成员包括 IBM、杜邦、雀巢、英国航空公司、美国铝业公司等许多世界大集团。德·博诺博士建立的纽约国际创造事务所和联合国及会员国共同合作，为国际事务提供新的解决方案。

第5章 可拓创新方法

本章学习目标

（1）了解可拓创新方法的基元理论。

（2）能够使用共轭分析法来分析问题。

（3）能够使用拓展分析法来分析问题。

（4）能够使用基本变换法来生成创意。

5.1 故事引入

经典历史故事中的创新

三国时期，周瑜十分妒忌诸葛亮的才干。一天周瑜在商议军事时提出让诸葛亮赶制 10 万支箭。10 万支箭一般需要几十天才能造好，而诸葛亮却答应三天造好，立下了军令状。众人均为他捏了一把汗。诸葛亮却不急于收集工人打铁造箭，而是请鲁肃帮他借船、军士和草把子，鲁肃疑惑不解。第三天，诸葛亮请鲁肃一起去取箭。这天，大雾漫天，对面看不清人。天还不亮，诸葛亮下令开船直奔曹营，并让军士擂鼓呐喊。曹操以为东吴联军来进攻，叫弓弩手朝来船一齐射箭。船两边都插满了箭。诸葛亮下令回师，等曹操发现时想追也来不及了。10 万支箭“借”到了手。周瑜得知借箭的经过后长叹一声：我真不如他！

这就是有名的诸葛亮草船借箭的故事。变“造箭”为“借箭”的创新，不但周瑜，就是今天貌似非常聪明的我们看了也无比佩服。

在中国上下 5000 年的历史长河中，涌现出无数类似的创新性解决矛盾问题的智慧故事，如孙膑围魏救赵的故事、曹冲称象的故事、司马光砸缸的故事等，以及诸葛亮的空城计等。当把这些故事讲出来的时候，大家都恍然大悟，觉得故事的主角好聪明，诸葛亮也因此被视为智慧的化身。我们经常无数次地问：孙膑、曹冲、司马光、诸葛亮是怎么想出这些方法的？如何能让咱们普通老百姓也能想出类似的创新方法，让每个人都变得和诸葛亮一样聪明呢？

这些故事的本质其实是创新性地解决矛盾问题。围魏救赵是赵国距离远、时间紧，救兵无法及时赶到的矛盾；曹冲称象是大象质量超出秤的称量范围，大象又不能杀死切块来称的矛盾；司马光砸缸是小孩个子矮和水缸过高的矛盾；空城计是守兵不足和敌军力量强大不能抗衡的矛盾。解决这些矛盾问题，有没有一定的规律？能不能找出一些方法？根据一定的程序，通过拓展来处理我们日常碰到的矛盾问题呢？借助网络信息时代先进的计算机、网络技术，可以通过编程，让计算机帮人们解决矛盾问题。基于这一目标，中国学者蔡文研究员 30 年来研究解决矛盾问题的规律，建立了一套理论方法，形成了一门使人变得更聪明的学科——可拓学。

5.2 理论精解

5.2.1 可拓创新方法概述

可拓创新方法来自可拓学的理论体系，是从事物的拓展面入手，通过形式化、流程化的方法以拓展、变换和评价来解决矛盾问题的一种创新思维过程。可拓学是研究出点子、想办法的规律和方法以及用于创新的新学科。从可拓学的观点来看，任何事物都具有可拓性，可拓性是进行创新的依据。把可拓学中处理问题的思想和方法应用于人类思维领域，解决了“怎样创新”“从哪里创新”“对创新思维的结果如何评价”等问题。20 多年来，可拓学研究者们把可拓理论和可拓方法应用于新产品构思、营销与策划、信息与工程、数据挖掘等领域，取得了可喜的成效。在企业开展了新产品构思、可拓营销与可拓策划等的试点培训，出版了专著《可拓营销》《可拓策划》《可拓工程》和《创意的革命——今天你可拓了吗？》等读物。

可拓创新方法好比是帮助人们到达目标的指南针和地图，首先在地图里，找到我们要去的目标，然后再看一下现在所处的位置（条件），分析从现有的位置到设定的目标有几条路可以走，把可能的路径描绘出来，形成一个解决问题的地图。然后配上共轭分析、拓展变换等组成的指南针，在某些位置遇到问题时告诉我们如何变换，指引我们到达目标。

这就是可拓创新的基本方法与工具的类比说明。那么，可拓思维是如何实现指南针和解决问题的地图这样的功能的呢？下面我们简要介绍其理论基础。

5.2.2 可拓创新的细胞——基元理论

世界上万事万物都是可以拓展的，而拓展的细胞就是基元理论。对万事万物的描述可分为三大类，就是物、事、关系。为了形式化描述物、事和关系，分别建立了物元、事元和关系元的概念，统称为基元，它们是可拓学的逻辑细胞。每一类都有特征和量值。

例如，

$$M_1 = \begin{bmatrix} \text{王军}, & \text{身高}, & 170\text{cm} \\ & \text{体重}, & 60\text{kg} \end{bmatrix}$$

$$M_2 = \begin{bmatrix} \text{课桌A}, & \text{长度}, & 100\text{cm} \\ & \text{宽度}, & 60\text{cm} \\ & \text{重量}, & 15\text{kg} \end{bmatrix}.$$

“身高”是王军的特征，其量值是“170cm”。课桌有长、宽、重量等特征。物随时间、空间位置和其他条件的改变而改变。再比如说一瓶水就是一个物，它有容量这个特征，550 毫升就是该特征的量值。另外，还有品牌、生产日期、产地等特征和分别对应的量值“农夫山泉”

"2010-02-06""淳安千岛湖"。所有的物、事、关系都可以表示成名称、特征和量值的形式，这样就形成了可拓思维的细胞，我们在进行创新思维的时候，就不会漫无目的地发散，而是从一种特征出发，找到多个物来满足这种功能。也可从一个特征出发，考虑它的多个特征、量值。

物与物的相互作用称为事，事以事元来描述。事元的基本特征有：支配对象、施动对象、接受对象、时间、地点、程度、方式、工具等。如：

$$A=\begin{bmatrix}\text{注射,} & \text{支配对象,} & \text{盘尼西林}\\ & \text{施动对象,} & \text{护士}A\\ & \text{接受对象,} & \text{小明}\\ & \text{时间,} & \text{9月19日下午}\\ & \text{地点,} & \text{校医院}\end{bmatrix}$$

任何物、事与其他的物、事都有一定的关系。这些关系之间又互相作用、互相影响。关系元是描述物元、事元各种各样的关系的形式化工具。如：

$$R=\begin{bmatrix}\text{合作关系,} & \text{前项,} & \text{企业}E_1\\ & \text{后项,} & \text{企业}E_2\\ & \text{程度,} & \text{密切}\\ & \text{时间,} & \text{2年}\end{bmatrix}$$

分别从对象、特征和量值出发，根据一物多征、一征多值、一征多物等发散方向，就可以像探照灯一样有序地进行全面拓展，像细胞分裂一样不断地成长壮大。

5.2.3 思维拓展的共轭八部法

在思维拓展时如何保证 360°的方向我们都能想到呢？可拓学提供了一种共轭分析思考方法。分别从物的物质性、系统性、动态性和对立性出发，可拓学相应提出了虚部实部、软部硬部、潜部显部、负部正部这 8 个部来描述物的构成，称为物的共轭部。研究物的共轭部及其相互转化，可以为创新性解决矛盾问题提供发散思考的具体方向。

1．虚部与实部

从物的物质性考虑，任何物都由物质性部分和非物质性部分组成，将物的物质性部分称为物的实部，非物质性部分称为物的虚部。实以为基，虚以为用，虚实结合，方成一物。房子的墙壁、天花板和地板等物质性部分是实部，但我们是生活在它们围成的空间（虚部）里；产品的实体是实部，而它的品牌、美誉度等是虚部。

一只瓶装水瓶子，它的塑料外壳是实部，它的虚部就是塑料壳围成的中间装水的空间。对企业来讲，厂房、员工等是实部，品牌、信用等是虚部。

三国时期的诸葛亮，为什么能够以数千老弱残兵，用空城计吓退司马懿的数万精兵？就是他利用了平生谨慎不冒险的"虚部"的名声。诸葛亮使用的不是物质性部分——数千老弱残兵，而是使用了他的非物质性部分——"平生谨慎"的名声，从而取得了空城计的成功。

2．软部与硬部

从物的系统性考虑，把物的组成部分的全体称为物的硬部，物的组成部分之间及与该物以外的物之间的关系称为物的软部。中国有两句俗话：“一个和尚挑水喝，两个和尚抬水喝，三个和尚没水喝。”“三个臭皮匠，顶个诸葛亮。”这就说明：同样三个人，结合得好不好，效果完全不同。对于一部发生故障的机器，有时可能每个部件都是完好的，之所以不能运转，只是由于某连接处（软部）接触不良，或连接线断裂，这就是软部。“整体≠部分之和”“1+1≠2”等，都说明了软部与硬部是互相作用、互相影响的。

由于软部不同，可以使同样的硬部组合，产生截然不同的性质。石墨和金刚石这两种物质在物理性质上有天壤之别，一个又黑又软，一个又亮又硬，但是它们的硬部都是碳，因为结构（软部）不一样，就产生了巨大的差异，如图 5-1 所示。

图 5-1　石墨与金刚石

物的某些组成部分所起的作用如果是连接另外两个组成部分，则此部分既是该物的硬部，又是该物的软部。为了便于对物的系统性的分析，把这些部分称为物的软硬中介部。如连接计算机主机和屏幕、打印机等的所有连接线，都称为计算机的软硬中介部。

3．潜部和显部

从物的动态性考虑，物是处于不断变化之中的，静止永远是相对的，变化才是永恒的。疾病有潜伏的过程，种子有发芽的孕育过程，刚毕业的大学生通过一定的锻炼会慢慢成为总经理。我们把物的潜在部分称为物的潜部，显化的部分称为物的显部。海面上漂浮的冰山，在水面上的看得见的冰山是显部，水下体积更大的部分是潜部，如图 5-2 所示。

图 5-2　冰山的水下部分（潜部）

物的潜部在一定条件下会显化，如受精的鸡蛋（潜在的小鸡）在一定温度下会孵化成小鸡（显化的小鸡）；有些物的潜部在一定条件下可能不会显化，如种子在缺水的情况下就不会发芽；有些物的显部可能有潜功能或潜特征，如有些装饮料的瓶子的潜功能是作水杯，没工作的空调机有潜在的用电量；有些物的显部可能有潜在的危险，如手提电脑的电池如果温度过高可能会使手提电脑爆炸。潜部与显部相互转化的过程中必有一临界，称这种处于临界的部分为潜显中介部，如破壳前的小鸡、临发芽的种子等。

在创新能力方面，你目前取得的小成绩是显部，未来可能会完成的更多的创造是潜部，让我们好好努力哟。

4．负部与正部

从物的对立性考虑，任何物都有对立的两个部分。物的对立性是相对于某一特征而言的，物关于某特征的量值是物内部产生正值的部分和产生负值的部分综合作用的结果。对于某特征的量值取正值的部分称为物关于该特征的正部，把物关于某特征的量值取负值的部分称为物关于该特征的负部。比如说，吃药能够使某些症状得到缓解，其疗效是正部；但是药品也会产生其他一些人们不希望的出现的副作用，对健康而言是负部。

在负部和正部之间，也存在关于某特征的量值取 0 的部分，如企业中创收和消耗平衡的机构，关于利润而言，其量值为 0。把物关于某特征的量值取 0 的部分称为物关于该特征的负正中介部。

对企业的利润而言，由于“三废”会造成环境的污染，废水、废气、废渣都需要处理，这些部分关于利润的取值是负值，因此是企业的负部；同样，对企业的利润而言，工会、幼儿园、宣传部门等关于利润的取值都是负值，是企业的负部，但这些部分会提高职工的工作积极性，提升企业形象，因此对企业是“有利”的部分。因此，关于某特征的负部，可以是对物有利的部分，也可以是对物有弊的部分。塞翁失马的故事中，老翁的儿子把马丢了，对他家庭财产来讲是个损失，就是负部，但是这匹马又带回两匹马，家庭财产又增加了，负部又变成了正部。

共轭八部为我们全面认识事物、拓展思维提供了理论指导。对某一共轭部的变换会导致一共轭对其中另一共轭部的变换，称为共轭变换。共轭变换可分为虚实共轭变换、软硬共轭变换、潜显共轭变换和负正共轭变换。

在历史上，很多弱国为了“和平”而不得不与强国签订“不平等条约”，以“割让土地”来委曲求全，这种以“土地”换“和平”的做法，就是利用硬部的变换，来取得软部变换的方法。

5.2.4 可拓创新的拓展四法

基元的拓展分析方法包括发散分析方法、相关分析方法、蕴含分析方法和可扩分析方法。

1．发散分析方法

（1）由一个基元出发，根据“一对象多特征”的发散性，可以拓展出同一对象的多个特征。

在处理矛盾问题时，如果利用某一基元不能解决矛盾问题，则可以考虑利用该基元的对象与其他特征形成的基元去解决。

例如，对一张纸 A，我们都知道它有“可书写性”，如果我们需要“包东西”时，考虑“可折叠”特征；如果我们的桌子不平，需要拿一个东西来“垫平桌子腿”时，还可以拓展出“厚度”特征。

（2）由一个基元出发，根据“一特征多对象”的发散性，可以拓展出具有同一特征的多个对象。

例如，同功能的部件可互相替代，同功能的材料可选择成本低的使用等，防火纸可代替防火板，都是这种思想的应用。在企业人才选拔时，具有同一能力的人才有很多。

这一方法也是价值工程的理论依据。

（3）由一个基元可以拓展出多个同对象同特征的基元，或者说，在不同的参数下，同一对象关于同一特征的取值可以有多个。

[案例故事] 传说古希腊有一座神庙，在两根柱子中间用一根绳子打了一个复杂的绳结。神庙的住持宣称，如果谁能解开这个绳结，必成栋梁之材。许多有学问的人纷纷前往尝试，均难解此结。而年轻的亚历山大去看了之后，看出这个“结”确实无法解开。他当即拔出佩剑，挥剑一劈，绳结就开了。这是最简单的解决方法，为什么大多数人都想不到这样做呢？住持并没有说绳索不能砍断，而是由于人的习惯领域的作用，使很多人在思考问题时，人为地给问题增加了限制，把“解开”作为不可变的目标。亚历山大就没有受到这种限制，因此问题很容易就被他解决了。

设目标事元为

$$A=\begin{bmatrix}解开, & 支配对象, & 绳结\\ & 施动对象, & 人N\\ & 方\quad式, & 用手\end{bmatrix}$$

条件事元为

$$A_l=\begin{bmatrix}打, & 支配对象, & 绳结\\ & 施动对象, & 神庙的主持\\ & 方\quad式, & 用手\\ & 程\quad度, & 死结\end{bmatrix}$$

将解绳的方式从“用手”拓展到“用刀”，问题迎刃而解。

2．相关分析方法

相关分析是根据物、事和关系的相关性，对基元与基元之间的关系所进行的分析。这一分析是为了以形式化的方法让人们更清晰地了解事物之间的相互关系和相互作用的机理。

一个基元与其他基元关于某一评价特征的量值之间，同一基元或同族基元关于某些评价特征的量值之间，如果存在一定的依赖关系，称之为相关。

（1）两个动态物元是同征物元时，如果两个物元的量值之间存在一定的函数关系，则这两个动态物元是相关的，有时也称为异物相关，这是对物之间的相关关系的定量化表达；

（2）两个动态物元是同物物元时，如果两个物元关于两个不同特征的量值之间存在一定的函数关系，则这两个动态物元是相关的，有时也称为同物相关，这也说明，同一事物的某些不同特征构成的物元之间也会存在相关性。

当人们用某一物元不能解决矛盾问题时，可以考虑应用与其相关的物元去解决。对相关的物元而言，其中一个物元的量值的改变，必然会导致另一物元的改变，这是后面要介绍的传导变换的依据。

【小故事】

为了扩大内需，激活国内市场，中国在 1998 年实行了三次银行降息。要想提高社会购买力，就必须使消费者的存款数量减少而用于消费，而使存款数量减少的一个直接办法是降低银行存款利率。这是在西方国家常用的方法，但由于我国当时的社会状况是大批工人下岗，再加上东方人的传统思想，因此单纯实行银行降息不但没有使消费者的存款额减少，反而有所增加，社会购买力当然也不会有大幅度的提高。

实际上，若再同时考虑到其他的相关因素：增加消费者的年收入，降低银行贷款利率，取消福利分房，对贷款购房、购汽车等给予较多优惠，则可以使消费者的存款数量减少，而变为消费投资，从而可使社会购买力大大提高，达到扩大内需的目的。

3．蕴含分析方法

蕴含分析原理是根据物、事和关系的蕴含性，以基元为形式化工具而对物、事或关系进行的形式化分析。

首先介绍一下基元蕴含的概念：

设 A、B 为两个基元，若 A 实现必有 B 实现，则称基元 A 蕴含基元 B。

多个基元之间的多层蕴含关系构成蕴含系。当目标基元不易实现时，我们可以寻找它的条件基元，如果所有必要的条件基元都实现了，则认为找到了解决矛盾问题的路径。

[案例] 如果某人购买了传统能源汽车，那他一定要购买汽油、购买交强险等，而要购买汽油，就一定要去加油站……可用以下蕴含系分析：

$$A=(\text{购买，支配对象，汽车})$$

$$\Downarrow$$

$$A_1=[\text{购买，支配对象，汽油}] \quad A_2=(\text{购买，支配对象，停车位}) \quad A_3=(\text{购买，支配对象，交强险})$$

$$\Downarrow \qquad\qquad \Downarrow \qquad\qquad \Downarrow$$

$$A_{11}=(\text{去，支配对象，加油站}) \quad A_{21}=(\text{去，支配对象，停车场}) \quad A_{31}=(\text{去，支配对象，保险公司})$$

根据此蕴含系，加油站、停车场和保险公司就可以制定针对有车一族的营销方案，以提高服务，获得更高的利润。

4．可扩分析方法

事、物和关系可以组合、分解及扩缩的可能性，分别称为可组合性、可分解性和可扩缩性，统称为可扩性。

根据可组合性，一个事物可以与其他事物结合起来生成新的事物，从而提供解决矛盾问题的可能性；根据可分解性，一个事物也可以分解为若干新的事物，它们具有原事物不具有的某些特性，从而为解决矛盾问题提供可能性；同样，一个事物也可以通过扩大或缩小，为解决矛盾问题提供可能性。

任何基元在一定条件下可以扩大或缩小，对物元而言，可组合分析有如下两种形式：可加分析和可积分析。

即两个同物不同征物元可构成一个二维物元。

当某一物元不能满足解决问题的需要时，可以考虑加上另一物元，使它们组合起来共同用于解决问题。若单纯应用某一物元无法使矛盾问题化为相容问题，则可考虑把多个物元聚合起来解决矛盾问题。

对于劣势条件，可通过发散分析，找出可与其组合的优势条件，从而化解矛盾。

5.2.5 创意生成的基本变换五法

基于可拓集合理论，根据变换对象的类型，可以把可拓变换分为论域中元素的变换、关联准则的变换和论域的变换。

1. 元素的变换

主要是对物、事、关系或其特征、量值进行变换。其基本变换包括置换变换、增删变换、扩缩变换、分解变换和复制变换。应用基元的基本变换方法的步骤如下。

（1）选择要实施变换的基元。

（2）利用拓展分析原理寻找基元的拓展基元集。

（3）选择要实施的基本变换：

①若选择置换变换，则从发散基元集寻找可代替的基元；

②若选择增加变换，则从可组合基元集中寻找可组合的基元；

③若选择删减变换，则要分析是否为可分基元，对可分基元才能作删减变换；

④若选择扩大变换，则基元的对象或量值必须是可扩大的；

⑤若选择缩小变换，则基元的对象或量值必须是可缩小的；

⑥若选择分解变换，也要首先分析是否为可分基元，若是，则可把一个基元分解为多个基元。

（4）确定解变换。选出能用于解决矛盾问题的解变换，或者称为解决矛盾问题的可拓策略。

（5）采用变换的运算式。若所有基本变换都不能用于解决矛盾问题，则需要考虑它们的运算式或其他变换方法。

2. 关联准则的变换

关联准则是对问题矛盾或不矛盾以及矛盾程度的一种规定。这一规定，使某些元素不能满足限制，从而造成“不可知”“不可行”。当关联准则改变时，不满足原限制的某些元素，可以变为满足“新限制”的元素，从而使不行变行，不是变是，不可知变可知。

在很多实际工作中，关联准则的改变是解决问题的一条途径。例如，在计划经济限制下的某些矛盾问题，在市场经济的规则下是不矛盾的。在制定政策时，不同时期使用不同的政策，不同地区执行不同的规定；在市场竞争中，“游戏规则”的改变；在建筑工程中，不同地质环境采取不同的安全系数；在机电产品中，额定电流、额定电压的改变等都属于关联准则的变换。关联准则的变换正是以这些实际问题为背景的。

准则的基本变换方法包括置换变换方法，即用新的准则代替原来的准则的方法；增加变换方法，即在原有准则的基础上增加新的准则的方法；删减变换方法，即把原有的部分准则删除或降低要求的方法；数扩大变换方法，即将原有的准则按数量倍数增大的方法；数缩小变换方法，即将原有的准则按数量比例减少的方法；分解变换方法，即将原有的准则划分成更细的准则，使不同的准则适用于不同的对象的方法。

例如，若以三好学生的平均成绩必须 85 分以上考虑，则平均成绩在 85 分以下的同学就无法参加三好学生评比，但若改为平均成绩 80 分以上，则这些同学就有可能从不是三好学生变成三好学生了。

3．论域的变换

把矛盾问题研究对象的全体称为论域。论域是一个集合。在经典逻辑和模糊逻辑中，论域是固定不变的，这反映了人们的一种习惯思维：把问题涉及的对象局限于某一固定的范围内。其优点是便于在固定的范围内研究问题的解，但这也限制了人们的视野。特别在处理矛盾问题时，一种重要的方法就是跳出习惯领域形成的对象集，如找外语人才就非到外语系去不可等等。在客观世界中，一定范围内是矛盾的问题，在另一范围内却可能是不矛盾的。通过论域变换可以使矛盾问题转化为不矛盾问题。

论域的变换包括地域的变换、时间范围的变换等。例如，在市场营销中，销售者不断地扩大其销售范围，从一个地区扩大到一个省，扩大到全国，扩大到世界，把大量的非顾客变成顾客，从而使市场不断扩展。企业考虑自己的资源，常常要从可控资源扩展到本市的资源、本省的资源、全国的资源，甚至海外的资源。

5.2.6 创新策略生成的魔方

矛盾是可变的，随着环境、条件和时间的变化而变化，特别是随人们采取不同的变换而改变。用基元描述信息、知识、方法和各种问题转换过程的形式化模型称为可拓模型。有了可拓模型，就可以用看得见的类似在棋盘上下棋子的方式反映事物拓展的可能性及其内在关系，在此基础上建立可拓方法体系，表达解决矛盾问题的过程和生成的奇谋妙计。下面看一个简单的策略生成棋盘，如表 5-1 所示。

表 5-1 创新策略生成棋盘

变换路径\变换方法	置换变换	增删变换	扩缩变换	组分变换
条件	对条件的要素进行置换	对条件的要素进行增加或删除	对条件的要素进行扩大或缩小	对条件的要素进行组合或分解
目的	对目的要素进行置换	对目的要素进行增加或删除	对目的要素进行扩大或缩小	对目的要素进行组合或分解
条件+目标	对条件和目的同时进行置换	对条件和目的同时进行增加或删除	对条件和目的同时进行扩大或缩小	对条件和目的同时进行组合或分解

在每个棋盘格里按要求进行变换，就可以生成 12 种基本策略。再考虑复制变换和三种变换的类型等，就可形成一个创新策略生成魔方，如图 5-3 所示。

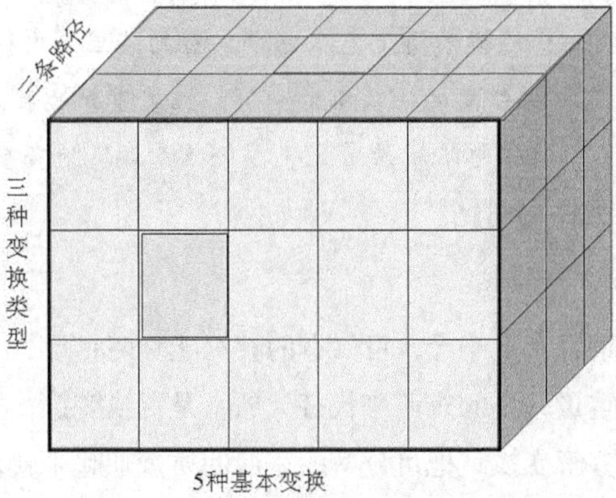

图 5-3 创新策略生成的可拓魔方

魔方的三个维度：从三条路径进行变换。第一，变换条件；第二，变换目标；第三，同时变换条件和目标；采用拓展变换五种基本方法；三种变换的类型（变换的对象）。通过转动魔方，启发逐一思考解决问题的突破点。在可拓魔方的帮助下，可以拓展出把“不行”变“行”，把“不是”变成“是”的所有可能路径。

5.2.7 经典范例与点评

有一次，吴国孙权送给曹操一只大象，曹操十分高兴。大象运到许昌那天，曹操带领文武百官和小儿子曹冲，一同去看。曹操的人都没有见过大象。这大象又高又大，光说腿就有大殿的柱子那么粗，人走近去比一比，还够不到它的肚子。

曹操对大家说：“这只大象真是大，可是到底有多重呢？你们哪个有办法称它一称？”嘿！这么大个家伙，可怎么称呢！大臣们纷纷议论开了。

一个说：“只有造一杆顶大顶大的秤来称。”

另一个说：“这可要造多大的一杆秤呀！再说，大象是活的，也没办法称呀！我看只有把它宰了，切成块儿称。”

他的话刚说完，所有的人都哈哈大笑起来。大家说：“你这个办法呀，真叫笨极啦！为了称称重量，就把大象活活地宰了，不可惜吗？”

大臣们想了许多办法，一个个都行不通。真叫人为难了。

这时，从人群里走出一个小孩，对曹操说：“爸爸，我有个法儿，可以称大象。”

曹操一看，正是他最心爱的儿子曹冲，就笑着说：“你小小年纪，有什么法子？你倒说说，看有没有道理。”

曹冲把办法说了。曹操一听连连叫好，吩咐左右立刻准备称大象，然后对大臣们说：“走！咱们到河边看称象去！”

众大臣跟随曹操来到河边。河里停着一只大船，曹冲叫人把大象牵到船上，等船身稳定了，在船舷上齐水面的地方，刻了一条道道。再叫人把大象牵到岸上来，把大大小小的石头，一块一块地往船上装，船身就一点儿一点儿往下沉。等船身沉到刚才刻的那条道道和水面一样齐了，曹冲就叫人停止装石头。

大臣们睁大了眼睛，起先还摸不清是怎么回事，看到这里不由得连声称赞："好办法！好办法！"现在谁都明白，只要把船里的石头都称一下，把重量加起来，就知道大象有多重了。

曹操自然更加高兴了。他眯起眼睛看着儿子，又得意洋洋地望望大臣们，好像心里在说："你们还不如我的这个小儿子聪明呢！"

【点评】

曹冲要称的大象的重量有上千斤，可仅有的秤只能称两百斤，产生了矛盾问题。通过组合分解变换，找与大象重量一样的东西来代替大象，是置换变换，置换大象的东西又可以分成一块一块来称，这是分解变换，把可分解的东西的质量加起来就是大象的质量，这是组合变换。当然，把问题转变成找一堆东西跟大象重量一样，我们可能想到会用跷跷板，一边放大象，一般放这堆东西，平衡的时候，称这堆东西就可以称大象了。如果我们把环境拓展到空中，在大树上挂条绳子，这边吊个笼子装大象，另一边吊堆东西，等到两个平衡的时候，称这堆东西就可以称出大象的重量了，也可以拓展到水里，在水里把大象放到船上去，船就沉下去了一点，在船帮上刻下记号，把大象拉走，再堆一堆东西，使船下沉到和刚才一样的深度，这个时候称这堆东西就可以了。那么，这堆东西到底是什么好呢？我们可以拓展到石块，也可能拓展到人，能够得到很多很多的点子。

5.3 课堂练习

1. 有一位初中生数学考试考了 56 分，家长却很高兴地请他吃麦当劳。你能给出多少合理的解释？5 人一组，限时 8 分钟。

想出原因最多的小组上台展示，其余小组补充。最后总结点评主要采用的创新方法。

2. 小虎同学希望评为 A 中学的三好学生，这里评三好学生要求：第一，历次英语考试平均成绩 90 分以上；第二，要求担任过一学年以上的班干部；第三，组合素质良好以上。但他的英语考试成绩平均只有 85 分，离要求的分数差 5 分，所以就评不上三好学生。那么通过什么方法让这个学生评上三好学生呢？

3. 某公司新成立，向社会招聘职工 500 名，要求本市户口，计算机操作能力 3 级以上，男性。应聘的人有 1000 名，合格的却只有 100 名。人事部分析不合格的应聘者，发现有两个原因：

- 一部分应聘者，计算机操作能力较差，因而不合格，其余条件都合格。
- 很多应聘者持有非本市户口，不符合本市户口要求。

如何帮他们快速招聘够 500 名职工呢？

4. 收集自身相关的信息，与班级同学对比，找出排名第一的信息，5 人一组，分组演讲个人吉尼斯，每项有效纪录根据级别记分，其中小组纪录得 1 分，班级纪录得 5 分，专业纪录得 10 分，学院纪录得 15 分。

要求：

- 排名有数据和事实依据；
- 吉尼斯纪录有现实意义，乐观向上，不低俗；
- 按级别高低整理成 Excel 文件，便于小组竞赛。

5.4 训练与测试

1．半费诉讼

古希腊历史上有一个典型的矛盾问题——师徒法学难题。

有一个叫欧提勒士的人，向普罗塔哥拉斯学法律，两人定下合同：学生先付一半学费，另一半学费待毕业以后，欧提勒士第一次出庭打赢官司时付清。欧提勒士毕业后迟迟不出庭打官司，老先生年迈需要钱，就向法庭提出诉讼，并认为一定获胜。

- 如果欧氏这次官司打胜，那么按照合同，他应付给我另一半学费。
- 如果欧氏这次官司打败，那么按照法庭判决，他也应付给我另一半学费。这次官司欧氏或者打胜，或者打败，所以他总应付我另一半学费。

师良徒高。老先生没料到学生也提出了一个相反的判决方案。

- 如果我这次官司打胜，那么按照法庭判决，我不应付普氏另一半学费。
- 如果我这次官司打败，那么按照合同，我也不应付普氏另一半学费。这场官司或者打胜，或者打败，所以，我不应付普氏另一半学费。

这场官司当场就难倒了法官，无法做出判决，只好记载到案卷中留待后人解决。没想到，“师徒法学难题”竟然会成为一个千古法学难题、千古逻辑难题、千古哲学难题流传至今。如果你是法官，你该如何判决呢？请使用可拓创新方法给出你的答案。

2．来料加工困境

某企业跟外国企业签订来料加工合同，为外商加工精磨化工原料，要求三种粉末要非常细，而且按比例混合均匀。企业开始用球磨机研磨原料成粉末，磨完了以后再找一个搅拌机搅拌均匀。结果生产的时候发现情况不是想象中的那样，磨的时候粉尘飞扬，损耗非常大，再用搅拌机搅拌的时候，飞扬得更严重，又损耗更多。本来加工 10 吨原料，加工完了以后只剩 9 吨了，这可麻烦了，首批交货就因粒度不均匀和混合不均匀而遭到索赔，严重亏损，但如停止继续加工，造成后期合同违约将面临巨额索赔使工厂有倒闭的危险。加工亏损，不加工也要巨额赔偿，怎么办？

3．烤焦的香蕉

美国早期有一个学生，刚毕业进行创业，弄了一个小水果摊卖水果，每个月也就仅仅能够维持生活。后来发生了一个突发事件，供货的水果商仓库失火了，把所有的香蕉都烤焦了，变得外貌可憎，无人问津。水果商想把这些烤焦的香蕉扔掉，但是不敢痛痛快快地扔，因为在美国要处理这么大量的垃圾，要交大量的垃圾处理费。但是不扔在仓库里又要发霉，占着仓库无法进货，所以老板就找到这个毕业生，说你有没有办法能够把这些香蕉处理掉，我也不收你什么钱了。这个毕业生想看到东西就有可能想到办法，于是就把怪味香蕉分批运来，看着眼前这一大堆黑糊糊的香蕉，有没有办法把它们处理出去呢？

知识拓展：可拓学简介

可拓学是由我国学者蔡文研究员于 1983 年创立的一门原创性横断学科，它以形式化模型，探讨事物拓展的可能性以及开拓创新的规律与方法，并用于解决矛盾问题。传统的创新依赖人的聪明才智，借助冥思苦想之后的灵感捕捉，没有系统性、规律性的思路可循。可拓学通过建立形式化模型，从可拓集合的矩阵入手，采用基本变换、传导变换、共轭变换以及转换桥方法等产生一系列解决矛盾问题的策略，然后进行优度评价，选择最佳策略实施。这样就使创新思维形式化、流程化、大众化。科技部科技成果管理办公室发布可拓学研究成果“可拓论及其应用研究”指出：“本项目是一项原始性创新研究，在海内外同类研究中，处于领先和指导的地位。”

以中国科学院吴文俊院士和中国工程院李幼平院士为首的鉴定委员会对“可拓论及其应用研究”的鉴定指出：“经历 20 多年连续研究，蔡文教授等人已经建立一门横跨哲学、数学与工程的新学科——可拓学，它是一门由我国科学家自己建立的、具有深远价值的原创性学科。”中国科学院王梓坤院士在鉴定中指出，可拓学是“前无古人，外无洋人”的创造性成果。

第6章 专利的申请

本章学习目标

（1）了解专利的概念和类型。

（2）了解专利申请的好处。

（3）了解专利申请的步骤。

（4）了解专利文章撰写的一般原则和注意事项。

6.1 故事引入

在我们身边，许多大学生参与发明和申请专利。如张家口建工学院的一名大学生，给一次性筷子加上一个塑料套。这样塑料套变成一次性的，而筷子不是一次性的了。这解决了一次性筷子既浪费木材又不卫生的问题。该发明已申请了专利并获悉已获得了国家专利。华中科技大学的三名学生发明了"防盗"热水瓶，所用的材料成本不过 3 元钱，却解决热水瓶丢失的问题，更重要的是获得了专利，为以后创业打下了基础。广东工贸职业技术学院有一名学生发明了可保温的方便面容器，并获得专利等。这些事实说明：在教师的正确引导下，培养大学生们学会观察，勤于实践和努力创造，发明和申请专利将成为一件不困难的事情。

目前，重视专利和肯定专利已经提到很高的地位，但在大学中开设"专利"课程还很少见，更少有大学生去学习专利知识，开展发明创造和申请专利活动。随着我国社会经济的发展，中国成为知识产权大国，指导和推动大学生开展发明创造和申请专利的活动将势在必行。省级与国家级"大学生挑战杯"大赛是我国大学生课外科技学术成果竞技与交流的一场盛会，每年有 1500 多个科技项目参与比赛，其中第六届大赛期间科技成果转让成交额突破 1 亿元人民币，为促进我国高校科技成果向现实生产力转化做出了不可磨灭的贡献。在大赛活动中，为数不多的大学生的发明创造的作品申请了发明专利，正是因为这些作品有了发明专利的保护，他们的成果获得了专家的认可。还有的项目转让获得了成功，更有一些项目获得了风险投资。但参赛的多数大学生缺乏专利知识，没有申请发明专利。那究竟什么是专利？而我们又该如何申请专利呢？

6.2 理论精解

6.2.1 专利及专利的类型

1. 专利的定义

专利主要是对发明、实用新型及新式样（又称“外观设计”）此三者经申请并通过审查后所授予的一种权利，是专利权的简称。专利是法律授予发明创造的一项独占权，它既可以是一项产品，也可以是一种生产方法，也可以是解决某个问题的技术方案。它作为一种最为重要的知识产权保护措施，可以被看成是发明人与社会订立的一个契约；依据这一个契约，社会允许发明人对于自己的发明创造享有某种独占的权利，并享受因此而带来的经济和其他利益，而发明人则承诺将自己的发明创造适当地加以公布，从而促成技术的进一步创新。它不同于有形财产，是看不见摸不着的，并且具有时间性和地域性的限制。随着经济的高速发展和市场竞争的日益激烈，专利权的申请与保护也被越来越多的人重视。

2. 专利的类型

专利可以分为三类：发明专利、实用新型专利、外观设计专利。发明专利，是指对产品、方法或者其改进所提出的新的技术方案。实用新型专利，是指对产品的形状、构造或者其结合所提出的适于实用的新的技术方案。外观设计专利，是指对产品的形状、图案或者其结合以及色彩与形状、图案的结合所做出的富有美感并适合于工业应用的新设计。如何区别呢？例如，电话机的研制可以申请发明专利；将台式电话机改为壁挂式电话机时，可以申请实用新型专利；而卡通电话机（如把一只电话机做成狗的模样）则可以申请外观设计专利。

3. 三种专利类型的区别

（1）保护期限。我国发明专利的保护期限为自申请日起 20 年，而实用新型和外观设计的保护期限为自申请日起 10 年。那是因为实用新型和外观设计比发明的创造过程要简单、容易得多，发挥效益的时间也短很多，所以法律对实用新型和外观设计的保护期比发明的保护时限会短得多。

（2）保护范围。发明主要包括产品发明和方法发明。在产品发明中，发明的保护范围既可以针对具有一定形状的产品，还能针对那些没有具体形状的产品。

实用新型专利的保护范围不止仅限于产品发明，而且仅限于对产品的形状、构成或者其组合所提出的实用的新的技术方案。一般的方法不能申请实用新型专利，同时，与形状、构造或其组合无关的产品也是不能申请实用新型专利的。

外观设计针对的主要是工业产品的外形视觉感受，注重的是设计人对一项产品的外观所做出的富有艺术性、具有美感的创造，同时这种具有艺术性的创造能够在产业上进行重复实现。

外观设计专利中产品形状在于使产品产生美感，而发明和实用新型专利中的产品形状在于解决某一技术问题，追求的是功能效果。如一个杯子，若它的形状、图案、色彩相当美观，就可以用于申请外观设计专利；如果杯子的杯盖、杯身、杯柄的结构设计精简合理，可以节省材料，又有实用性的功能，则应申请实用新型专利。

（3）创造性要求。我国专利法对申请发明专利的要求是：同申请日以前的已有技术相比，有突出的实质性特点和显著进步。对实用新型的要求是：与申请日以前的已有技术相比，有实质性特点和进步。对发明则强调了“突出的实质性特点”和“显著进步”，而对实用新型只提“实质性特点和进步”。显然，发明的创造性程度要高于实用新型。

对外观设计的要求是：应当同申请日以前在国内外出版物上公开发表过或者国内公开使用过的外观设计不相同和不相近似，并不得与他人在先取得的合法权利相冲突。

（4）审批过程。在我国，发明专利，必须经过实质审查。审查的手续复杂，审批时间也较长。发明的审查周期一般要 2 ~ 3 年。

实用新型和外观设计专利的审批不需要进行实质审查，当专利局收到申请后，经初步审查认为符合专利法要求的，即可公告，发给相应专利证书。审查周期一般仅为 9 个月左右。

4．专利申请类型的把握

（1）方法的发明创造只能申请发明专利。例如，新的制造方法、化学方法、生物方法、产品生产工艺和流程等只能申请发明专利。

（2）由于实用新型只能针对具有一定形状、结构的产品，所以没有具体形状的产品，例如新型水泥、药剂产品等只能申请发明专利。

（3）发明的技术含量要求最高，需要投入的创造性劳动最多，而实用新型的创造性不如发明高，所以只要有一些技术改进就可以申请实用新型专利。

（4）实用新型审批程序相对简单，创造性程度较小，市场周期短，即“短、平、快”产品应申请实用新型，可以及时得到保护。对于创造性高、技术进步显著、经济周期较长的各类技术成果，例如产品发明、方法发明、物质发明、应用发明、产品和方法的改进发明等的技术方案适合发明专利保护。

（5）只要涉及产品的形状、图案或者其结合以及色彩与形状、图案的结合富有美感，并可以适用于工业上应用的新设计，就可以申请外观设计专利。

（6）外观设计仅仅针对产品的外表，而不涉及产品的内部构造，更不涉及产品构造的功能。在某些情况下，如果产品的外部形状构造既有功能效果，又有外观上的美感，也可以考虑同时申请实用新型专利和外观设计专利这两项。

5．不授予专利的情况

（1）违反公共秩序和道德的发明，一般都规定不得授予专利。

（2）科学发现和自然科学基础原理，因为其不能在工农业生产上直接应用，所以一般也不授予专利。许多国家都依专门法律对其给予奖励。

（3）某些物质发明，如以化学方法获得的物质，以原子核变换的方法获得的物质以及食品、饮料等，大多数国家不给专利，但少数工业发达国家则授予专利。但其制造方法一般可以获得专利。

（4）动植物新品种，许多国家不给专利，少数国家规定授予专利。

（5）诊断医疗方法和药品，也是少数国家授予专利。

（6）计算机程序（软件），极少数国家授予专利。

6.2.2 申请专利的好处

如果我们有了发明创造不申请专利而随便公开，便很有可能会被他人夺走宝贵的发明，丧失获利的机会，甚至还可能会因此而失去改变命运的良机。最令人伤心的是，有些发明人和技术人员已经有了成熟的技术方案，但是，由于发言时间没有其他人早或没有很好传达自己发明的优势而被他人夺走宝贵的发明。我们一定要记住："设想"和"建议"是得不到任何法律保护的。我们只有有了专利才能有资本，专利可通过转让专利技术或实施专利许可，来获得经济效益。同时专利也可以作为投资，或者可以保护企业的生存和发展。另外，专利还可让我们在评定职称或就业时拥有很强的竞争优势。

申请专利的好处主要可以概括为以下几点。

（1）能力肯定和获得荣誉。能够申请专利就说明了你有一定的创新能力，对于所申请专利的专业领域有一定的研究并且有自己的独到之处，这样就可以让自己在就业、晋升或创业的时候带来很强大的竞争优势。并且也可以去进行宣传讲演，得到上司、同事、朋友和亲人们的表扬和支持，也可以上电视、登报纸、接受采访等，从而获得一定的荣誉和名声。

（2）进行市场垄断权。中国专利是向全世界公开的，并且中国专利局和世界上最权威的知识产权组织有合作，我们只要就某项发明创造在中国申请专利，就可以阻止世界上其他任何人就同样的发明创造获得相应的专利权。这样专利权人就可以直接有效地防止商业对手凭借该种发明创造发动的市场竞争，也就可以取得更高的利润和回报。

（3）赚取特许费。一项专利可以独家"垄断"专利产品的销售市场，独自地进行专利实施，从而获得较高的经济效益；即使现下市场对该项专利没有需要，那么日后也很有可能会被人会察觉到该项专利的用途，并且愿意就其支付专利使用费进行专利的使用。例如，美国施乐公司就发明了图形用户界面，但未就其申请专利，其后微软公司以及苹果公司利用图形用户界面作为它们个人电脑操作系统的基础。初步估计，施乐公司已经白白损失了将近 10 亿美元的特许费；而在另一方面，IBM 公司则在 2001 年的时候通过转让专利，获得了将近 17 亿美元的高额收入。

（4）当作防护盾。如果发明人未能在第一时间申请到专利，竞争对手便很有可能会捷足先登，到时，发明人研发的一切努力与成果都将会付诸东流，并且发明人本人将不可运用本身的科研成果。并且，即使运用保密的手段来保护自己的技术成果，也是很难对自己的专利做到真正保密。那是因为它具有以下缺点：一是这些技术成果很有可能会在无意中泄密或被恶意盗取；二是实物化了的技术成果在目前超高的技术分析下更是会暴露无遗；三是如果参与开发的人员连人带技术进了别的企业或自己办起了企业，就会使原企业的该项成果遭到严重的侵犯。但是若拥有了一项受《专利法》保护的技术成果，以法律形式确定了被授予专利权的发明创造的独占性，就不怕被"泄密"了，更不会怕因为本单位技术人员的"跳槽"而使得技术成果流失。

（5）协助开发国外市场。目前世界上已经有 170 多个国家和地区建立并且实行了专利制度，而不少外国买家，尤其是美国的买家在购买产品的时候则会要求当地的制造商或卖家证明其拥有该项产品的知识产权，以保障其本身不会被卷入侵权的诉讼案中，这样才会愿意进行交易。

（6）大大增强企业综合竞争力。专利不论是对大、中、小型企业还是对新型企业都是同等重要的，在激烈竞争的市场上，小型的企业完全有可能利用专利的新发明反胜那些大型企业用具有良好口碑，占领市场多年的主导垄断产品。

（7）增加企业的价值。企业无形资产的存量，能够提高企业的品位，如果有第三人愿意入股投资一个公司，而如果该公司拥有若干有价值的专利，那么该公司的股价就有可能得到大幅度的提高。1997 年微软公司就以 4.25 亿美元的价格收购了一家拥有不到 6000 个用户的小公司，收购价是按用户数目计算的业内平均价格的约 40 倍。微软公司愿意以该股价支付，主要是因为该公司持有的 35 项以互联网传送电视内容的重要专利。

（8）有助于企业科学正确地决策。通过相应的专利分析，企业就可以了解目前最前沿的科技动态、行业动态、市场走向和新产品趋势，进而进行市场预测，然后制定出本企业的近、中、远期发展规划，以确定企业发展哪些产品以占据市场，有助于保持企业的领先地位，并扩大市场的占有份额。

（9）专利融资可获益。专利融资就是将专利证券化，任何可预测的收入都可以证券化，知识产权这样的无形资产的收益当然也可以证券化。一些公司可能负有大量债务，这样就会影响到它们的收支平衡和之后的发展。但是通过专利证券化，这些公司便可以进行有效地筹资，从而促进公司收支平衡，改善不良局面，因为这些债权不可追还，唯一的担保就是专利。1997 年，美国的嘉盛证券公司就曾以摇滚明星大卫·波里的唱片盈利作为基础，在股市上成功地发行了价值 5500 万美元的证券。此后，许多金融界的大腕们也纷纷加入到了将娱乐业的著作权等无形资产证券化的行列中。

但是在风险进一步降低之前，专利的证券化还不大可能大规模地发行，因为专利收益保险进步非常缓慢，专利盈利比其他的盈利更难预测。1999 年 1 月，设在旧金山的投资银行，环球资产资金公司最早宣布进行专利资产证券化。该公司将一种抗癌药物的专利的预期盈利进行证券化，并将其出售给投资者。

但是相对而言，中国的专利市场和证券市场还是不够发达，因此专利证券化只能是设在国外的公司进行运作和考虑。不过也不能否认中国企业在这一方面的创新能力，以及以后进行专利证券化的可能性。

（10）利用手中的专利取得风险投资。我们中国人已经听惯了硅谷风险投资的传说，风险投资可以使一个公司从不受人重视的灰姑娘变成美丽富有的公主，这也是所有各国新创办的企业的梦想。但是如何去获得风险投资呢？如何才能让风险投资公司愿意给你进行投资呢？关键是你拥有核心的专利组合，风险资本家们非常看好“市场准入障碍”，而专利就具有法定的垄断权，因此几乎所有与风险投资者打过照面的人都了解风险投资家的这一偏好。在 1997 年，航空设计的洛克希德·马丁公司积累了一批立体飞行模拟器的专利，但是这些专利却一直没有得到使用。最后在投资银行的帮助下，他们成立了一家新公司 Real 3D，这家公司除了专利技术外几乎一无所有，并且它的目标市场还是与其母公司毫无关系的计算机制图和计算机游戏。但是，由于这些动人的专利组合，这个新公司很快就获得了英特尔和硅图（SGI）公司的 1 亿美元的风险投资。此外，在新设合资企业中，专利评估也是非常重要的。例如，在 2004 年 7 月 1 日，由法国的汤姆逊公司和中国的 TCL 联合组建的世界第一大电视机生产企业正式宣告成立。法国汤姆森公司对该合资企业注入了 10 万项专利，为合资企业提供了当今世界最尖端的电视生产技术。而作为合资条件，对这 10 万项专利的评估报告直接影响着汤姆森公司和 TCL 在合资企业中的权力分配。在国内，用专利进行作价入股已经非常普遍。例如，湖南湘潭大学就曾把自己拥有的两项专利作价入股湖南比德化工有限公司、湖南利德材料科技股份有限公司。在 2003 年，相关股份就给该校带来了股份分红逾 50 万元。

（11）质押贷款。不仅动产可以用于质押，知识产权也可以进行质押，这是《担保法》确认的，但是中国企业很少进行实践，因为银行业还没有形成共识。这里就有一个成功利用专利进行质押贷款的例子。2004 年，湖南四达资产评估有限公司对民营企业——永州市湖南八方药业有限公司的"胃复元胶囊及制作方法""一种消痔散胶囊及其制作方法"两项专利权进行了质押贷款评估。评估结果认为这两项专利价值 8630 万元。按银行规定的 40%抵押额度，上述专利权人随后与中国农业银行永州市冷水滩区支行签订了 2300 多万元的贷款合同和专利权质押合同。

（12）创业竞争利器。作为创业者，首先要考虑清楚的是你的核心竞争力在哪里？有人说过，20 世纪 80 年代创业靠胆量，90 年代创业靠机遇，21 世纪创业必须靠脑力。在这么一个知识经济的年代，想要创业成功，必须选择有技术壁垒、法律壁垒的项目；否则，你的创业将很难见到光明。初创业的创业者应该选择获得国家专利的项目创业，因为专利项目拥有极强的法律壁垒，具有一定的垄断性，获得专利的创业项目也容易获得投资。武汉大学市场营销系的一名学生在大学期间发明透明创可贴，并申请了国家专利保护，作为身无分文的大学生，吴斌凭借自己的专利项目获得人福科技股份公司 1000 万投资，截至目前，他的专利产品已经成功打入武汉三甲医院，员工人数也已经超过百人。

6.2.3 专利申请的步骤

怎样申请一个专利呢？申请专利的途径有两个，一是直接到国家知识产权局申请专利，或者通过邮寄挂号申请文件方式申请专利（专利申请文件有请求书、权利要求书、说明书、说明书附图、说明书摘要、摘要附图）；二是委托专利代理人代办专利申请，采用这种方式，专利申请质量较高，可以避免因撰写申请文件质量问题而延误审查和授权。专利申请的基本步骤如下。

1. 专利检索

专利申请前，最好进行检索，以便确定哪些发明内容属于"现有技术"。如果待申请的内容在检索到的专利文献或者其他公开出版物上已有记载，则有可能影响申请的授权前景。此外，即使没有文献记载，如果他人能够确定这是本领域的公知常识，也会导致专利申请被驳回。认真了解哪些内容属于现有技术将有助于申请人做出是否申请专利的判断和撰写专利申请文件。说明书的"背景技术"部分要写入最接近的现有技术，对于实用新型专利，通常还需要提供背景技术的附图，因此这样做能使审查员和公众清楚地了解发明创造的实质性改进和优点。

2. 申请文件的撰写（具体专利申请书样本可见附表）

申请发明专利的，申请文件应当包括：发明专利请求书（见附录 2）、摘要及其附图（见附录 3）、专利权利要求书（见附录 4）、专利说明书（必要时应当有附图，见附录 5），各一式两份。

申请实用新型专利的，申请文件应当包括：实用新型专利请求书、说明书、说明书附图、权利要求书、摘要及其附图，各一式两份。

申请外观设计专利的，申请文件应当包括：外观设计专利请求书、图片或者照片，各一式两份。要求保护色彩的，还应当提交彩色图片或者照片一式两份。提交图片的，两份均应为图片，提交照片的，两份均应为照片，不得将图片或照片混用。如对图片或照片需要说明的，应当提交外观设计简要说明，一式两份。

申请文件的纸张要求

申请文件的纸张质量应相当于复印机用纸的质量。纸面不得有无用的文字、记号、框、线等。各种文件一律采用A4 尺寸（210 毫米×297 毫米）的纸张。

申请文件的纸张应当纵向使用，只使用一面。文字应当自左向右排列，纸张左边和上边应各留 25 毫米空白，右边和下边应当各留 15 毫米空白，以便于出版和审查时使用。申请文件各部分的第一页必须使用国家知识产权局统一制定的表格。这些表格可以在专利局受理大厅的咨询处索要，也可以向各地的专利局代办处索取或直接从国家知识产权局网站下载。

申请文件的文字和书写要求

申请文件各部分一律使用汉字。外国人名、地名和科技术语如没有统一中文译文，应当在中文后的括号内注明英文或原文。申请人提供的附件或证明是外文的，应当附有中文译文，申请文件包括请求书在内，都应当用宋体、仿宋体或楷体打字或印刷，字迹呈黑色，字高应当在 3.5～4.5 毫米，行距应当在 2.5～3.5 毫米。要求提交一式两份文件的，其中一份为原件，另一份应采用复印件，并保证两份文件内容一致。申请文件中有图的，应当用墨水和绘图工具绘制，或者用绘图软件绘制，线条应当均匀清晰，不得涂改。不得使用工程蓝图。

专利申请内容的单一性要求

一件发明或者实用新型专利申请应当限于一项发明或者实用新型。属于一个总的发明构思的两项及以上的发明或者实用新型，可以作为一件申请提出。一件外观设计专利申请应当限于一种产品所使用的一项外观设计。用于同一类别并且成套出售或者使用的产品的两项及以上的外观设计，可以作为一件申请提出。

提交申请时申请文件的排列

发明或者实用新型专利申请文件应按下列顺序排列：请求书、说明书摘要、摘要附图、权利要求书、说明书、说明书附图和其他文件。外观设计专利申请文件应按照请求书、图片或照片、简要说明顺序排列。申请文件各部分都应当分别用阿拉伯数字顺序编号。

3．专利的受理

专利局受理处或各专利代办处收到专利申请后，对符合受理条件的申请，将确定申请日，给予申请号，发出受理通知书。对申请人面交专利局受理处或各专利代办处的申请文件，当时进行申请是否符合受理条件的审查，符合受理条件的当场办理受理手续。

向专利局受理处寄交申请文件的，大约在 1 个月内可以收到国家知识产权局专利局（以下简称专利局）的受理通知书或者不受理通知书以及退还的申请文件。超过 1 个月尚未收到专利局的通知的，申请人应当及时向专利局受理处查询，以免申请文件或通知书在邮寄中丢失。

4．申请费的缴纳

申请费的缴纳方式

申请费以及其他费用都可以直接向专利局收费处或专利代办处面交，或通过银行或邮局汇付。目前，银行采用电子划拨，邮局采用电子汇兑方式，缴费人通过邮局或银行付专利费用时，应当在汇单上写明正确的申请号或者专利号，缴纳的费用的名称使用简称。汇款人应当要求银行或邮局工作人员在汇款附言栏中录入上述缴费信息，通过邮局汇款的，还应当要求邮局工作人员录入完整通信地址，包括邮政编码。

申请费缴纳的时间

向专利局受理处或者专利代办处面交申请文件的，可以在取得受理通知书以后，当时缴纳申请费。通过邮寄方式提交申请的，应当在收到受理通知书以后再缴纳申请费，但是缴纳申请费的日期最迟不得超过自申请日起 2 个月。

缴费日期的确定

向专利局收费处面交申请费或其他费用的，面交日即为缴费日。向专利局收费处汇付费用的，若汇付方式符合有关规定的，以银行或邮局的实际汇出日为缴费日。但是，自汇出日至专利局收到日超过 15 天的，除邮局、银行出具证明提供证据的以外，以专利局收到日为缴费日。

5．办理专利权登记手续

实用新型和外观设计专利申请经初步审查，发明专利申请经实质审查，未发现驳回理由的，专利局将发出授权通知书和办理登记手续通知书。申请人接到授权通知书和办理登记手续通知书以后，应当在 2 个月之内按照通知的要求办理登记手续并缴纳规定的费用。在期限内办理了登记手续并缴纳了规定费用的，专利局将授予专利权，颁发专利证书，在专利登记簿上记录，并在专利公报上公告，专利权自公告之日起生效。未在规定的期限内按规定办理登记手续的，视为放弃取得专利权的权利。

6.2.4　申请专利应遵循的一般原则

（1）请求原则：有了一项发明创造，并不意味着就能自动地得到法律的保护，必须由有权申请的人按照规定向专利局提出专利申请并且按照一定程序经过审批，才能获得专利权。

（2）书面原则：专利法和实施细则规定的各项手续都应当以书面形式办理。这个原则不仅适用于专利申请，而且也适用于专利申请审批过程中的其他各项手续。申请不能以口头、电话、电报、传真、胶片、软盘、光盘、实物等代替书面，而且提交时必须使用由专利局制定的统一格式的表格，并由申请人签名或盖章。

（3）先申请原则：两个以上的申请人分别就同样的发明创造申请专利时，专利权将授予最先申请的那个人。

也就是说，对于一项发明创造，不管谁是先发明人，谁先申请专利，专利权就给予谁，其他的申请则被驳回。

（4）优先权原则：优先权包括外国优先权和本国优先权。外国优先权是指申请人就同一发明或者实用新型在外国第一次提出专利申请之日起 12 个月内，或者就同一外观设计在外国第一次提出专利申请之日起 6 个月内，又在中国提出申请的，中国应以其在外国第一次提出申请之日（即优先权日）为申请日。其原则同样适用于我国申请人向外国提出的专利申请。本国优先权是指；申请人就相同主题的发明或者实用新型在中国第一次提出申请之日起 12 个月内，又向专利局提出申请的，可以享有优先权。本国优先权不包括外观设计专利。

（5）单一性原则：一项发明专利申请应该仅限于一项发明，这个原则称为一发明一申请原则，也即申请单一性或发明单一性原则。实用新型和外观设计专利申请也同样适用于这个原则。

6.2.5 专利申请文章撰写

专利法的第二十六条规定，申请发明或者实用新型专利的，应当提交请求书、说明书及其摘要和权利要求书等文件。有了一项好的发明创造，并不意味着一定就能够获得好的专利保护，发明人是否能够获得充分的并且有效的法律保护，与其专利申请文件的撰写质量有着极大的关系。在专利申请的过程中，申请文件的撰写质量会直接影响技术方案的保护范围和未来权利的稳定性，甚至直接影响一件专利申请能否得到授权的问题。所以掌握专利申请文件的撰写方法和技巧对于专利申请来说是极其重要的。下面就列出了几点在说明书和权利要求书的常见问题以及要注意的要点事项。

1. 说明书

说明书是发明专利和实用新型专利申请的核心文件之一，也是申请文件中最长、最重要的部分。说明书的主要功能有三点：①完整清晰地将发明、实用新型的技术方案向公众公开，使所属技术领域的技术人员不必付出创造性的劳动就能实现想要的结果；②表明该种发明、实用新型与现有的技术相比是以何种方式进行创新的，并能够表明它所具有的新颖性、创造性，以及在所属产业中所具有的实际的用途；③支持权利要求，即支持要求专利所要求的保护的范围，并可用于解释权利要求。

说明书撰写应当注意的几个问题。

说明书撰写最常见的问题就是说明书公开不充分。出现这样的问题是由于申请人没有搞清楚什么是说明书允许保留的技术秘密。而是把作为解决技术问题的、实现发明目的的、构成发明技术方案的必要技术特征错当成了技术秘密，而没有将其在专利说明书中公开。

说明书是否达到公开充分，就要看所属技术领域的技术人员是否能够根据说明书所记载的技术内容，而不通过创造性劳动就能够实现发明或者实用新型权利要求书要求保护的技术方案。这里的“实现”指所属领域技术人员只根据说明书公开的技术内容就可以得到权利要求的技术方案。或者根据说明书记载的技术内容得到。又或者通过简单的逻辑分析、推理或有限的实验就能得到权利要求的技术方案。

那么什么是说明书允许保留的技术秘密呢？这个问题并不难回答，其实只需要将那些构成发明技术方案的必要技术特征和用于支持该技术方案的具体实施方式记载在说明书里面。而把一些能够为该发明或实用新型带来更好的技术效果的附加技术要点或者不属于专利法保护范围的技术内容作为技术秘密。

那如何实现既要保留一些技术秘密又要达到专利说明书公开充分的要求呢？我们通常从三方面加以考虑。首先要分清楚哪些技术特征是解决技术问题而必须采取的，哪些技术特征是为了能够使该技术问题解决得更好。其次要在撰写前进行检查，看如果保留了附加技术特征以后是否会导致该申请专利不成功，如果是，那么这些附加技术特征还要公开在说明书里面。再次要考虑以怎样的方式保留技术秘密对发明人更有利。比如一件产品和其特殊的生产工艺。将生产的关键性工艺作为技术秘密。而将产品的结构特征写在说明书中比较妥当。因为产品是很容易被仿制的，而特殊的工艺却是产品专利的价值关键所在。

2．权利要求书

权利要求书是申请人对所保护的技术内容和保护范围给出清楚、准确限定的法律文件，是发明或实用新型专利申请文件中最重要的组成部分。发明和实用新型专利能否获得批准，要根据权利要求书中所述的技术特征对其进行审核调查。在经过专利局批准后，才能具有直接的法律效力。而判断一项专利是否受到了侵犯，也主要是依据权利要求书中的内容做出判断。按规定，权利要求必须以说明书为依据，应当正面、清楚、完整、准确地限定要求保护的必要技术特征。说明书主要是将发明创造的内容充分公开，特别是要把新技术的特征公开，而权利要求书则是用简明的方法和语句去阐述这些新的技术特征，并确定专利权的保护范围。权利要求书并不是简单地重复说明书的内容，而是更加侧重于新发明的主要特征，而说明书用以支持权利要求书。

在撰写权利要求书的时候应当注意以下几个问题。

（1）权利要求书应当以说明书为根据。权利要求书中的每一项所要求保护的。技术方案都应当在说明书中有过具体的记载。为了能获得尽可能宽泛的保护范围，就要对说明书的一个或者多个具体的技术方案进行概括。概括的方式主要有两种。一种是用上位概念概括。“上位概念”即外延较大的“属概念”。就比如在说明书实施例中螺接、焊接、铆接等连接方式可以在权利要求中用“定位连接”来概括。但是如果在说明书的实施例中仅公开了螺接这一种连接方式。在权利要求中就不能用这种方式来概括。第二种概括的方式是用并列选择概括。即用“或”并列几个选项，可从中选择其一的具体技术特征。就比如某些楼板用的硬质薄壁管由钢管或塑料管构成。

（2）独立权利要求应当记载权利的必要技术特征。独立权利要求必须是一个完整的技术方案，并且必须要包含构成该技术方案的全部必要的技术特征。

（3）正确处理好独立权利要求和从属权利要求的关系。这点是十分重要的，因为经常出现原权利要求书没有撰写从属权利要求或从属权利要求写得不好而导致申请人无法有效及时地修改权利要求书，从而致使专利权无效的现象。因此权利要求书应从整体上反映发明或实用新型的技术方案。

（4）权利要求应当清楚、简要地阐述所要请求的范围，并明确其类型。其中产品权利要求列出各个部件的名称，并且给出具体结构相对位置以及相互作用的关系。权利要求中的数学公式或者化学结构式还要说明所给出的参数的意义并给出相应参数的取值范围。

6.3 经典范例与分析

6.3.1 经典范例

范例1：

2002年5月和2003年1月间，柯林设计公司（以下简称柯林公司）受布伦内罗（Brenner）国际公司委托设计了名称为板状油漆刷的涂刷工具，布伦内罗国际公司支付了相应的报酬给柯林公司，产品设计图纸及光盘均为布伦内罗国际公司所拥有。中建钢构金牌项目经理陆建新曾于2002年期间收到过布伦内罗国际公司邮寄的油漆平板刷装配图纸、平板刷实物以及相关的涂刷工具配件等物品。2002年6月至2003年5月间，布伦内罗国际公司与陆建新任法定代表人的宁波保税区亨迪国际贸易有限公司（以下简称亨迪公司）和宁波市江北欧强工具有限公司（以下简称欧强公司）发生了包括平板刷在内的涂刷工具贸易往来，亨迪公司根据布伦内罗国际公司的订单委托要求，加工了相关的涂刷工具，并将产品运至布伦内罗国际公司，布伦内罗国际公司支付了相关的报酬。根据双方订单的约定，布伦内罗国际公司委托亨迪公司加工的产品及模具所有权人为布伦内罗国际公司，亨迪公司不能用于其他目的或客户。陆建新于2003年2月17日申请了外观设计专利，2003年9月17日授权公告，专利公报上的视图为产品实物拍摄照片。陆建新认为专利是其自行设计，通过当地的模具市场专人提供制图，但至二审其仍无法提供设计图纸的原件。陆建新申请的“平板刷”外观设计专利产品形状与布伦内罗国际公司提供的“板状油漆刷”设计图纸上的产品形状基本一致。

布伦内罗国际公司认为其是涉案专利的设计人，涉案专利应归属于它，故诉至宁波市中级人民法院，请求判令专利号为03 327 550.5的外观设计专利权归其所有。

评析：

本案是一起外国当事人主张专利权属纠纷的案件，虽然一、二审法院在判决结果上是一致的，均驳回了布伦内罗国际公司的诉讼请求，但在证据认定、审理思路和裁判理由上是存在不同认识的。一审法院是从域外证据公证认证手续瑕疵角度认为布伦内罗国际公司举证不能；而二审法院则是在认定布伦内罗国际公司提供的证据能够证明其所主张的事实，然而缺乏法律依据为由驳回其诉请。

• 域外证据的效力认定

布伦内罗国际公司为了证明其在专利申请日之前拥有名称为板状油漆刷的涂刷工具的设计图纸及光盘所有权，陆建新申请的专利技术系从其处获取的事实，提供了较多在域外形成，并经公证认证手续的证据。最高人民法院《关于民事诉讼证据的若干规定》第十一条规定："当事人向人民法院提供的证据系在中国人民共和国领域外形成的，该证据应当经所在国公证机关予以证明，并经中华人民共和国驻该国使领馆予以认证，或者履行中华人民共和国与该所在国订立的有关条约中规定的证明手续。"毫无疑问，域外证据的公证认证手续问题，应当按照最高法院的证据规则的有关规定办理。因此，办理了公证认证手续的域外证据，至少表明从形式上对证据予以了审查，使其具有证据的效力，但并不能当然成为认定案件事实的证据。原审法院在对待布伦内罗国际公司提供的域外证据的认证上，均以公证认证的时间晚于证据形成的时间，无法证明证据的内容真实性以及与本案事实的关联性为由，基本不予认定，显然是错误的。布伦内罗国际公司提供的办理了公证认证手续的证据，在本案中均可以作为证据使用，至于证据的真实性、合法性以及与本案的关联性，还需结合证据内容、案件事实以及当事人举证责任的分配原则予以确认。

当然，在知识产权案件中，某些域外证据可以免除公证认证等证明手续，主要是指可以从官方或者公共渠道获得的公开出版物，如从专利局的专利信息库、公共图书馆、互联网等可以直接获得的文献和出版物。对这些证据的真实性，当事人没有异议的，就没有必要再要求办理公证认证等证明手续。但是，对方当事人对证据的真实性本身提出异议，而不是仅以未办理公证认证等证明手续提出异议，并能够举证证明的，而提供该证据的一方又不能有效反驳的，则应当办理法定的公证认证等证明手续。

• 专利权权属纠纷案件的审理范围

专利权权属纠纷，是指一项发明创造被正式授予专利权之后，当事人之间就谁应当是该发明创造的真正权利人而发生的争议。这类纠纷是获得专利权的人可能不是实际权利人，致使实际权利人向人民法院起诉，要求享有专利权从而形成民事诉讼法上的确认之诉。

本案中，法院认定根据布伦内罗国际公司提供的一系列证据能够证明其在陆建新专利申请目前已经委托柯林公司设计了专利产品，陆建新的专利设计来源于布伦内罗国际公司提供给陆建新的设计图纸和委托加工的产品样品，双方贸易合同中也约定了产品及模具的所有权归布伦内罗国际公司，不得用于其他目的事实，但以上述理由将涉案专利权直接确认为布伦内罗国际公司所有在法律上是存在障碍的。因为，依据《中华人民共和国专利法》及相关法律规定，专利权权属纠纷主要包括以下四类：（1）发明人或者设计人把职务发明创造作为非职务发明创造，申请专利并获得专利权而引起的纠纷；或单位把非职务发明创造作为职务发明创造申请专利并获得专利权而引起的纠纷。（2）委托开发完成的发明创造，在当事人无合同约定专利权属的情况下，该发明创造被委托方申请专利并获得专利权而引起的纠纷。（3）合作开发所完成的发明创造，在无合同约定又无各方中一方声明放弃其共有的专利申请权的情况下，该发明创造被共有人中一方或几方申请专利权并获得专利权而引起的纠纷。（4）一方完成或几方共同完成的创造，被发明创造以外的人申请专利并获得专利权而引起的纠纷。这四种情形属于专利权权属纠纷的审理范围。对照本案的事实，布伦内罗国际公司与陆建新之间既没有用人单位与职工的关系，也不存在委托或合作关系，故不能依据上述法律规定判定专利权归属于布伦内罗国际公司。

从专利先申请原则考量，布伦内罗国际公司同样也不能获得专利权。因为，专利法是以专利权人对其发明创造专利享有独占权为基本原则的，所以一项发明创造只应授予一个专利权。日本将这一原则称为“一发明一专利原则”，美国称为“排除重复专利原则”。当同一内容的发明创造分别由若干个单位或者个人申请专利时，只能对其中一个单位或者个人授予专利权。各国专利法对此一直存在着两种原则：一是先发明原则。即两个以上的申请人分别就同样的发明申请专利时，不论谁先提出专利申请，专利权授予最先完成发明的申请人。目前，只有美国和菲律宾采用先发明原则；二是先申请原则。即两个及以上的申请人分别就同样的发明申请专利时，不管是谁最先完成的发明，专利权授予最先提出专利申请的申请人。世界上绝大多数国家都采用先申请原则，包括我国。因此，在陆建新先申请专利并获得授权的情况下，布伦内罗国际公司在以发明人或设计人的身份主张专利权属是不符合我国法律规定的，其至多享有在专利文件中写明自己是发明人或者设计人的权利。

范例 2：

发明专利申请人崔某（以下称为申请人）委托其代理人向某生物制炭厂（以下称为被警告人）发出警告信，称获悉被警告人正在筹备生产销售“实心体烧烤炭”产品，而“实心体烧烤炭及其制法”这项产品和技术已经由申请人于 2007 年 11 月 8 日向国家知识产权局提交了发明专利申请，经国家知识产权局初审合格于 2008 年 4 月 9 日将该发明专利申请予以公布。根据《中华人民共和国专利法》和《最高人民法院关于审理专利纠纷案件使用法律问题的若干规定》的相关法律规定，要求被警告人不得使用“实心体烧烤炭及其制法”这项发明技术。否则申请人将采取法律手段向被警告人索取巨额使用费。

评析：

中国专利法第十三条中规定：“发明专利申请公布后，申请人可以要求实施其发明的单位或者个人支付适当的费用。”即规定了对于公布后、授权之前的发明专利申请可以给予相应的“临时保护”。

在我国，对于发明专利申请采用“早期公开、延迟审查”制度，发明专利自申请之日起满 18 个月即行公布，使公众可以知晓其发明。从而，存在公众从公开的发明专利申请文件中获得技术方案并予以实施的可能性。但根据中国专利法第三十九条的规定，“发明专利权自公告之日起生效”，也就是说，在发明专利申请最终经实质审查被授权的情况下，申请人只是从授权公告日起才享有排斥第三人的专利权。因此，为了合理地保护专利申请人的利益，对于发明专利申请公布后、被授权之前的“空白期”，法律规定了对发明专利申请的临时保护，具体而言，申请人可以在发明专利申请公布以后，要求实施其发明的第三人支付适当的费用。

在上述案例中，申请人提交的发明专利申请已经由国家知识产权局公布，当然应该受到法律给予的这种“临时保护”。但是，上述案例中申请人的具体主张是否成立呢？经过分析，我们认为答案是否定的，由此也引发了我们对于与发明专利申请公开后的临时保护相关的法律问题的思考。

首先，申请人在认为被警告人实施了其发明时，如果要求被警告人为此支付适当的费用，是有法律依据的。当然，一般情况下被警告人不会在专利授权之前轻易认可申请人的主张而支付该费用，对此申请人可以在专利授权之后，在法律规定的两年的诉讼时效期间主张该费用，此时申请人可以要求专利管理机关调处，也可以直接向法院提起诉讼，从而获得相应的救济，在实践中也不乏这样的案例。

但问题在于，在发明专利申请被授予专利权之前，申请人是否有权禁止被警告人实施其发明？如果被警告人在发明专利申请被授予专利权之前一直使用申请人的最终被授权的技术方案，申请人在获得专利权后是否可以向被警告人索取"巨额使用费"？

在现行中国专利法中，对于"临时保护"，仅仅规定了"发明专利申请公布后，申请人可以要求实施其发明的单位或者个人支付适当的费用"。并且，根据专利法第三十九条的规定，"发明专利权自公告之日起生效"。也就是说，发明专利权只有被授权公告后，才成为一项排他权，才可以禁止他人实施。而申请人在获得专利权前只有向被警告人要求使用费的权利，而不享有任何禁止权，被警告人使用申请人的发明技术的行为不违反任何法律规定。在上述案例中，申请人要求被警告人不得使用其申请的"实心体烧烤炭及其制法"发明，是没有任何法律依据的。

从确保专利申请人和社会公众的利益平衡的宗旨来看，这种规定也是比较合理的。因为在发明专利被授权之前，发明专利申请已经被公开，社会公众即可以通过阅读该公开的申请文件了解发明的技术内容，从而也就有可能实施该发明。由于发明专利申请要经过实质审查，符合一定的条件才获得专利权，因而此时该发明专利申请是否能够获得专利权的保护尚具有不确定性，这种情况下禁止社会公众实施该发明显然是不合理的，有可能会造成阻碍技术利用。另外，对于申请人来说，在该发明专利申请最终被授权的情况下，由于从授权公告日之后才能禁止他人实施自己的发明，如果不规定一种对于"准专利权"的临时保护，则实际上是任由他人无偿使用申请人的发明，显然损害了申请人的权益。因此，允许社会公众使用发明专利申请公开的技术，同时规定申请人可以从中获得适当的使用费，是综合考虑了专利申请人以及社会公众的利益之间的平衡，符合专利法的立法本意，是一种比较合理的制度安排。

此外，还有一个问题，就是如何确定"适当的费用"。有观点认为，这种费用的支付，性质上是为了赔偿损失，即为了赔偿申请人的发明因被他人实施所受到的损失，应当与实施一项发明专利通常应支付的费用相等，不能因为当时实施的是申请中的发明而不适当地降低使用费的数额。

我们对此有不同看法。根据上述观点，发明专利申请的临时保护期间的使用费需要填平申请人因发明被他人实施而受到的损失，这实际上与专利被侵权时计算损害赔偿的方法相同，也就是说将发明专利申请的临时保护期的使用费等同于专利侵权时的损害赔偿，违背了此种制度安排的本意。

首先，在发明专利申请公布后、被授权公告之前，申请人得到的是"临时保护"而非"专利保护"，他人在专利授权之前实施发明和在专利授权之后实施发明的行为的性质之间是有区别的，前者的行为不是侵犯专利权的行为，这应该是没有什么疑义的。因此，在确定适当的费用时，不应当将其与侵犯专利权的侵权赔偿相等同。否则就相当于将对专利权的保护从授权公告日提前到了其公开日，将专利权人排斥他人实施其发明的权利延伸到了专利权并未生效的“临时保护”期间，从而损害了专利权人和社会公众之间的利益平衡。

根据我国目前的司法实践，对于专利侵权赔偿，一般按照专利权人因被侵权所受到的损失或者侵权人因侵权所获得的利益，按照填平原则确定赔偿数额，在无法根据上述方法确定赔偿数额时，参照专利许可使用费或由法院酌情确定。也就是说，在确定侵权赔偿时，侵权人需要填平专利权人所受到的全部损失或者被剥夺全部侵权利润。但是对于临时保护期间而言，实际上不存在专利权的问题，所以在确定“适当的费用”时，不应由实施人承担申请人的全部损失或者要求实施人交出其全部利润，这种“适当的费用”应当是对专利权人和实施人利益的平衡。专利权人付出了创造性劳动，提出了新的技术方案并公开给社会公众，社会公众在专利申请尚未被授权实施时，其行为虽然不构成专利侵权，但使用的是专利权人后来获得专利权的技术方案，也就是说该方案不是公知技术或公知技术的简单组合，而是专利权人付出了创造性劳动才得到的，所以应当支付一定的费用。但是如果此时的使用费按照专利侵权时的赔偿数额来计算，则会使专利权人在专利申请被授权之前就不合理地获得近似于排他权的权利，使公众在使用获得专利权前的发明专利申请中的技术方案时存在巨大的风险，从而不得不将数量众多的专利申请（尽管其中有很多不具有可专利性）视为雷区，其结果就可能会妨碍技术进步，有悖于设立专利制度的初衷。

因此，我们认为应当充分考虑到专利权人和社会公众二者利益的平衡，既要尊重专利权人付出的创造性劳动，又要给社会公众一定的实施新技术的空间，对于最终获得专利权的发明专利申请，确定“适当的费用”时，在给专利权人一定的补偿的同时，要给实施人保留一定的利益，只有这样才符合“临时保护”的本意。

回到前面的案例，上述申请人要求被警告人不得使用其发明，否则“将采取法律手段向被警告人索取巨额使用费”的说法在法理上是不成立的，没有任何法律依据，在将来可能发生的纷争中，这种请求不应该得到支持。

6.3.2 案例分析（专利申请优势的案例分析）

世界第一台 VCD 机

提到 VCD 机，必然要说到它的创始人姜万勐。世界上第一台 VCD 机产自中国，时间是 1993 年 9 月，由姜万勐研制。

姜万勐大学毕业后，一直从事电视技术工作。他看到我国电视设备的核心技术大都掌握在外国人手里，中国企业每年都要为此花大把的银子，他感到心痛。

20 世纪 80 年代，改革开放的春风催人奋进。身为安徽省现代电视技术研究所工程师的姜万勐，和中国千千万万立志创业的知识分子一样，要“走出去看看”。

1992 年 4 月，美国国际广播电视技术展览会在美国拉斯维加斯举办。这是当时世界上规模最大的电视技术博览会。时为安徽现代集团总经理的姜万勐带着自己的同事赴美观展。

展会上，一个 2 平方米的展台前，美国 C—CUBE 公司员工正介绍他们研发的 MPEG（图像解压缩）芯片，引起了姜万勐极大关注。由于知识分子特有的敏感和探索追求的天性，姜万勐一连三天像着了魔似地围着这个展台转来转去。对这项不起眼的技术他浮想联翩，产生了认识上的飞跃：用 MPEG 技术可以把图像和声音同时存储在一张小光盘上，制成音像视听光盘（Video Compact Disc，VCD）。广播电视业由此可结束磁带录像机一统天下的历史，而开创光盘记录的全新时代。

这一开创性的构想，激励着姜万勐上下求索。

展会上，姜万勐与 C—CUBE 公司董事长孙燕生相见。说来也巧，孙燕生是美籍华人，两人一见如故。姜万勐道出自己的构想和兴趣，双方一拍即合，决定合力打造应用 MPEG 技术的消费电子产品。

回国后，姜万勐抓紧立题。为此他认真地做了市场调研，预测视听产品 VCD 机年销量可达 200 万台。在该项目可行性报告中，姜万勐阐明：这是 20 世纪消费电子领域里中国可能领先的唯一机会。

1993 年 3 月 18 日，姜万勐与孙燕生共同投资 1700 万美元，成立了万燕公司，意在用美国 MPEG 技术研制视听新产品。

任何一项技术用于新品研发都不会一帆风顺。为实现研制中的技术突破，姜万勐一路走来，激情难眠。他发挥极大的聪明才智，经过反复试验，终于世界上第一台 VCD 机于 1993 年 9 月 4 日研制成功，并通过了国家鉴定。这是消费电子产品有史以来我国唯一领先世界的成果，吸引着世人眼球。

在安徽省现代电视技术研究所科技成果展览室里，人们可以看到世界上第一台 VCD 机真品。它令人欣喜，也让人心里沉甸甸的。它的命运竟是昙花一现。

1993 年 9 月，万燕第一批 1000 台 VCD 机下线。它完全符合此前国际上正式颁布的图像压缩标准（MPEG 1）。万燕要大展宏图了。1994 年一年中，万燕生产了几万台 VCD 机。此时的姜万勐一手向市场推销产品，大打广告，一手收购 11 家音像出版社的版权，推出 97 种卡拉 OK 碟片，让消费者尽情享用 VCD 提供的丰盛的视听大餐。由于不懈的努力，万燕 VCD 机迅速占领市场 100%的份额。万燕 VCD 机初战成功。

智者千虑必有一失。姜万勐“失”的可太多太大了。想到用 MPEG 技术研制音像视听产品这一点，以及成功研制出的 VCD 机都是他的自主知识产权，理应申请专利保护，但他认为在法律不健全的情况下，收取专利费是不可能的而放弃。当他看到万燕第一批 1000 台 VCD 机几乎都被国内外家电公司买去解剖做样机时，他只能痛心和无奈。

随后的 1995 年，各路仿制的 VCD 机大举进军市场，广告也铺天盖地，仅砸向央视的就年近 10 亿元。价格战持续升温，竞争成疯狂厮杀态势。

到了 1996 年，全国 VCD 机销量超过 600 万台，而万燕 VCD 机市场占有率不足 3%。仅 3 年，万燕 VCD 机的辉煌就无可奈何花落去了。

分析：一念之差，使中国第一台 VCD 机研发企业痛失商机。安徽万燕公司曾因推出“中国第一台 VCD 机”而辉煌一时。当时该公司已经开创出一个市场，并形成一整套成熟技术的万燕公司，本应拥有占据 VCD 全部市场而独霸天下的绝对优势；然而，“申请不申请专利似乎意义不大，关键是要让产品占领市场”这一念之差，致使万燕人把 VCD 生产销售的大好河山拱手送给了别人，以致形成了日后 VCD 市场诸侯纷争的形势。正是因为没有专利保护，万燕推出的第一批 1000 台 VCD 机几乎被国内外各家电厂商全部买去作为样机，成为被其解剖的对象和日后争夺 VCD 市场的“依靠”。万燕公司面对自己千辛万苦研制的新产品在为他人做嫁衣，却只得无可奈何。没有专利保护，使得推出中国第一台 VCD 机的安徽万燕公司丢掉了市场，失去了商机。

从案例中我们可以看出专利申请的重要性。

• 最有效地阻止同样的发明创造

专利权授予的新颖性要求，可以阻止世界上任何人就同样的发明创造在任何国家获得专利权，防止他人模仿本企业开发的新技术、新产品。一项技术一旦申请专利，无论这项技术通过发表论文，还是参加学术会议或展示会，或以其他方式的公开，均是在法律保护下的公开，任何人即使通过上述途径学会或掌握了这项技术，在这项技术被授予专利权后，也不能随便使用。例如，某研究所研制的 SINCEII 仿真器，很快就有 20 家仿制。由于没申请专利，没有办法限制人家仿制。后来该所重新研究成功 SINCEII 仿真器，在投放市场之前，申请了专利，获得了法律保护，有效地防止他人的模仿行为。技术含量高的产品需要专利保护，技术含量低的产品更需要专利保护，因为技术含量低的产品更容易被模仿，企业应予重视。因为专利文献是以公报形式向全世界公开的，所以我们就某项发明创造在中国申请了专利并被公开，同样的发明创造申请专利就更新换代了新颖性，这是专利战略的较高境界——堵截同样专利的产生；而在竞争国申请专利（群）则可堵截同样的技术的产生和发展，则属最高境界。

• 最有效地保护自己的发明创造

如果我们有了发明创造不申请专利而随便公开，便有可能被他人夺走了宝贵的发明，甚至还失去了改变命运的良机。

用保密的手段来保护自己的技术成果，是很难做到真正保密的。一是会在无意中泄密或被恶意盗取；二是物化了的技术成果在目前高超的分析技术下更会暴露无遗；三是参与开发的人员连人带技术进了别的企业或自己办起了企业。

专利制度以法律形式确定了被授予专利权的发明创造的独占性。

• 获取无形资产

申请专利说明了你有一定的创新能力，对于所申请专利的专业领域有一定的研究并有独到之处，可让我们在就业或晋升时拥有很强的竞争优势。专利的数量、质量是对企业或个人的科技领先地位评价中很重要的一个部分。

• 获取经济利益

我们有了专利就有了资本，专利可以转换为经济利益，专利可以作为投资，专利可以保护企业的生存和发展。获取经济利益的途径分为两种：一是实施；二是许可。

实施可以是专利权人独自实施专利，也可以是以专利权折股与人合作实施。许可包括专利技术使用权许可和专利权甚至专利申请权的转让。

第 7 章　创业与创业团队

本章学习目标

（1）了解创业的概念和内涵。

（2）了解创业团队的内涵和作用。

（3）了解如何组建创业团队。

7.1　故事引入

创业团队应“以一当十”

21 世纪是知识经济的时代，对团队合作的要求越来越高。一个人的能力始终有限，如果每个团队成员只顾发挥自己“以一当十”的干劲是远远不够的，必须要提高自己的团队合作意识，这样，整个团队才能发挥出“以十当一”的功效。也只有这样，三个臭皮匠才能胜过诸葛亮。对此，马云非常强调团队的力量，他在中央电视台《赢在中国》中曾告诫过创业选手：“没有什么忌讳的，你们公司的核心竞争力就是你和你的团队，不要有什么难为情。”他还推荐三只老鼠一块儿去偷喝牛奶的小故事，相信创业者能够得到更多的启示。

故事是这样的：有三只老鼠一块去偷牛奶喝，由于牛奶缸太深，牛奶在缸底，它们只能闻到牛奶的香味，根本就喝不到牛奶，越闻越垂涎。喝不到牛奶的痛苦令它们十分焦急，但焦急又解决不了问题，所以它们就静下心来集思广益，终于想到了一个很棒的办法，就是一只老鼠咬着另一只老鼠的尾巴，吊到缸底去喝牛奶，它们取得一致的共识：大家轮流喝牛奶，有福同享，谁也不可以有自私独享的想法。

第一只老鼠最先吊下去喝牛奶，它想：牛奶就只有这么一点点，大家轮流喝一点也不过瘾，今天算我运气好，不如自己痛快喝个饱。夹在中间的第二只老鼠也在想：下面的牛奶没多少，万一让第一只老鼠喝光了，那我岂不是白出力了吗？我干吗这么辛苦地吊在中间让第一只老鼠独自享受一切呢！我看还是把它放了，干脆自己跳下去喝个痛快！第三只老鼠则在上面想着：牛奶是那么少，等它们两个吃饱喝足，哪里还有我的份，倒不如趁这个时候把它们放了，自己跳到缸底饱喝一顿，一解口福。

于是第二只老鼠放了第一只的尾巴，第三只也迅速放了第二只的尾巴，它们争先恐后地跳到缸里，浑身湿透，一个个都是狼狈不堪的样子，加上脚滑、缸深，它们从此再也逃不出牛奶缸，最后都死在牛奶缸里。

马云对这个故事评价说："也许每一只老鼠都不希望有这样的结局，但是在这一结局之前它们为何就没想到这样的结局呢？这就是自私的心理造成的后果。它们根本没有认识到团结合作的重要性，只想求得片刻个人的满足，不顾及整体局面，这样只会断送自己的前程和生命，而不可能有更好的结局。在很多公司中同样如此，团队信任与合作是至关重要的，而自私是团队信任的天敌。对于公司员工而言，也有不少员工目光短浅，为了个人私利，不顾公司和集体的利益，利用公司的资源'炒单'或是收取回扣和贿赂，而失去公司的信任，断送了大好前程。因此，优秀的团队精神才是企业真正的核心竞争力。一个企业如果没有团队精神，将成为一盘散沙；一个民族如果没有团队精神，也将无所作为。相反，如果重视团队的力量，就能收到事半功倍的效果。"

在世界经济一体化的今天，无论你从事什么工作、处于什么环境，都无法脱离其他人对你的支持而一个人去完成所有的事情。因此，在创业途中，你经常会听到一个词：团队。可以说，随着竞争的日趋激烈，团队的力量已经越来越为企业和创业者所重视，因为这是一个团队的时代。所以，必须要有高素质的创业团队，才可能创业成功。

马云在自己的团队里是一个教父级的人物。他用自己教父般的魅力，孜孜不倦地在他的团队中传播着一种伟大的使命感和价值观，让这个团队里的每一个成员心往一处想，劲往一处使，拧成一股绳，牢牢地凝聚在一起。而一旦形成这样一种像磁场一样的强大凝聚力，马云就敢大胆地说：天下没人能挖走我的团队成员！

团队创业具有的创业优势显而易见。我们常说，一个篱笆三个桩，一个好汉三个帮，一群志同道合的人齐心协力，各自拿出自己的优势来共同创业，所产生的群体智慧和能量，自然会大大超过个体的力量。

在组建创业团队时，充分考虑成员之间知识、资源、能力或技术上的互补是很重要的，充分发挥每个人的知识和经验优势，这种互补将有助于强化团队成员间彼此的合作。通常而言，团队成员的知识、技术、能力结构越合理，团队创业成功的概率就越大。

7.2 理论精解

7.2.1 创业是什么？

"创业"是由"创"和"业"组成的复合词。"创"具有创建、创办、创立、创新等含义；"业"有家业、事业、企业、就业、产业等内涵。从词义上解释，创业有"创建企业"或"开创事业"之意。《辞海》将创业定义为："创立基业。"

很多学者分别从不同角度对创业的概念进行了诠释，莫里斯在此基础上对创业的定义进行了归纳总结，发现各种概念中出现频率最多的关键词是："开始、创建、创造""新事业、新企业""创新、新产品、新市场""追逐机会"等。

创业定义中包含的关键词

序号	对创业定义的不同诠释	频数	序号	对创业定义的不同诠释	频数
1	开始、创建、创造	41	10	价值创造	13
2	新事业、新企业	40	11	追求成长	12
3	创新、新产品、新市场	39	12	活动过程	12
4	追逐机会	31	13	已有企业	12
5	风险承担、风险管理、不确定性	25	14	首创活动、超前认知与行动	12
6	追逐利润、个人获利	25	15	创造变革	9
7	资源或是生产方式的新组合	22	16	所有权	9
8	管理	22	17	责任、权威之源	8
9	统帅资源	18	18	战略形成	6

资料来源：张玉利.创业管理.北京：机械工业出版社，2008：4。

创业已成为研究企业家和创业活动的一个重要内容。关于创业的定义，哈佛商学院教授斯蒂文森（H·H·Stevenson）认为："创业是一个人（不管是独立的还是在一个组织内部）追踪和捕捉商机的过程，这一过程与当时所控制的资源无关。"这一定义强调了察觉机会、追逐商机的意愿以及获得成功的信心和可能性在创业过程中的重要性。

美国百森商学院教授杰弗里·蒂蒙斯（Timmons）认为："创业是一种思考、推理和行动的方法，它不仅要受机会的制约，还要求创业者有完整缜密的实施方法和讲求高度平衡技巧的领导艺术。创业不仅为企业主，也为所有的参与者和利益相关者创造、提高和实现价值，或使价值再生。"

美国鲍尔州立大学商学院教授库拉特克（Kuratko）和佛罗里达州国际大学教授霍杰茨（Hodgetts）认为："创业是一个涉及远见、改变和创新的动态过程，它需要投入精力与热情来进行创新并实施新的构想和新的解决办法。创业的必要因素包括能承担一定风险——时间、财产或职业的风险；有能力成立一个高效的风险团队；整合所需资源的创造性技能；制订一份稳固的商业计划的基础技能；最后，具备一种远见，在别人认为是混乱、矛盾和迷惑的地方发现机遇。"

简而言之，创业是不拘泥于当前资源条件的限制下对机会的追寻，将不同的资源进行组合去利用和开发机会并创造价值的过程。

小练习：以下谁在创业？

（1）一位妇女喜欢为家庭聚会制作开胃食品，朋友们经常称赞她，告诉她这些食品有多么美味。后来她建立了一家公司来制作和销售开胃食品。

（2）一位从事生物化学基础研究的科学家做出了能推动该领域前沿发展的重要发现。但是，他对识别该发现的实际用途没有兴趣，而且从未尝试那样做。

（3）在被从管理职位上"裁员"以后，一位中年人偶然发现了用特殊方法处理旧轮胎作为花园边饰（将不同种类植物分开的隔离物）的创意。

（4）一位退休军官想出一个创意：从政府那里购买淘汰的水陆两栖交通工具，并使用它们去建立一家专门从事偏远荒野旅游的公司。

（5）一个年轻的计算机科学家开发出比目前市面上任何软件都要好得多的新软件，并寻求资金创建一家公司来开发和销售该产品。

7.2.2 创业团队的内涵与作用？

1．创业团队内涵

虽然有价值的创业机会和有进取心的创业者本身是创业活动的重要成功因素，但不可否认的是，外部的支持对于高速成长的企业极其重要，因为创业需要大量的资源，包括资金、设备、空间以及信息等。为了有效吸收外部资源，以团队的形式来创业，各个团队成员以其不同的背景、经验以及社会关系，可以为创业活动带来多样化的资源，同时，团队也可以共同承担风险，降低企业失败的可能性。出于这些因素，现代创业活动已非纯粹一种追求个人英雄表现的行为。成功的创业个案大都与团队运作密切相关。因此，我们需要了解创业团队的内涵以及与创业活动的关系。

不同的学者从不同的角度界定了团队（Team）的定义。路易斯认为，团队是由一群认同并致力于去达成某一共同目标的人所组成，这一群人相处愉快并乐于工作在一起，共同为达成高品质的结果而努力。在这个定义中，路易斯强调了三个重点：共同目标、工作相处愉快和高品质的结果。平田认为创业团队的定义是那些全新投入企业创立过程，且共同分享创业困难和乐趣的成员，他们的工头目标是全心全意让组织成长。这些定义中都提到了共同目标，并提到了成员分担责任的观点，同时还指出团队是个少数人的集合，保证相互交流的障碍较少，比较容易达成一致，也比较容易形成凝聚力、忠诚感和相互信赖感。

因此，根据不同学者的定义以及对于创业实践的考察，本书认为创业团队就是在创业初期（包括企业成立前和成立早期），由一群才能互补、责任共担、愿为共同的创业目标而奋斗的人所组成的特殊群体。

狭义创业团队是有着共同目的、共享创业收益、共担创业风险的一群创建新企业的人。广义创业团队不仅包括狭义创业团队，还包括与创业过程有关的各种利益相关者，如风险投资家、专家顾问等团队优势。

创业团队不等同于群体，两者的区别在以下几方面。

（1）团队成员对是否完成团队目标一起承担成败责任，并同时承担个人责任，而群体成员则只承担个人成败责任。

（2）团队绩效评估以团队整体表现为依据，而群体绩效评估则以个人表现为依据。

（3）团队目标实现需要成员间彼此协调且相互依存，而群体目标实现却不需要成员间的相互依存性。

（4）团队较之群体在信息共享、角色定位、参与决策等方面也进了一步。

2．创业团队作用

现代企业，需要的是少走从前的弯路，而从一开始就走规范化管理道路，因此，创业者在注册公司时就应该组建创业团队。一个好的创业团队对新创科技型企业的成功起着举足轻重的作用。新型风险企业的发展潜力与企业管理团队的素质之间有着十分紧密的联系。一个喜欢独立奋斗的创业者固然可以谋生，然而一个团队的营造者却能够创建出一个组织或一个公司，而且是一个能够创造重要价值并有收益选择权的公司。创业团队的凝聚力、合作精神、立足长远目标的敬业精神会帮助新创企业渡过危难时刻，加快成长步伐。另外，团队成员之间的互补、协调以及与创业者之间的补充和平衡，对新创科技型企业起到了降低管理风险、提高管理水平的作用。

一项针对 104 家高科技企业的研究报告指出，在年销售额达到 500 万美元以上的高成长企业中，有 83.3%是以团队形式建立的；而在另外 73 家停止经营的企业中，仅有 53.8%有数位创始人。这一模式在一项关于“128 公路一百强”的研究中表现得更为明显：100 家创立时间较短、销售额高于平均数几倍的企业中 70%有多位创始人。

7.2.3 创业团队的组建与开发

1．创业团队组建

从创业团队的定义可以看出，创业团队需具备五个重要的团队组成要素，由于其英文单词的首个字母都是 P，因此这五个要素被称为 5P 模型（见图 7-1）。

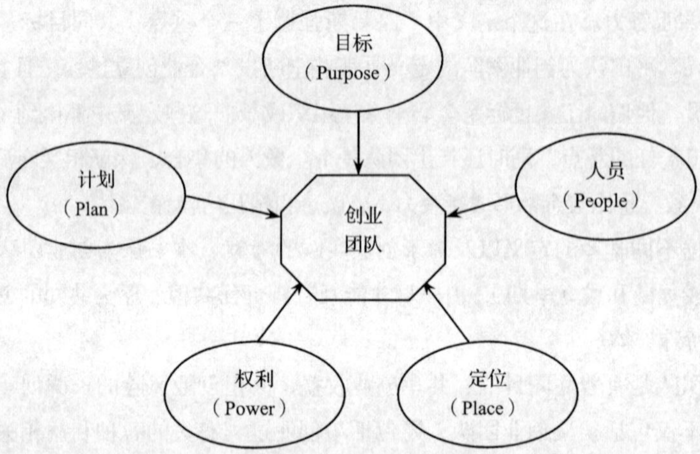

图 7-1　5P 模型

（1）目标（Purpose）。创业团队的存在使得创业活动中各项事务依靠团队来运作而不是依靠个人。创业团队应该有一个既定的创业目标，该创业目标应成为团队共同的奋斗理想。缺乏共同的目标使得团队没有凝聚力，即使团队能够为了解决生存问题暂时走到一起，一旦没有生存的压力，团队成员就会发生分裂，这种分裂对于新创企业来说是致命的。因此，创业团队应该有一个既定的共同目标，为团队成员导航，知道要向何处去。目标在创业企业的管理中以创业企业的远景、战略的形式体现。

（2）人员（People）。人是构成创业团队最核心的力量。三个及三个以上的人就形成一个群体，当群体有共同奋斗的目标就形成了团队。在一个创业团队中，人力资源是所有创业资源中最活跃、最重要的资源。应充分调动创业者的各种资源和能力，将人力资源进一步转化为人力资本。

目标是通过人员来实现的，所以人员的选择是创业团队中非常重要的一个部分。在一个团队中可能需要有人出主意，有人定计划，有人实施，有人协调不同的人一起去工作，还有人去监督创业团队工作的进展，评价创业团队最终的贡献，不同的人通过分工来共同完成创业团队的目标。在人员选择方面要考虑人员的能力如何，技能是否互补，人员的经验如何。下面将对利用角色定位的理论对团队成员各自承担的任务所起的作用进一步讨论。

（3）创业团队的定位（Place）。创业团队的定位包含两层意思：①创业团队的定位。创业团队在企业中处于什么位置，由谁选择和决定团队的成员，创业团队最终应对谁负责，创业团队采取什么方式激励下属；②个体（创业者）的定位。作为成员在创业团队中扮演什么角色，是制订计划还是具体实施或评估。是大家共同出资，委派某个人参与管理；还是大家共同出资，共同参与管理；或是共同出资，聘请第三方（职业经理人）管理。这体现在创业实体的组织形式上，是合伙企业或是公司制企业。

（4）权力（Power）。为了实现创业团队成员的良好合作，赋予每个成员一定的权力是必要的。在创业团队当中有两种权力：一是团队领导人的权力。团队领导人的权力大小与创业团队的发展阶段相关，一般来说，在创业团队发展的初期，领导权相对比较集中，团队越成熟，领导者拥有的权利相应越小；二是团队权力。要确定整个团队在组织中拥有什么决定权，比方说，财务决定权、人事决定权等。

（5）计划（Plan）。计划是创业团队未来的发展规划，也是目标和定位的具体体现。在计划的帮助下，创业者能够有效制定创业团队短期目标和长期目标，能够提出目标的实施方案，以及实施过程的控制和调整措施。只有在计划的操作下创业团队才会一步一步地贴近目标，从而最终实现目标。

迈克·沙舍夫斯基外号“老 K”，他的战绩非常辉煌——带领号称“梦之队”的美国男篮在北京奥运会上，以全胜战绩夺得冠军。但是，如果看看整个夺冠的过程，就会发现这不是一件容易做的工作。2004 年，美国男篮在雅典败走麦城，最终只获得铜牌。面对旗下诸如詹姆斯、韦德、科比、基德等一干 NBA 巨星，老 K 却没有任何 NBA 执教经历，只是杜克大学篮球队的教练。他如何把这些看惯荣誉和金钱、在每个俱乐部都是绝对核心的球员整合成一个团队？2006 年日本世锦赛，老 K 带着豪华阵容再次折戟沉沙，输在希腊队手下，遭遇 31 年职业生涯最沉重的失败。而他是如何在不到一年的时间里，重新树立球队的信心？

对于这些问题，老 K 在书里给出了不同于教科书的第一手答案。

1. 在决定选择哪些人来组建一支团队时，你首先应该向自己提出一些关键问题。这要求你必须对过去发生的事情做一个回顾，并搞清楚它们的前因后果。通常来说，困难并不在于找到问题的答案，而在于提出问题。提出问题是做出人选决策的第一个步骤。在组建 2008 年北京奥运会国家队的时候，杰里和我提出了下面这个问题列表：

<table>
<tr><th>是谁</th><th>是什么</th><th>何时</th></tr>
<tr><td>我们对手是谁?</td><td>特殊挑战是什么?</td><td>我们何时比赛?</td></tr>
<tr><td>将和谁一起来面对比赛?</td><td>在失败的比赛中做错了什么?</td><td rowspan="2">我们何时能融为一体?</td></tr>
<tr><td>我们代表了谁?</td><td>我们的动机是什么?</td></tr>
</table>

续表

何地	为什么	怎么办
我们在哪里比赛？	为什么旧的体制不再适合？	我们怎样去改变团队文化？
集合地点在哪里？	我们为什么而焦虑？	我们该怎样去准备挑战？

2. 资深球员们对制度有着最为透彻的理解和认识，他们能够将这种经验传递给团队的其他成员。这些老兵们还能把握住传统的精髓，而传统就是对自己的审问："你是谁？你赢过吗？你输过吗？你做过什么特别的事情？"

3. 要想达到更高的境界，你就必须创造机会让团队去感受、去体验那种能激励团队奋勇拼搏的情感。

4. 要想培养理想的团队关系，就必须建立良好的沟通基础。在很多千钧一发的紧要关头，团队成员往往会流露出个体本能，而这种个体本能通常又等同于利己本能。因此，无论在场上还是在场下，你都必须通过交流，让团队进行集体思考。

5. 为了能展现最好的自我，每个团队成员都需要建立一套个人支持系统，以获得来自家人、朋友、同事或者合作伙伴的支持。

6. 在团队的发展过程中，我不相信规则，只相信法则。规则是由团队的领导制定的，团队既可以遵守这些规则，也可以打破它们。法则尽管简单，却绝不应该不说出来。

7. 领导者易犯的一个主要错误，就是自认为他们是领导力的唯一提供者。伟大的团队需要多个领袖、多种声音。打造团队的一个重要工作，就是发掘那些声音的主人并着力培养他们，确保其领导地位能够在团队中得以树立。

8. 我们有必要在团队内部建立起一种统一的语言。通过这种恰当的途径，使你的信息指令能够在团队中互相传达，而不会引起任何歧义。

（资料来源：如何怎么打造一支强有力的创业团队.新领军，2011.7.15）

一般创业团队由以下几部分构成：①初始创建者。一些由于受教育程度、创业经历、产业经验、社会网络关系影响下聚集在一起的创业者；②核心员工。经猎头公司、人才市场、媒体广告、熟人介绍而进入公司，能够帮助企业实现公司战略目标和保持、提高公司的竞争优势，或能够直接帮助主管提高管理业务能力、经营能力和抵御企业管理风险能力的员工。核心员工一般具有较高的知识或技能，对企业的发展至关重要，是各大企业争夺的目标；③董事会。董事会保证公司战略目标的实现和经营决策的有效性，对高层管理团队进行选拔、监督和激励。它是有效连接企业所有者与经营者利益，保证公司战略目标与经营者实践之间的一贯性，确保公司管理与运营处于正确的轨道之上的关键；④专业顾问。专业顾问包括顾问委员会、投资者和贷款方、咨询师，能保证公司在各环节有效率地开展，实现公司利益最大化。

2. 创业团队组建原则

（1）目标明确合理原则。目标必须明确，这样才能使团队成员清楚地认识到共同的奋斗方向是什么。与此同时，目标也必须是合理的、切实可行的，这样才能真正达到激励的目的。

（2）互补原则。创业者之所以寻求团队合作，其目的就在于弥补创业目标与自身能力间差距。只有当团队成员相互间在知识、技能、经验等方面实现互补时，才有可能通过相互协作发挥出“1+1>2”的协同效应。

（3）精简高效原则。为了减少创业期的运作成本、最大比例地分享成果，创业团队人员构成应在保证企业能高效运作的前提下尽量精简。

（4）动态开放原则。创业过程是一个充满了不确定性的过程，团队中可能因为能力、观念等多种原因不断有人在离开，同时也有人在要求加入。因此，在组建创业团队时，应注意保持团队的动态性和开放性，使真正完美匹配的人员能被吸纳到创业团队中来。

3．创业团队的组建程序及其主要工作

如何把创业团队组建起来？显然，这一问题没有任何现成的神奇公式。创业团队成员能够走在一起，取决于人与人之间的协调和投缘。尽管如此，为了打造一个有向心力的良好团队，创业者也可以适当遵循一些通行的步骤来组建创业团队。

（1）明确创业目标。创业团队的总目标就是要通过完成创业阶段的技术、市场、规划、组织、管理等各项工作实现企业从无到有、从起步到成熟。总目标确定之后，为了推动团队最终实现创业目标，再将总目标加以分解，设定若干可行的、阶段性的子目标。

（2）撰写创业计划书。在确定了一个个阶段性子目标以及总目标之后，紧接着就要研究如何实现这些目标，这就需要制订周密的创业计划。创业计划是在对创业目标进行具体分解的基础上，以团队为整体来考虑的计划，创业计划确定了在不同的创业阶段需要完成的阶段性任务，通过逐步实现这些阶段性目标来最终实现创业目标。

（3）招募合适的人员。招募合适的人员也是创业团队组建最关键的一步。关于创业团队成员的招募，主要应考虑两个方面：一是考虑互补性，即考虑其能否与其他成员在能力或技术上形成互补。这种互补性形成既有助于强化团队成员间彼此的合作，又能保证整个团队的战斗力，更好地发挥团队的作用。一般而言，创业团队至少需要管理、技术和营销三个方面的人才。只有这三个方面的人才形成良好的沟通协作关系后，创业团队才可能实现稳定高效；二是考虑适度规模，适度的团队规模是保证团队高效运转的重要条件。团队成员太少则无法实现团队的功能和优势，而过多又可能会产生交流的障碍，团队很可能会分裂成许多较小的团体，进而大大削弱团队的凝聚力。一般认为，创业团队的规模控制在 2 ~ 12 人最佳。

（4）职权划分。为了保证团队成员执行创业计划、顺利开展各项工作，必须预先在团队内部进行职权的划分。创业团队的职权划分就是根据执行创业计划的需要，具体确定每个团队成员所要担负的职责以及相应所享有的权限。团队成员间职权的划分必须明确，既要避免职权的重叠和交叉，也要避免无人承担造成工作上的疏漏。此外，由于还处于创业过程中，面临的创业环境又是动态复杂的，不断会出现新的问题，团队成员可能不断出现更换，因此创业团队成员的职权也应根据需要不断地进行调整。

（5）构建创业团队制度体系。创业团队制度体系体现了创业团队对成员的控制和激励能力，主要包括了团队的各种约束制度和各种激励制度。一方面，创业团队通过各种约束制度

（主要包括纪律条例、组织条例、财务条例、保密条例等）指导其成员避免做出不利于团队发展的行为，实现对其的行为进行有效的约束、保证团队的稳定秩序；另一方面，创业团队要实现高效运作需要有效的激励机制（主要包括利益分配方案、奖惩制度、考核标准、激励措施等），使团队成员看到随着创业目标的实现，其自身利益将会得到怎样的改变，从而达到充分调动成员的积极性、最大限度发挥团队成员作用的目的。要实现有效的激励首先就必须把成员的收益模式界定清楚，尤其是关于股权、奖惩等与团队成员利益密切相关的事宜。需要注意的是，创业团队的制度体系应以规范化的书面形式确定下来，以免带来不必要的混乱。

（6）团队的调整融合。完美组合的创业团队并非创业一开始就能建立起来的，很多时候是在企业创立一定时间以后随着企业的发展逐步形成的。随着团队的运作，团队组建时在人员匹配、制度设计、职权划分等方面的不合理之处会逐渐暴露出来，这时就需要对团队进行调整融合。由于问题的暴露需要一个过程，因此团队调整融合也应是一个动态持续的过程。如图 7-2 所示，在完成了前面的工作步骤之后，团队调整融合工作专门针对运行中出现的问题不断地对前面的步骤进行调整直至满足实践需要为止。在进行团队调整融合的过程中，最为重要的是要保证团队成员间经常进行有效的沟通与协调，培养强化团队精神，提升团队士气。创业团队的组建过程如图 7-2 所示。

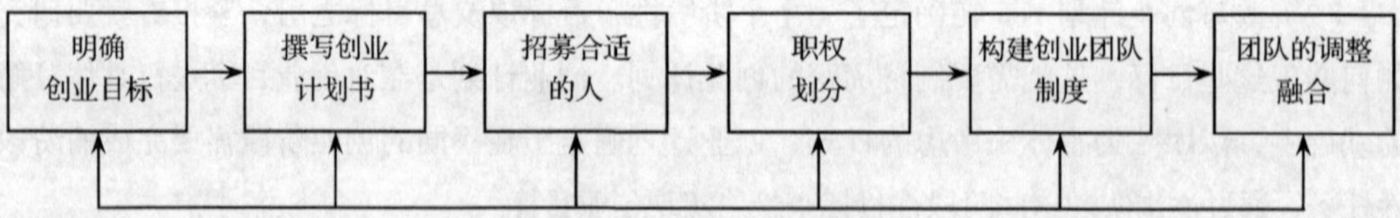

图 7-2　创业团队组建过程

7.3　经典范例与分析

范例 1：西游记的团队精神

《西游记》是一部值得一读的巨著，书中描述了由 4 种不同性格的成员组成的团队，如何克服重重困难，最终取得真经的艰苦历程。

在追求成功的过程中，我们离不开团队合作，因为没有一个人是万能的，即使神通广大的孙悟空，也无法独自完成取经大任。然而，我们却能通过建立人际关系，通过别人的帮助，来弥补自身的不足，取得个人与团队的共同成功。

《西游记》中 4 位成员各有特色，他们的性格分别如下。

1. 完美型的唐僧：他目光远大，目标明确，有组织设计能力，注重行为规范和工作的高标准，他担任了团队的主管。如果一个团队中没有唐僧，这样的团队就只是一群乌合之众，不会有什么远大的前程。

2. 力量型的孙悟空：干劲十足，崇尚行动，及时解决问题，注重工作的结果，能够迅速理解和完成当前团队的任务，是团队的业务骨干。如果一个团队中没有孙悟空，唐僧的远大抱负将很可能化为泡影。

3. 活泼型的猪八戒：热情奔放、感情外露，善于制造工作气氛，他承担了团队的公共关系工作。他帮助每一位同事，并使工作变得有趣。如果一个团队中没有猪八戒，这个团队将感到工作枯燥乏味。

4. 和平型的沙和尚：他平和、冷静、有耐心，承担了团队的事务性工作。事实证明，他能够胜任这份工作并且持之以恒，而且能够在压力下保持冷静。别看他默默无闻，可每次到了最后关头，都是靠他来稳定局面。

【点评】

各尽所能，不可取代。唐僧团队是一个凝聚力非常强的取经团队。尽管人物是虚拟的，事情是虚构的，可师徒四人历尽艰辛求取真经的故事，不但人人皆知，而且成为了中国文化的代表之一。这个团队最大的优势就是互补性很强，领导有权威、有目标，可是能力较差；员工虽然有能力，可自我约束力差，目标也不够明确，有的时候还会开小差。不过，从总体上看，这个团队是一个十分成功的团队，尽管历经九九八十一难，可最终还是取得了真经，修成了正果。

有效的团队需要有不同性格的成员，而每一种性格都有其不可替代的优势，但同时也无法取代别人的长处；而每一位职场成员都属于企业团队内的一分子，你可知道自己是属于哪一类型的成员？你的长处和优势是什么？有否好好把握自己的优势？

在你身处的企业团队中，也许有这 4 种不同性格的同事。你可以尝试去辨别，谁是唐僧？谁是孙悟空？谁是猪八戒？谁是沙和尚？当然，并不是每个团队都是由唐僧来做主管的。

（资料来源：西游记的团队精神.中新网-华文报摘，2011-10-21）

范例 2：万学教育的创办

在张锐担任万学教育集团总裁的两年间，海文考研培训走出了北京，在全国建立了 20 多个分支机构。而传统的教育公司发展到万学今天的规模，一般需要 10 年。

根据贡献确定股份比例

直到今天，张锐打造他的创业团队仍被人称为经典案例。2006 年，他取得了博士学位之后，在 11 天内说服了 5 个朋友。和张锐一样，他的 5 个朋友都是全国研究生主席联合会的成员。

“从人民大学水穿石酒吧，北大万柳公寓，一直到清华大学粤华园，还有南开大学马蹄湖畔。我们本来只想说服他们其中一部分，没想到他们全部放弃了原有的高职高薪就业机会，和我一起选择了创业之路。”

怎样才能让优秀的人认可自己的项目并且参与进来，这是很多创业者在创业之初都要考虑的一个问题，当时的张锐面临的就是这样的局面。

“在我启动创业之初，我用强势的方法去否定掉我的团队成员其他的选项，可能这和中国传统道德理论是相悖的，因为很多人愿意自己创业，不愿让他的朋友去冒险，其实这是他对项目信心不足的缘故，而我对我的项目非常有信心，所以我大胆、强势地要求他们放弃一切跟我走。”

8 名创始人民主讨论，根据各自的能力贡献确定股份比例，取得一致后根据股份比例实际出资，在法律上大家都成为真正的股东。如果有人出不起现金，就采用私人借钱的方式解决。

个性化服务模式

万学教育的培训完全是一种个性化服务，而个性服务是很难以大规模复制的，面对这个问题，用一个简单的例子就可以说明运用技术能将复杂事务简单化。报考清华电子工程系被公认为是最难的研究生考试。假设一个民办高校的文科生已经毕业十年想考这个专业，也就是说水平跟目标相差最大的一种。如果用 1 年的时间来复习，他所要经历的所有步骤如果是 200 步，那么其他所有的人的考试步骤都包含在其中，将这 200 个模块量化、细化，就能覆盖所有的考生模块。其他的只需要在其中抽取一些应用就可以了。在张锐的电脑上，记者看到，所有科目、所有考试类型已经完全被模块化、量化。他就靠这种技术去各地整合资源，而事实证明，应用这套技术培训的学员升学率也远远超过了普通培训机构。

提及万学的教育技术和服务模式，万学教育总裁张锐显出引以为荣的神采："我们的技术和服务能让一个学生以很高的成功率通过最难的考试，在最艰难的战斗里，万学形成的技术一定是最强的技术。"对万学这个技术模型和服务模型的价值，张锐也充满信心："万学面对的消费者是最挑剔的。因为大学生都不太有钱，又很有研究精神，他们会翻来覆去地比较培训机构的教学质量、服务质量、口碑等，我们可以把这个群体'伺候'得很好，我们的技术模型和服务模型沿着价值链往下走，即使是做高中、做初中、做小学的培训都奠定了很好的模板作用。"

只要有能力你就能做得到

除了考研培训，万学的触角渐渐延伸到学历考试以外的行业教育。按照金融、新闻、工程、制造等 20 多种行业的不同特点，万学从研究生课程中筛选出有针对性的知识点组成教学资料，帮助学习者将理论学术能力与实际应用能力进行对接。

张锐经常引用他导师的话来鼓励这些未来的成功者："一个人理想的高度决定了他生命的档次，如果一个人能实现他力所能及的最高理想，那就是一种幸福。""中关村是一个充满奇迹的地方，只要有能力你就能做得到。最初，正是在这样一个信念的感召下，几个既情趣相投、志同道合，又素质优秀、富于创业精神，更能放弃短期利益、看到长远利益的精英们聚集在一起，共同开创万学的天下。"

【点评】

仅仅毕业两年的张锐，凭借在大学时培养的超强能力，将万学教育集团从 8 个人发展到 1200 多人；省级分支机构从两家扩张到 26 家，覆盖全国 4 个直辖市和 22 个省份；在所属行业中，企业规模和市场份额遥遥领先。张锐的成长和创业经历，不仅是所有在校大学生的楷模，更是所有毕业或即将毕业的学生的典范。张锐不仅完成了自身价值的升华，而且为社会，为国家直接和间接培养了更多的人才，甚至是精英，其社会价值和社会责任的实现和升华是广大青年值得学习和借鉴的经验。

梦想是美丽的，实现梦想则需要更多的付出。要建造一流的非学历教育机构，单靠自己一个人是不够的，得有一支优秀的团队。而创业团队管理的关键是如何将创业团队成员各自的专用性资产整合成"共有专用性资产"，整合大家的意愿和力量。团队创业像一场足球赛，球星固然重要，更重要的是能否发挥集体优势。

范例 3：俞敏洪创业团队

俞敏洪，1962 年 10 月出生于江苏江阴；1980 年考入北京大学西语系，毕业后留校担任北京大学外语系教师；1991 年 9 月，俞敏洪从北京大学辞职，开始自己的创业生涯。

1993 年，俞敏洪创办了新东方培训学校，创业伊始，俞敏洪单枪匹马，在仅有一个不足十平方米的漏风的办公室里，零下十几度的天气，自己拎着浆糊桶到大街上张贴广告，招揽学员。

1994 年，俞敏洪已经投入 20 多万元，新东方已经有几千名学员，在北京也已经是一个响亮的牌子，他看到了一个巨大而诱人的教育市场。俞敏洪喜欢教书，他曾经说过：我这辈子什么都可以离开，就是不可以离开讲台。对教师职业的热爱和新东方的发展壮大，让他决定他不仅要做一个教师，一个校长，还要做一个教育家。

一、聚集人才

在新东方创办之前，北京已经有三四所同类学校，参加新东方培训的多是以出国留学为目的。新东方能做到的，其他学校也能做到。就当时的大环境而言，随着出国热，以及人们在工作、学习、晋升等方面对英语的多样化要求，国内掀起了学习英语的热潮，越来越多的优秀教师加入到英语培训这个行业，如何先人一步，取得自己的竞争优势，把新东方做大做强，俞敏洪认识到英语培训行业必须要具备一流的师资。

培训学校普遍做不大是有原因的，由于对个别讲师的过分倚重，每个讲师都可以开一个公司，但是每个公司都做得不大。所以，俞敏洪需要找到更多的合作伙伴，帮他控制住英语培训各个环节的质量。而这样的人，不仅要有过硬的专业知识和能力，更要和俞敏洪本人有共同的办学理念。他首先想到的是远在美国的王强、加拿大的徐小平等人，实际上这也是俞敏洪思考了很久所做的决定——这些人不仅符合业务扩展的要求，更重要的是这些人作为自己在北大时期的同学、好友，在思维上有着一定的共性，肯定比其他人能更好地理解并认同自己的办学理念，合作也会更坚固和长久。

这时他遇到了一个和他有着共同梦想的惺惺相惜的朋友——杜子华，杜子华像一个漂泊的游侠，研究生毕业后游历了美国、法国和加拿大，凭着对外语的透彻领悟和灵活运用，在国外结交了许多各色朋友，也得到了不少让人羡慕的机会。但是他在国外待的时间越久，接触的人越多，就越是感觉到民族素质提高的重要和迫切。要提高一个人、一个民族的素质唯有投资教育。

1994 年在北京做培训的杜子华接到了俞敏洪的电话，几天后，两个同样钟爱教育并有着共同梦想的“教育家”会面了，谈话中，俞敏洪讲述了新东方的创业和发展、未来的构想、自己的理想、对人才的渴望……这次会面改变了杜子华单打独斗实现教育梦想的生活，杜子华决定在新东方实现自己的追求和梦想。

1995 年，俞敏洪来到加拿大温哥华，找到曾在北大共事的朋友徐小平。这时的徐小平已经来到温哥华 10 年之久，生活稳定而富足。俞敏洪不经意地讲述自己创办新东方的经历，文雅而富有激情的徐小平突然激动起来：“敏洪，你真是创造了一个奇迹啊！就冲你那 1000 人的大课堂，我也要回国做点事！”

随后，俞敏洪又来到美国，找到当时已经进入贝尔实验室工作的同学王强。1990 年，王强凭借自己的教育背景，3 年就拿下了计算机硕士学位，并成功进入著名的贝尔实验室，可以说是留学生中成功的典型。白天王强陪着俞敏洪参观普林斯顿大学，让他震惊的是，只要碰上一个黑头发的中国留学生，竟都会向俞敏洪叫一声“俞老师”，这里可是世界著名的大学啊。王强后来谈到这件事时说自己当时很震惊，受到了很大的刺激，俞敏洪说，你不妨回来吧，回国做点自己想做的事情。

就这样，徐小平和王强都站在了新东方的讲台上。1997 年，俞敏洪的另一个同学包凡一也从加拿大赶回来加入了新东方，新东方就像一个磁场，凝聚起一个个年轻的梦想，这群在不同土地上为了求学，洗过盘子、贴过广告、做过推销、当过保姆的年轻人，终于找到一个突破口，年轻人身上积蓄的需要爆发的能量在新东方充分得到了释放。

就这样，从 1994 年到 2000 年，杜子华、徐小平、王强、胡敏、包凡一、何庆权、钱永强、江博、周成刚等人陆续被俞敏洪网罗到了新东方的门下。

二、构建团队

身处教育行业，师资构成了新东方的核心竞争力，但是如何让这支高精尖的队伍，最大限度地发挥作用，俞敏洪从学员需求出发，秉持着一种“比别人多做一点，比别人做得好一点”的朴素的创新思维，合理架构自己的团队，寻找和抓住英语培训市场上别人不能提供或者忽略的服务，使新东方的业务体系得以不断完善。

例如，当时新东方就开辟了一块由一个加拿大人主持的出国咨询业务，学员可以就近咨询，获得包括一些基本申请步骤、各个国家对待留学生的区别、各个大学颁发奖学金的流程和决策有何不同、读硕士生和读博士生的区别在什么地方等必要知识。

1995 年，俞敏洪逐渐意识到，学生们对于英语培训的需求已经不只限于出国考试。比如，1995 年加入新东方的胡敏就应这种需求，开发出了雅思英语考试培训，大受欢迎，胡敏本人也因此被称为“胡雅思”。

徐小平、王强、包凡一、钱永强等人分别在出国咨询、基础英语、出版、网络等领域各尽所能，为新东方搭起了一条顺畅的产品链。徐小平开设的“美国签证哲学”课，把出国留学过程中一个大家关心的重要程序问题，上升到一种人生哲学的高度，让学员在会心大笑中思路大开；王强开创的“美语思维”训练法，突破了一对一的口语训练模式；杜子华的“电影视听培训法”已经成为国内外语教学培训极有影响力的教学方法，新东方的老师很多都根据自己教学中的经验和心得著书立说，并形成了自身独有的特色，让新东方成为一个有思想有创造力的地方。

新东方的创业团队就有些类似于唐僧的取经团队。徐小平曾是俞敏洪在北大时的老师，王强、包凡一同是俞敏洪北京大学西语系 80 级的同班同学，王强是班长，包凡一是大学时代睡在俞敏洪上铺的兄弟。这些人个个都是能人、牛人。所以，新东方最初的创业成员，个个都是“孙悟空”，每个人都很有才华，而个性却都很独立，俞敏洪曾坦承：论学问，王强出自书香门第，家里藏书超过 5 万册；论思想，包凡一擅长冷笑话；论特长，徐小平梦想用他沙哑的嗓音做校园民谣，他们都比我厉害。

俞敏洪敢于选择这帮牛人作为创业伙伴，并且真的在一起做成了大事，成就了一个新东方传奇，从这一点来说，他是一个成功的创业团队领导者。他知道新东方人多是性情中人，从来不掩饰自己的情绪，也不愿迎合他人的想法，打交道都是直来直去，有话直说。因此，新东方形成了一种批判和宽容相结合的文化氛围，批判使新东方人敢于互相指责，纠正错误；宽容使新东方人在批判之后能够互相谅解，互相合作。这就是新东方人的特点：大家互相之间不记仇，不记恨，只计较到底谁对谁错谁公正。俞敏洪不仅将新东方从小做大，还完成了让局外人都为之捏了一把汗的股权改制。最令人意料不到的是，俞敏洪居然还将新东方带到了美国的资本市场，成为中国第一个在海外成功上市的民营教育机构。

【点评】

俞敏洪的成功之处是为新东方组建了一支年轻而又充满激情和智慧的团队，俞敏洪的温厚，王强的爽直，徐小平的激情，杜子华的洒脱，包凡一的稳重，五个人的鲜明个性让新东方总是处在一种不甘平庸的氛围当中。这种源自北大精神的自由文化，是俞敏洪敢用“孙悟空”，而且是多个“孙悟空”的前提条件，这是新东方成功的关键因素之一。而另一个关键因素就是俞敏洪本人所具备的包容性，帮助他带领着一帮比他厉害的“牛人”，将新东方从小做大。

现代企业的竞争不是靠个人英雄主义，而是靠团队。团队力量不是若干个体的简单相加，而是个体有机结合形成一种新的力量。只有优秀的团队，才有优秀的个人。没有优秀的团体，就没有优秀的个人。一个团队的业绩取决于最薄弱环节的改善程度与改善速度。企业的业绩是所有部门工作结果的累积，一个部门的业绩为零，相乘之后的结果仍为零，不要让你或你的部门成为公司的零因子。

7.4 游戏与测试

游戏 1：解手链

形式：10 人一组为最佳

时间：20 分钟

操作程序：

① 教师让每组圈着站成一个向心圈。

② 教师说：先举起你的右手，握住对面那个人的手；再举起你的左手，握住另外一个人的手；现在你们面对一个错综复杂的问题，在不松开的情况下，想办法把这张乱网解开。

③ 告诉大家一定可以解开，但答案会有两种。一种是一个大圈，另外一种是两个套着的环。

④ 如果过程中实在解不开，培训师可允许学员决定相邻两只手断开一次，但再次进行时必须马上封闭。

有关讨论：

- 你在开始的感觉怎样，是否思路很混乱？
- 当解开了一点以后，你的想法是否发生了变化？

- 在这个过程中，你学到了什么？

游戏 2：囚犯的困境

游戏规则

① 目的：你队与另一队分别为队 A、队 B，各自争取取得高分。

② 程序：每轮你队有两种选择——红或黑，由工作人员了解你队每轮的选择并告知你们的得分，你队可根据上轮得分确定下轮选择。

③ 沟通：两队在第四轮选择后，征得双方同意，可进行第一次沟通，双方各派一名代表外出面谈，面谈时间为一分钟；两队在第八轮选择后，双方必须进行沟通，面谈时间为一分钟。除按上述规则可召集的面谈外，禁止其他沟通。

④ 得分计算

- 队 A、队 B 均选红，各得 1 分；队 A、队 B 均选黑，各减 1 分；
- 一队选红、一队选黑，选红者减 3 分，选黑者加 3 分；
- 第 9 与第 10 轮选择，得分乘 3 后计入总分。

点评：

- 要取得长期利益，必须采取合作的态度。
- 团体合作的基础是相互信任。
- 信任来自顺畅的沟通。
- 信任一旦逝去，难以补救。

游戏 3：孤岛求生

教具：绳子（两根作为起点和终点，长度 15 米，学员分成几组就再准备几条绳子，长度 5 米）

游戏说明：首先布置好场地，拉好绳子，定出起点和终点。在起点线的后面用绳子围成圆圈。然后学员分组，每个小组 10 ~ 12 人。然后每个组的人都站在自己的小岛上。现在，你们的小岛马上就要被海水吞没了，你们必须在 20 分钟之内离开小岛，要想跨过海水到达陆地，现在岛上没有任何工具，但每个小岛都只有一双魔鞋，穿上魔鞋你就可以在水面上行走。但是一个人只能穿一次魔鞋，同时穿上魔鞋只能朝一个方向走，否则魔鞋就失效了。现在你们自己开始想办法逃离海岛。注意不要留下一个人。

规则：

- 每个人只能穿魔鞋一次，穿着魔鞋不能走回头路。

- 不准把任何人留在岛上。

7.5 课程思考与练习

问题 1：负责任地参与

某家电信设备厂商派遣创业团队成员而不是管理者，去拜访其设备零售商，检验他们的商品。拜访后，团队建议公司用 25 万美元购买需要的生产设备。管理者接受了这个经过周密考虑的建议，然后迅速将团队成员召回，学习怎样装配和操作新部件。

管理者出于什么样的考虑接受了这个团队的建议？

问题 2：你是领导人

一家电信公司的维修技术顾问说："我们的团队领导多数都是以前的一线管理者，他们正在接受并维持培训，我们的管理者十分期待他们成为领导人，而不是一线管理者。"但是，即使在接受了集中培训之后，以前的一线管理者还是很容易退回到老套路中。在最近的一次会议上，一位一线管理者一不留神说道："如果团队想得到某件东西，而我不同意，我只要否决他们的提议就可以了。"他的新上任的经理说："是的，如果你否决了团队的提议，我就否决你的否决。"实际上这位经理向所有一线管理者传达了一个信息，那就是："现在你是领导人，而不是老板。"

什么样的特质是领导人所必需的？

问题 3：成熟的创造性团队的挑战

某消费品公司的副总裁说："我们真的无法相信眼前发生的一切，底层员工在谈论着诸如国际市场、客户需求、竞争者产品、改善工序等问题，而这些问题本是管理者才应该考虑的。现在他们就像人造卫星在轨道上运行，不间断地发回信息。不需要中层管理人员的帮助，他们干得很好。"

这位副总裁的话说明了成熟的创造性团队的什么特征？

附录：课后练习参考答案

1. 这个案例说明了一个基本事实，只有执行者、管理者、一线主管和团队成员都将负责任地参与视为一种文化，创业团队模式才能立住脚。正因为如此，很多公司发现他们在启动阶段就必须放弃他们最为重视的两个传统，而要将其变为：去除员工等级的划分以及赋予团队计划的职权。

2. 很多公司会指定高层认为合适的一线管理者、执行者或者团队成员来做团队领导人，帮助创造性团队到达业绩目标。但是，要想真正做到以领导为核心，这位领导必须得到创造性团队的尊重；因为，如果团队不能接受公司指定的人选，那么这个人根本不可能成为团队的核心。如果被指派的领导人是以前的一线管理者，需要大量培训和指导才能使他们学会放权，否则他们将会很难被团队所接受。

3. 所有创造性团队的成员例行公事地获取新技能，承担新的技术任务，利用详细的合同、竞争对手和外部客户的信息，寻找并满足内部客户需要，改进支持体系，处理行政事务，改进工作流程。

第 8 章　创业机会的寻找

本章学习目标

（1）了解创业机会的主要来源。

（2）了解如何开发创业机会。

（3）了解影响创业机会识别的因素。

8.1　故事引入

灵感与创业商机

比亚迪老总王传福的创业灵感来自一份国际电池行业动态，一份简报似的东西。1993 年的一天，王传福在一份国际电池行业动态上读到，日本宣布本土将不再生产镍镉电池，王传福立刻意识到这将引发镍镉电池生产基地的国际大转移，意识到自己创业的机会来了。果然，随后的几年，王传福利用日本企业撤出留下的市场空隙，加之自己原先在电池行业多年的技术和人脉基础，做得顺风顺水，财富像涨水似地往上冒。他于 2002 年进入了《福布斯》中国富豪榜。名人老总佘德发是个非常有意思的人，据说这个人不管走到哪里，随身都会带着两样宝贝：一样是手提电脑，因为名人在全国设有许多的分部、分公司，佘德发带着计算机走到哪里，那里就是公司的总部；另一样是一个旅行箱，里面全是各种各样的报纸，佘德发走到哪里，读到哪里，将一箱一箱的报纸，当成了精神粮食。另一位财富英雄郑永刚，据说将企业做起来后，已经不太过问企业的事情，每天大多时间都花在读书、看报，思考企业战略上面。很多人将读书与休闲等同，对创业者来说，阅读就是工作，是工作的一部分，一定要有这样的意识。

一句话里听出 8 亿元的商机

潘石屹现在是商场的红人，潘石屹成为红人有他成为红人的理由。有谁能够从别人的一句话里听出 8 亿元的商机，而且是隔着桌子的一句话，是几个不相干之人的一句话？别人不能，但潘石屹能。别人没有这个本事，潘石屹有这个本事。

1992 年，潘石屹还在海南万通集团任财务部经理。万通集团由冯仑、王功权等人于 1991 年在海南创立。冯仑、王功权都曾在南德集团做过事，当年都是“中国首富”牟其中的手下谋士。万通成立的头两年，通过在海南炒楼赚了不少钱。1992 年，随着海南楼市泡沫的破灭，冯仑等人决定将万通移师北京，派潘石屹打前锋。

潘石屹奉冯仑的将令，带着 5 万元差旅费来到了北京。这天，他（指潘石屹）在怀柔县政府食堂吃饭，听旁边吃饭的人说北京市给了怀柔四个定向募集资金的股份制公司指标，但没人愿意做。在深圳待过的潘石屹知道指标就是钱，他不动声色地跟怀柔县体改办主任边吃边聊："我们来做一个行不行？"体改办主任说："好哇，可是现在来不及了，要准备 6 份材料，下星期就报上去。"

潘石屹立即将这个信息告诉了冯仑，冯仑马上让他找北京市体改委的一位负责人。这位领导说："这是件好事，你们愿意做就是积极支持改革，可以给你们宽限几天。"做定向募集资金的股份制公司，按要求需要找两个"中"字头的发起单位。通过各种关系，潘石屹最后找到中国工程学会联合会和中国煤炭科学研究院作为发起单位。万事俱备，潘石屹用刚刚买的 4 万元一部的手机打电话问冯仑："准备做多大？"冯仑说："要和王功权商量一下。"王功权说："咱们现在做事情，肯定要上亿。"

潘石屹在电话那边催促冯仑快做决定，"这边还等着上报材料呢。"冯仑就在电话那头告诉潘石屹："8 最吉利，就注册 8 个亿吧。"北京万通就这样，在什么都没做的情况下，拿到了 8 个亿的现金融资。

出色创意赢得市场

金莎巧克力就是创意表现出色者。它借着突破常规的创意表现（不仅产品设计突破常规，广告与营销也是非同寻常），成功地在业已成熟、竞争激烈的香港糖果市场异军突起，迅速占据第一品牌地位。我们不妨来看看它的广告片是如何突破常规的。

广告片开始时，只见寂静宽敞的教堂中，一位面孔清纯的少女低头走进告诫室。接着少女期期艾艾地向神父坦白，说因抵挡不了诱惑，后悔发生了第一次！观众至此已被故事情节牵引，免不了想到少男少女最不该犯的过失上去。但画面一转。少女竟解释是抵挡不了金莎独特口味的诱惑而第一次将整盒金莎巧克力吃光了。此刻观众从女主角向神父忏悔所营造的紧张气氛中突然解脱，不禁发噱。少女继续描述金莎的产品结构及特质，这是她抵挡不住诱惑的主要理由。这样一来，观众通过故事认识了金莎独特的产品结构，而且印象极其深刻。广告到尾声时，画面突然出现刚才聆听少女忏悔的神父，他（在吃完金莎后）向另一位神父开始坦白他的第一次……观众也为此小转折而会心微笑，甚至乐不可支。整个故事，除交代了产品特质外，更利用了出乎意料的环境和对少女美丽的误会及神父也因贪吃巧克力而忏悔等情节，烘托出"凡人没法挡"的主题。金莎另一突破常规的广告创意表现在一巨幅海报上，画面显示一盒金莎朱古力中一颗被取去，海报上被取去金莎的位置则做出撕去一颗金莎图的效果。旁边标题写着："奉告，此乃金莎海报，并非真正巧克力。"效果逼真，令人会心微笑。微笑之余，金莎也就留在了观者的脑海中。

詹姆斯•W.杨格说："创意，说穿了不过是将原本存在的要素重新加以排列组合而已。"又说："将事物重新排列组合的能力可以经由找出事物关连性的才能而提高。"语言虽然绕口，不过，仔细品味这句话，又确实不错，照他的话说，创意不过是存在的东西重新加以排列组合罢了，就好比是找来许多木块，能不能搭出个漂亮房子，就看你有没有一个活络的脑子了。教堂与巧克力这两个风马牛不相及的元素在金莎广告片中兼容和谐，制造了一个出人意料的情节，确属精彩之极！

8.2 理论精解

8.2.1 什么是创业机会？

对于创业机会的界定，不同的人会有不同的理解与说法。伊斯雷尔·柯兹纳认为创业机会是一系列的市场不完全。因为市场参与者是基于信念、偏好、直觉以及准确或不准确的信息来进行决策的，他们对可能的市场出清的价格以及将来可能产生的新的市场有不同的推断。正如卡森所指出的，“市场过程的实质是每个个体都坚持自己的信念……这些信念通过询价来传递，而询价在传递信息的同时，也意在于误导他人。”因此，由于缺乏完全信息，人们必须彼此猜测对方的信念、偏好、价值观等。由于这些猜测并不总是正确，这一市场过程就导致一些资源被错误地分配到不同的市场，从而产生了一系列的创业机会。而熊彼特指出，创业机会是通过把资源创造性地结合起来，满足市场的需要，创造价值的一种可能性。由于技术、政治、社会以及其他因素的各种变化，市场时刻处在不稳定、不平衡的状态，为人们发现新的盈利机会提供了可能。以互联网为例，最初只是为了沟通的方便，现在已经变为新产品不断产生的平台，它提供了分销渠道，产生了新的资源供给，同时使新的组织形式（虚拟组织）的出现成为可能。以上界定中，伊斯雷尔·柯兹纳强调市场不完全所带来的创业机会，熊彼特则更强调企业家结合资源创造价值的可能性。

结合以上观点，创业机会可以界定为：一种满足未满足的有效需要的可能性。这种需要有可能暂时得到部分满足，有待于激发和再组织。这种有效的需要还必须具有盈利潜力，因此这个需要具备以下要素：一是满足这个需要的成本低于人们满足需要所期望的价格；二是需要水平本身要足够高，这样才能为满足这个需要的努力提供合理的回报。换言之，机会必须能在市场上考验，能有持续的利益潜能；创业机会有其市场定位，有其价值脉络与竞争的前景。

简言之，就是一个创意可以在市场环境中行得通。这个创意要提供的产品或服务不但能给某些人带来实际的好处和用处——他们肯买，而且他们付的价钱使你可以得到利润。没人要的东西肯定不是创业机会，有人要不给钱或给的钱不能令你有利润也不是创业机会。

8.2.2 创业机会来自哪里？

企业家从事创业，而创新正是展现企业家精神的特定工具，是赋予资源一种新的能力，使之成为创造财富的活动。创业机会就在我们身边，要想发现它首先需要了解它从何而来，这样就有可能预见机会的出现，就能更早地发现机会。所以把握创业机会的源泉，就等于抢先一步发现创业机会。

1. 技术机会

技术机会，指技术变化带来的创业机会，它主要来源于新的科技突破和社会的科技进步。每一次技术革新都带来巨大的变革，符合市场需求的技术进步带来商业价值。在发明电之前，没有几个人感觉得到自己需要“电”这个东西，当爱迪生发明电并广泛运用之后，人类社会为此而改变。技术变革蕴藏着巨大的商业价值和创业机会，技术变革也在改变着时代。技术上的任何变化或多种技术的组合都可能给创业者带来某种商业机会。

可以表现为以下三种形式。

- 新技术替代旧技术，如用废塑料代替焦炭炼铁的新技术
- 实现新功能，创造新产品的新技术的出现
- 新技术带来的新问题

2. 市场机会

市场机会，指企业经营富有吸引力的领域能给企业营销活动带来良好机遇与盈利的可能性。市场机会来源于营销环境的变化，表现为市场上尚未满足或尚未完全满足的需求。

市场机会主要有四类。

- 市场上出现了与经济发展阶段有关的新需求，相应地，就需要有企业去满足这些新的需求，这同样是创业者可以利用的商业机会。
- 当期市场供给缺陷产生的新的商业机会。
- 先进国家（或地区）产业转移带来的市场机会。
- 从中外差距中寻找隐含的某种商机。

3. 正常机会

正常机会，指由于政府制定的法律、法规有所变动而带来的新的行业、新的市场、新的创业机会；或是由于政府的国家发展计划重点的转移，原来没有受到重视的区域市场重新受到人们的重视，创业者也跟随政府开发这一没有开发的市场，从中获取新的创业机会。

主要包括以下几个方面。

- 法律法规开禁带来的创业机会
- 因政府在地区政策上的差异而带来的创业机会
- 新政策的实施所带来的创业机会

8.2.3 开发创业机会

马克·吐温说："我极少能看到机会，往往在我看到机会的时候，它已经不再是机会了。"大多数创业者都是把握了商业机会从而成功创业。蒙牛的牛根生看到了乳业市场的商机，好利来的罗红看到了蛋糕市场的商机，在现实生活中，这样的例子不胜枚举。但是，仅有少数创业者能够把握创业机会从而成功创业，一旦创业成功，不仅会改变人们的生活和休闲方式，甚至能创造出新的产业，随着人们对创业机会价值潜力的探索，会逐渐衍生出一系列的商业机会，从而滋生出更多的创业活动，例如互联网创业的例子。

面对同一个机会，有些人成功，有些人却失败了，那么，创业者究竟该如何把握机会？创业者不仅要善于发现机会，更需要正确把握并果敢行动，将机会变成现实的结果。

1. 着眼于问题把握机会

机会并不意味着无需代价就能获得，许多成功的企业都是从解决问题起步的。所谓问题，就是现实与理想的差距。例如，顾客需求在没有满足之时就是问题，而设法满足这一需

求，就抓住了市场机会。美国“牛仔大王”李维斯的故事多年来为人津津乐道。19 世纪 50 年代，李维斯像许多年轻人一样，带着发财梦前往美国西部淘金，途中一条大河拦住了去路，李维斯设法租船，做起了摆渡生意，结果赚了不少钱。在矿场，李维斯发现由于采矿出汗多，饮用水紧张，于是，别人采矿他卖水，又赚了不少钱。李维斯还发现，由于跪地采矿，许多淘金者裤子的膝盖部分容易磨破，而矿区有许多被人丢掉的帆布帐篷，他就把这些旧帐篷收集起来洗干净，做成裤子销售，“牛仔裤”就这样诞生了。李维斯将问题当作机会，最终实现了他的财富梦想。

2．利用变化把握机会

变化中常常蕴藏着无限商机，许多创业机会产生于不断变化的市场环境。环境变化将带来产业结构的调整、消费结构的升级、思想观念的转变、政府政策的变化、居民收入水平的提高，等等；人们透过这些变化，就会发现新的机会。在国营事业民营化的过程中，创业者可以在交通、电信、能源等产业中发掘创业机会。私人轿车拥有量的不断增加，将产生汽车销售、修理、配件、清洁、装潢、二手车交易和陪驾等诸多创业机会。任何变化都能激发新的创业机会，需要创业者凭着自己敏锐的嗅觉去发现和创造。许多很好的商业机会并不是突然出现的，而是对“先知先觉者”的一种回报。聪明的创业者往往选择在最佳时机进入市场，当市场需求爆发时，他已经做好准备等着接单。

聚美优品是国内最大的化妆品团购网站，它开创了一个以团购模式呈现的电子商务奇迹。在天使投资人徐小平看来，网购化妆品也是近两年刚刚出现的事情，是聚美优品改变了人们购买化妆品的消费习惯。正是聚美 CEO 对市场深入了解，对电子商务长期观察后，利用变化，把握机会，嗅到了商机，取得了成功。

3．跟踪技术创新把握机会

世界产业发展的历史告诉我们，几乎每一个新兴产业的形成和发展，都是技术创新的结果。产业的变更或产品的替代，既满足了顾客需求，同时也带来了前所未有的创业机会。例如，计算机诞生后，软件开发、计算机维修、图文制作、信息服务和网上开店等创业机会随之而来。任何产品的市场都有其生命周期，产品会不断趋于饱和达到成熟直至走向衰退，最终被新产品所替代，创业者如果能够跟踪产业发展和产品替代的步伐，通过技术创新则能够不断寻求新的发展机会。

4．在市场夹缝中把握机会

创业机会存在于为顾客创造价值的产品或服务中，而顾客的需求是有差异的。创业者要善于找出顾客的特殊需要，盯住顾客的个性需要并认真研究其需求特征，这样就可能发现和把握商机。时下，创业者热衷于开发所谓的高科技领域等热门课题，但创业机会并不只属于“高科技领域”，在金融、保健、饮食、流通这些所谓的“低科技领域”也有机会。随着打火机的普及，火柴慢慢退出了人们的视线，而创业者沈子凯却在这个逐渐被人淡忘的老物件里找到了新商机，他创造的“纯真年代”艺术火柴红遍大江南北。还有为数不少的创业者追求向行业内的最佳企业看齐，试图通过模仿快速取得成功，结果使得产品和服务没有差异，众多企业为争夺现有的客户和资源展开激烈竞争，企业面临困境。所以，创业者要克服从众心理和传统习惯思维的束缚，寻找市场空白点或市场缝隙，从行业或市场在矛盾发展中形成的空白地带把握机会。

5．捕捉政策变化把握机会

中国市场受政策影响很大，新政策出台往往引发新商机，如果创业者善于研究和利用政策，就能抓住商机站在潮头。2006 年国家出台了新的汽车产业政策，鼓励个人、集体和外资投资建设停车场。停车场日益增多的同时，对停车场建设中的智能门禁考勤系统、停车场系统、通道管理系统等的需求也随之增多，专门供应停车场所需的软硬件设备就成为一个重要商机。事实上，从政策中寻找商机并不仅表现在政策条文所规定的表面，随着社会分工的不断细化和专业化，政策变化所提供的商机还可以延伸，创业者可以从产业链在上下游的延伸中寻找商机。

6．弥补对手缺陷把握机会

很多创业机会是缘于竞争对手的失误而“意外”获得的，如果能及时抓住竞争对手策略中的漏洞而大做文章，或者能比竞争对手更快、更可靠、更便宜地提供产品或服务，也许就找到了机会。为此，创业者应追踪、分析和评价竞争对手的产品和服务，找出现有产品存在的缺陷，有针对性地提出改进方法，形成创意，并开发具有潜力的新产品或新功能，就能够出其不意，成功创业。

机会垂青有准备的头脑，而机会也并不常有，灵感一闪而过，也许就是一步之差，别人就走在你前面了。如果不能捷足先登，那么在创业的路途上就可能步步落后，形成被动的局面。所以告别犹豫的观望，告别“创业只是梦想”的念头，行动起来，一切皆有可能!

一个人创造财富的能力和他的外貌、学历并不具有必然的联系，关键是决心、毅力和勇气，其次是信心、智慧和才能。现在的创业成功者并不是天生的，他们也有创业的犹豫，也有迈出第一步的彷徨，但是他们义无反顾地选择了前方，把握住了创业机会，并且通过辛苦打拼为自己撑起了一片天空。

创业仅仅只有智慧是永远不够的，还要有足够大的胆量。现代社会里，教育的发达和信息技术的普及让大多数人都有一定的“眼光”，但胆量却绝非是人人都能具有的。从这层意义上说，智能，只是胆量的一个组成部分。创业有风险，有多少人能够战胜自己对稳定的渴求而去冒险呢？不冒险，便没有创业的成功，也就享受不到创业成功的快感。新兴市场的白手创业者，他们就是凭借敢想敢做的创业胆量摸着石头过河，结果成功了。而那些畏首畏尾的人，现在依然在原地踏步，没有什么改变。没有超人的胆识，就没有超凡的事业。创业要求有志者具备超人的胆识，勇于承担多数人望而却步的风险。

8.2.4 创业机会的识别

1．影响创业机会识别的因素

（1）先前经验：在特定产业中的先前经验有助于创业者识别出商业机会，这被称为走廊原理。它是指创业者一旦创建企业，他（她）就开始了一段旅程，在这段旅程中，通向创业机会的“走廊”将变得清晰可见。这个原理提供的见解是，某个人一旦投身于某产业创业，这个人将比那些从产业外观察的人，更容易看到产业内的新机会。

（2）认知因素：机会识别可能是一项先天技能或一种认知过程。有些人认为，创业者有“第六感”，使他们能看到别人错过的机会。多数创业者以这种观点看待自己，认为他们比别人更“警觉”。警觉很大程度上是一种习得性的技能；拥有某个领域更多知识的人，倾向于比其他人对该领域内的机会更警觉。

（3）社会关系网络：社会关系网络能带来承载创业机会的有价值信息，个人社会关系网络的深度和广度影响着机会识别。研究已经发现，社会关系网络是个体识别创业机会的主要来源。

（4）创造性：创造性是产生新奇或有用创意的过程。从某种程度上讲，机会识别是一个创造过程，是不断反复的创造性思维过程。在听到更多趣闻轶事的基础上，你会很容易看到创造性包含在许多产品、服务和业务的形成过程中。对个人来说，创造过程可分为 5 个阶段，分别是准备、孵化、洞察、评价和阐述。

2．识别四类创业机会

创业需要机会，机会要靠发现。创业难，发掘创业机会更难。要想寻找到合适的创业机会，创业者应识别或辨别以下创业机会。

（1）现有市场机会和潜在市场机会。市场机会中那些明显未被满足的市场需求称为现有市场机会，那些隐藏在现有需求背后的、未被满足的市场需求称为潜在市场机会。现有市场机会表现明显，往往发现者多，进入者也多，竞争势必激烈。潜在市场机会则不易被发现，识别难度大，往往蕴藏着极大的商机。例如，金融机构提供的服务与产品大多是针对专业投资大户，而占有市场大量资金的普通投资者未受到应有的重视，这种矛盾显示出为一般大众投资提供服务的产品市场极具潜力。

（2）行业市场机会与边缘市场机会。行业市场机会是指出某一个行业内的市场机会，而在不同行业之间的交叉结合部分出现的市场机会被称为边缘市场机会。一般而言，人们对行业市场机会比较重视，因为发现、寻找和识别的难度系数较小，但往往竞争激烈，成功的概率也低。而在行业与行业之间出现“夹缝”的真空地带，往往无人涉足或难以发现，需要有丰富的想象力和大胆的开拓精神，一旦开发，成功的概率也较高。例如，人们对于饮食需求认知的改变，创造了美食、健康食品等新兴行业。

（3）目前市场机会与未来市场机会。那些在目前环境变化中出现的市场机会被称为目前市场机会，而通过市场研究和预测分析它将在未来某一时期内实现的市场机会被称为未来市场机会。如果创业者提前预测到某种机会会出现，就可以在这种市场机会到来前早做准备，从而获得领先优势。

（4）全面市场机会与局部市场机会。全面市场机会是指在大范围市场出现的未满足的需求，如国际市场或全国市场出现的市场机会，着重于拓展市场的宽度和广度。而局部市场机会则是在一个局部范围或细分市场出现的未满足的需求。在大市场中寻找和发掘局部或细分市场机会，见缝插针，拾遗补缺，创业者就可以集中优势资源投入目标市场，有利于增强主动性，减少盲目性，增加成功的可能。

3. 识别与评价的关系

机会识别和机会评价是共同存在的，创业者在对创业机会识别时也有意无意地进行评价活动。在他们的分析框架中，机会识别和机会评价并非是完全割裂的两个概念，创业者在机会开发中的每一步，都需要进行评估，也就是说，机会评价伴随在整个机会识别的过程中。在机会识别的初始阶段，创业者可以非正式地调查市场的需求、所需的资源，直到断定这个机会值得考虑或是进一步深入开发。在机会开发的后期，这种评价变得较为规范，并且主要集中于考察这些资源的特定组合是否能够创造出足够的商业价值。

一些学者认为机会的识别和开发是创业的基础，应该是这个领域研究的焦点。一部分学者认为创业过程的核心部分是机会的创造及识别。机会识别是创业者机敏发现的结果。这是因为获得创业利润的机会是可能存在的，但是只有在认识到机会的存在并且机会具有价值时创业者才可能获得利润，因此对机会的发现和开发的解释是创业的一个关键内容，识别和选择正确的机会是创业者成功开展新业务的重要能力之一。

8.3 经典范例与分析

范例 1：吉列和他的吉列刀片

吉列公司主要生产剃须产品、电池和口腔清洁卫生产品。提到“吉列”，人们就会想到世界上最好的剃具。“掌握全世界男人的胡子”的吉列剃刀产品，在美国市场占有率高达 90%，全球市场的份额竟达到 70%以上。

美国吉列公司创始人——坎普·吉列于 1855 年 1 月 5 日出生在美国芝加哥一个小商人的家庭里。因为父亲做的是小生意，所以家里经济状况很紧张。16 岁那年，吉列被迫辍学，他开始走向社会，寻找一份自食其力的工作。对于一个没有学历、没有经验的人来说，最容易找到的工作就是推销员了，吉列走上了推销员之路，而且一干就是 24 年！后来创造了闻名世界的“吉列剃须刀”，吉列剃须刀行销全世界，吉列因此坐拥巨大财富，成为屈指可数的富豪。吉列洁面啫喱刀片大王坎普·吉列创造了男人的帝国。一个触摸的瞬间，产生了一个难忘的灵感，从而有了一个“世界上最有名气的一张脸”。连续做了 24 年的推销员，一直到他 40 岁的时候，他的人生还没有任何起色。直到有一天，当他手托下巴陷入沉思的时候，那刮不干净的胡须扎了一下他的双手，同时也刺激了他的思绪：每个男人都需要刮胡子，而刮胡子就需要剃须刀。一想到剃须刀，他顿时高兴地跳起来，联想到自己修面整容时的很多不便以后，他暗暗下定决心，一定要开发出一种“用完即扔”的剃须刀，来实现自己的发财梦想。正是吉列发明的小小的剃须刀，使得世界上所有的男人改变了剃须的方式。在这个小小刀片的包装上，吉列用他留满胡须的脸当作商标，随同他的刀片一块卖到世界各地，他的脸因此被人们称为“世界上最有名气的一张脸”。吉列也正是因为这种小小的刀片而成为一大富翁。

吉列公司的现代历史，是一部多角经营的历史。1958 年，靳克勒出任总经理。他在第一次重要职员与董事联席会议上提出：“以剃刀为中心的经营时代已走到终点，本公司的业务不应再以刀片为唯一事业。”他的话使董事们大为惊讶，难以理解。其实，对公司利润的 98%都来自刀片这一点，靳克勒早有疑问和不安，因此，他一上任就大胆改革，想以实行多角经营来维持生存，求得发展和力保王座。而他选中的目标，就是兼营“化妆品”事业，以构成企业的经营多角化，然后推出喷射式罐装的剃须用面霜，扩大宣传和推销。他指示有关人员，一面进行市场调查，一面收集顾客对本公司的反映，以保证决策的客观准确。结果发现大部分顾客本来就以为吉列是剃须刀兼营化妆品的厂商。事实证实了他的选择是正确的。转变经营方向时，在继续积极研究剃刀技术，维持公司在市场上的固有占有率的同时，大胆投资积极研究开发化妆品及其他产品。先后推出了口红、泡沫剃须膏、妇女用除臭剂、Adorn 喷发剂，以及止咳糖浆等，以慎重、稳进来占领市场。靳克勒的这一战略与步骤成功了。1966 年，吉列公司化妆品部的营业额高达 6000 万美元，是 1962 年度的 6 倍，占总营业额的 18%，可以说初战告捷。以后，在靳克勒这位足智多谋的企业家指挥下，吉列公司又先后开发出各种洗发精、烫发机、吹风机、打火机、原子笔，甚至高级香水、医药品等种类繁多的产品，并成立了相应的研制开发机构。从此，吉列不再是单靠剃刀生存的专业厂商，而是制造以男性用化妆品为主的多角化生产经营的厂家。这一点，就连当初不理解和支持靳克勒经营方针的人也承认是正确而妥当的。1966 年，它在美国以外成立了两个国际事业部：一个是东半球事业部，负责包括欧洲、非洲、中东等地；另一个是西半球事业部，包括加拿大、中南美、太平洋地区。这两个事业部管理 32 个公司，其中有 11 个公司在制造吉列产品。吉列公司在这些分公司中掌握有 100%的股份。吉列公司采用全额自行投资的做法，建立海外市场据点，也是它称霸世界市场的另一大特色。它的海外事业，虽然仍以剃须刀和刀片为主，但靳克勒已认识到这点，他说：“海外有极大的化妆品市场，等待我们去开发”。自 1964 年，便向海外推出化妆品，而到 1966 年底，海外化妆品的营业额，已达到 1000 万美元，到 1980 年，剃须刀和刀片的销售额在公司 23 亿美元总营业额中所占比例还不到 35%。难怪他野心勃勃地欲向海外扩张了。吉列公司虽然建立了世界性的剃须刀王国，但它在激烈的竞争中，及时调整战略，改单一的经营为多角化经营，使剃须刀王国屹立不摇。这正是它成功的关键所在。

[分析]

世界资源的配置和使用中，吉列公司在市场经营运作中充分显示出活力与竞争优势，集中构想新产品和服务，积极创造需求，努力发展生产制造与经销新模式。可得以下几点启迪。

（1）市场目标差异化。市场目标的差异化要求公司在不同市场销售不同产品，并采取共同合资经营方式进入国际市场，使其销售额得到大幅度增长。

（2）经营决策集中化。吉列的全球经营决策制定系统采取集中制，参照海外部经理提供的信息，其主要经营战略决策由波士顿总部制定，如集中战略目标、价格结构、全球广告等，但其中部分内容由吉列国际部和吉列北大西洋部在其所在地区集中进行经营决策制定。

（3）广告决策本土化。吉列的国际广告战略以区域为主，采用本土化方针而非标准化模式。

（4）人员配备国际化。吉列国外分支机构固定成员基本由本地城镇居民和第三国籍人员组成，公司在跨国经营中所获取成功的经验表明：加强海外各企业及各管理组织机构管理，企业必须使国外市场本地化，而不仅仅作为设置在国外的跨国经营企业。

（5）组织结构细分化。

范例 2：惠普创业传奇

1939 年，在美国加州帕洛阿尔托市爱迪生大街 367 号的一间狭窄车库里，两位年轻的发明家比尔·休利特和戴维·帕卡德，怀着对未来技术发展的美好憧憬和发明创造的激情创建了 HP 公司，开始了硅谷的创新之路。该公司建在硅谷的一间汽车库里，第一个产品是声频振荡器，是音响师使用的电子测试仪器。HP 的第一个客户是沃尔特·迪斯尼电影公司，该公司购买了 8 台音频振荡器为电影《Fantasia》开发和测试具有创新意义的音响系统。六十多年来，HP 从未停止过创新和变革的步伐。这种精神使 HP 从一家年收入 4000 美元的公司，发展成为今天在全球拥有 150 000 名员工、分支机构遍及 170 多个国家和地区、2006 财年营业收入达 917 亿美元的信息产业巨擘，业务范围涵盖 IT 基础设施、全球服务、商用和家用计算以及打印和成像等领域。目前全世界有超过十亿人正在使用 HP 技术。如今的 HP，作为全球领先的高科技公司，在美国财富 500 强中名列第 11 位，并在美国《商业周刊》“全球最具价值品牌”中排名第 13 位。HP 当年创业的车库也被美国政府确立为硅谷诞生地。HP 的创新精神更是激发了千千万万硅谷人的创业激情。基于多年服务全球各类用户的丰富经验、业界无与伦比的人才资源、日臻完善的服务与支持体系以及强大的合作伙伴关系，HP 致力于帮助人们在商业活动、社会活动和个人生活中更加灵活地应用科技，成就梦想。

[分析]

持久有力量的企业文化、稳定的核心价值观、信任和尊重个人、在商业活动中坚守诚实和正直、靠团队精神达到共同目标、鼓励员工的灵活性和创造性……这些因素促成了惠普的创业成功并能持久发展。

范例 3：耐克公司

运动霸主：耐克公司（NIKE）

在一个形象代表一切的世界里，耐克的标志是全世界最多人认得的标志之一。要了解耐克的成功与企业文化，对于其标志的了解是不可或缺的，因为它是让耐克品牌变得无处不在的一个商业标志。由于实在太知名，以至于在耐克的广告中只见到耐克的标志，而没有看到公司的名字，因为他们有充分的把握，人们看到这个符号即知道这是耐克，无须出现只字片语。它成为一个文化的圣像，一个耐克用来提高品牌价值、知名度，以及地位的圣像。没有一家体育用品公司的品牌像它那么为人所知。为了证明此点，只消问问任何一个人锐步的标志是什么。他们可能脑中一片空白。事实上，锐步的标志以一个“矢”代表，它仅仅没有准备好，让消费者认识或想要见到它。而耐克在与广告商成后与肯尼迪的合作下，希望这个勾勾标志能在所有广告中清楚地被看见。公司的广告与营销预算，估计约高达年收入的 10%，就为了将它的符号深深烙刻在消费者的脑海中。

为什么这个标志对于耐克的企业文化这么重要？理由是，它与美国的古老智慧“只管去做”（Just Do It）密不可分。耐克不只卖运动鞋，它所出售的是一种生活方式，这是它成功的关键。这个标志对于人心的激励，以及这一哲学背后的干劲与决心，是与每个人都有关的，不管你是不是运动员。耐克运用一种励志式的语言来激发消费者。不管你是谁，你的头发或皮肤的颜色是什么，你遭遇了身体上或社会生活中的什么局限，耐克说服消费者，你一定可以办到。它告诉人们要振作起来，抓紧人生的方向盘，并且采取行动。在“只管去做”的广告词背后，是一个非常美国式的意识形态；然而，随着全球化的进展，原来是美国意识形态的东西，变成了一种全世界共同的渴望，渴望能有一个公平的竞技场，可以让人们不只在运动方面，而是在人生的每一层面都一争短长。这可以追溯到美国早期的拓荒者精神，和他们对成功的渴求。耐克无疑是将伟大的美国梦行销全球，并且提倡其工作伦理；耐克告诉它的消费者，如果你下定决心，奋斗不懈，你就会超越他人，征服一切。借由这样的方法，即利用人们对于成功的热切渴望，耐克也创造出了它自己的一种人格与态度。通过巧妙地运用一句非常简单的广告妙句，它成功地将一种生活态度融入其所出售的商品中。

[分析]

耐克在建立品牌形象上下了很深工夫，Nike 这个名字，在西方人的眼光里很是吉利，易读易记，很能叫得响。耐克商标象征着希腊胜利女神翅膀的羽毛，代表着速度，同时也代表着动感和轻柔。耐克公司的耐克商标，图案是个小钩子，造型简洁有力，急如闪电，一看就让人想到使用耐克体育用品后所产生的速度和爆发力，与此同时也非常成功地在广大消费者心中烙下印记。这点也是耐克成功的关键性要素。

范例 4：聚美优品

聚美优品的前身是团美网，2010 年 3 月由陈欧、戴雨森、刘辉三人创立于北京。中国第一家专业化妆品团购网站，也是中国最大的化妆品团购网站。在 2010 年 9 月，为了进一步强调团美在女性团购网站领域的领头地位，深度拓展品牌内涵与外延，团美网正式全面启用聚美优品新品牌，并且启用 Jumei 全新顶级域名。2011 年，聚美优品优雅转身，自建渠道、仓储和物流，自主销售化妆品。以团购形式来运营垂直类女性化妆品 B2C，打造另类的时尚购物平台。

聚美优品是一家专业的垂直类团购网站，垂直类团购网站被誉为未来团购网站的三大趋势之一；垂直类团购容易做到服务标准化，更容易吸引忠诚的客户。

聚美优品的商业模式是团购类的 B2C 模式。创始人陈欧说聚美优品的目标就是打造一个化妆品行业的网上精品店。

团购是最近两年才兴起的，团购是指认识或不认识的消费者联合起来，加大与商家的谈判能力，以求得最优价格的一种购物方式。根据薄利多销的原理，商家可以给出低于零售价格的团购折扣和单独购买得不到的优质服务。团购最核心的优势体现在商品价格更为优惠上。团购主要方式是网络团购，其改变了传统消费的游戏规则。

B2C 即企业通过互联网为消费者提供一个新型的购物环境——网上商店，消费者通过网络在网上购物、在网上支付。由于这种模式节省了客户和企业的时间和空间，大大提高了交易效率，特别对于工作忙碌的上班族，这种模式可以为其节省宝贵的时间。

聚美优品结合这两者优势，创办了国内第一家化妆品行业的垂直团购模式网站，成立以来发展迅速，一直在行业里是领头羊的地位。

[分析]

聚美优品成功运营到现在的最大优势：它走的是不同于一般团购网站的路，把当当网、京东的模式搬到团购上来，聚美优品在实质上不是团购网，它对顾客进行直接供货，自建物流渠道，打上了团购的顺风车，产品上专业化。团购网是 2010 年至今依然热度不减的敏感词，并且受到众多的风险投资家的追捧，团购网的洗牌一直在进行着，并被业内称为“千团大战”，聚美优品是在团购网站开始火爆的 2010 年成立的，至今一年多一点，期间聚美优品经历了更名（前身为团美网），风投的偏赖，俨然成为团购大军里的佼佼者；作为全国第一家专业的女性化妆品网站，聚美优品一直在引领着这个领域，打造这个领域的积极正面的形象，率先推出“假一赔三、30 天无条件退换货、全程保障”三大政策，树立行业标杆，从一开始就坚持信誉为先，100%正品团购。聚美优品能获得这些荣誉跟网站的革新、团队的努力是分不开的，聚美优品一直在摸索着更适合女性化妆品市场的模式，在团购的模式下进行传统的 B2C 业务，做最大的化妆品的网店，与兰蔻、雅诗兰黛等国际知名品牌合作，率先推出“假一赔三、30 天无条件退换货、全程保障”三大政策，树立行业标杆，从一开始就坚持信誉为先，100%正品团购，在支付上进行突破，简化了程序等，聚美优品一直在走自己的路。

在创立聚美优品网站之前，在电子商务中，化妆品专业团购这个细分市场是空缺的，网上大部分团购的化妆品都是鱼龙混杂的，消费者很难判定其化妆品质量，其售后也很难保证。陈欧看准这一机遇，创立了专业化妆品团购网站，并将销售产品重点放在化妆品最畅销的 20%商品，以此能更加专注地提升服务。同时，为了保证产品品质，2011 年，聚美优品把融来的钱重点用于完善供应链和提升服务体验上。

聚美优品还拥有可靠的投资人和投资团队。创始人陈欧就是其中一个重要的投资人，在网站创立初期，徐小平曾是聚美优品的天使投资人。2011 年 3 月 17 日，聚美优品宣布获得红杉资本千万美元投资。据悉，第三笔千万美元级别的投资也将紧追而至。其强大的投资团队，也将给聚美优品带来巨大的机遇。

聚美优品创始人——陈欧，是典型的少年创业型人物：16 岁留学新加坡，本科期间就创办了全球领先的在线游戏平台 Garena，用户多达数千万；26 岁获得美国顶级大学斯坦福大学 MBA 学位，成为该校历史上最年轻的中国 MBA 毕业生。

巴菲特曾说过“对自己投资！对自己的特长、才华进行投资，永远是一件划算的生意”。其实创业和投资一样，也要针对自己的特长和才华。还有，要务实并以市场需求出发。陈欧拥有良好的教育背景和专业技能，并从自己擅长的互联网行业上下手，但是要能够在竞争激烈的电子商务上占一席位子也极其不易，其拥有自己的想法和独到的眼光，善于把握机遇，能够发现市场空缺并进入。在个人领导力方面也拥有很强的个人魅力和感召力，是一位富有激情敢于冒险的“80 后”小伙。同时，从聚美优品的不断发展进步来看，尤其是经营模式上——从团购到垂直团购类 B2C 模式，其具有良好的学习进步能力，明白不断地提高自己，才能不被市场所抛弃。良好的创业品格为陈欧成功创业打下了坚实的基础。

8.4 游戏与测试

检验创业者心理素质的测试题

1. 你在哪一种条件下，会决定创业（　　）。
   a. 等有了一定工作经验以后　b. 等有了一定经济实力以后
   c. 等找到天使或VC投资以后　d. 现在就创业，尽管自己口袋里没有几个钱
   e. 一边工作一边琢磨，等想法成熟了就创业
2. 你认为创业成功的关键是（　　）。
   a. 资金实力　b. 好的创意　c. 优秀团队
   d. 政府资源和社会关系　e. 专利技术
3. 以下哪项是创业公司生存的必要因素（　　）。
   a. 高度的灵活性　b. 严格的成本控制　c. 可复制性
   d. 可扩展性　e. 健康的现金流
4. 开始创业后你立刻做的第一件事情是（　　）。
   a. 找钱、找VC　b. 撰写商业计划书　c. 物色创业伙伴
   d. 着手研发产品　e. 选择办公地点
5. 创业公司应该（　　）。
   a. 低调埋头苦干　b. 努力到处自我宣传
   c. 看情况顺其自然　d. 借别人的势进行联合推广
6. 招聘员工时最重要的是（　　）。
   a. 学历高低　b. 朋友推荐　c. 成本高低　d. 工作经验
7. 产品进入市场的最佳策略是（　　）。
   a. 价格低廉　b. 广告投入　c. 口碑营销　d. 品质过硬
8. 和投资人交流最有效的方式是（　　）。
   a. 出色的现场PPT演示　b. 详细的商业计划书和财务预测
   c. 样品当场测试　d. 有朋友的介绍和引荐
   e. 通过财务顾问的代理
9. 选择投资人的关键因素是（　　）。
   a. 对方是一个知名投资机构　b. 投资方和团队不设对赌条款
   c. 谁估值高就拿谁的钱　d. 谁出钱快就拿谁的钱
   e. 只要能融到钱，谁都一样
10. 你认为以下哪一项是VC投资决策中最重要的因素（　　）。
   a. 商业模式　b. 定位　c. 团队
   d. 现金流　e. 销售合约
11. 从哪句话里可以知道VC其实对你的公司并没有实际兴趣（　　）。
   a. “我们有兴趣，但是最近太忙，做不了此项目”
   b. “你们的项目还偏早一些，我们还要观察一段时间”

c. “你们如果找到领投的VC，我们可以考虑跟投一些”

d. “我们对这个行业不熟悉，不敢投”

e. 上面任何一句话

12. 创业团队拥有51%的股份就绝对控制公司了吗（　　）？

a. 正确　　b. 错误

13. 创业公司的CEO，首要的工作责任是（　　）。

a. 制定公司的远景规划　　b. 销售、销售、销售

c. 人性化的管理　　d. 领导研发团队

e. 搞进投资人的钱来

14. 凝聚创业团队的最好办法是（　　）。

a. 期权　　b. 公司文化　　c. CEO的魅力

d. 工资和福利　　e. 团队的激情

15. 创业公司的财务预测中最重要的是（　　）。

a. 销售增长　　b. 毛利率　　c. 成本分析　　d. 资产负债表

16. 创业公司的日常运营中，以下工作是最重要的（　　）。

a. 会议记录的及时存档　　b. 业绩指标的合理安排和及时跟踪

c. 团队的经常性培训　　d. 奖惩制度

e. 管理流程的ISO9000认证

17. 创业公司的日常运营中，最棘手的问题是（　　）。

a. 人的管理　　b. 销售增长　　c. 研发的速度

d. 资金到位情况　　e. 扩张力度

18. 创业公司产品市场推广效果的衡量标准是（　　）。

a. 广告投入量和覆盖面　　b. 营销推广的精准程度

c. 产品出色的品质保证　　d. 广告投入和产出比例

e. 产品价格的打折力度

f. 品牌的市场渗透率

19. 防止竞争的最有效手段是（　　）。

a. 专利　　b. 产品包装　　c. 质量检查

d. 不断研发新产品　　e. 比竞争对手更快地占领市场

20. 创业公司的第一个大客户竟然是个土财主，你会（　　）。

a. 一视同仁地对他提供你公司的标准服务

b. 指导他如何来积极配合你的工作

c. 修理他，给他些颜色看看是为了他的提高

d. 提供全面服务 + 免费成长辅导

21. 你认为创业公司中的最大风险是（　　）。

a. 市场的变化　　b. 融资的成败　　c. 产品研发的速度

d. CEO的个人能力和素质　　e. 决策机制的合理性

22. 当创业公司账上的现金低于三个月的时候，应该采取哪项措施（ ）。

a. 立刻启动股权融资　　b. 通知现有公司股东追加投资

c. 立刻大幅削减运营成本，包括裁员　　d. 打电话给银行请求贷款

e. 把自己的存折和密码交给公司会计

23. 创始人之间发生矛盾时，你会（ ）。

a. 坚持原则，据理力争　　b. 决定离开，另起炉灶

c. 委曲求全，弃异求同　　d. 引入新人，控制局势

24. 投资创业公司的理想退出方式是（ ）。

a. 上市　　b. 被收购　　c. 团队回购

d. 高额分红　　e. 以上都是

【试卷答案】

1. d 2. c 3. e 4. d 5. B 6. d 7. D 8. c 9. e 10. c 11. e 12. b 13. b 14. b 15. a 16. b 17. a 18. d 19. e 20. d 21. d 22. c 23. c 24. e

（1）如果你的得分是1~8分：还不具备创业的基本知识，不要冒然创业哦！

（2）如果你的得分是9~16分：游走在创业的梦想和现实之间，继续打磨打磨吧！

（3）如果你的得分是17~24分：已经做好了创业的基本准备，大胆往前走喽！

8.5 课程思考与练习

1. 创业者应该具备哪些素质？假如你要创业，你觉得自己还有哪些方面的素质比较欠缺，该如何培养？

欲望、忍耐、眼界、明势、敏感、谋略、胆量、与他人分享的愿望、自我反省的能力、自信、坚韧、冒险精神、行动能力、商业头脑、学习能力。

以上这些词语，是否能给你一些帮助呢？

2. 如何发现商业创意？

- 从你的客户出发，看能否找到新的需求。
- 从你的朋友们出发，看他们开始在向你谈论哪些新的东西和新的变化。记住，要关注他们谈的一定是变化和新的问题。
- 从你自己的生活轨迹出发，看能否找到一些新的，或者令你印象深刻、刺激你神经的一些现象。
- 特异的、特定的现象总是最新的、也是最有效的信号，按营销上的专业说法叫作“领先客户”，他们的一些个人的、特定的行为，就是非常确切的信号，在告诉你一些未来可能发展的、发生的趋势与变化。

上述经验，你觉得如何？

第 9 章　商业计划书写作

本章学习目标

（1）了解商业计划书的概念。

（2）掌握商业计划书的撰写格式。

（3）明确商业计划书撰写的注意事项。

9.1　故事引入

马化腾与腾讯帝国

1998 年，马化腾和另外一位股东成立了深圳腾讯计算机系统有限公司，同年，腾讯模仿 ICQ 的中文网络寻呼机诞生，并在此基础上准备研发属于自己独立知识产权的 QICQ，也就是后来席卷中国的 QQ；当时，QQ 并没有直接为马化腾带来任何经济效益，甚至想靠 QICQ 顺手牵羊捞点“外快”都不可能，IT 界的精英们也根本看不起这个“小玩意儿”，认为整天摆弄这个没多大出息。当时，马化腾自己也对 QQ 的市场潜力没有足够的认识，而是抱着试试看的心态把 QQ 放到互联网上供用户免费使用。但市场环境发生了重大的变化，网吧在 1999 年在国内雨后春笋般地出现以后，QICQ 独特的离线消息功能和服务器端信息保存功能，在实用性上要比只有本地保存功能的 ICQ 更受用户欢迎，这个不被人看好的 QQ 在不到一年就发展了 500 万用户。大量的下载和暴增的用户量使马化腾兴奋的同时，也让腾讯难以支撑，面对资金已经耗尽，员工面临无法开支的局面，怎么办?

当时，网易首席执行官丁磊是马化腾的哥们，马化腾决定虚心向丁磊学习。马化腾在充分分析与总结 QQ 项目的产品定位、市场竞争、团队优势等关键因素的基础上，准备了 6 个版本、20 多页的商业计划书，开始了漫长的寻找国外风险投资旅途。功夫不负有心人，就在马化腾已经快要绝望的时候，IDG 和盈科数码以各占腾讯 20%股份的代价向腾讯投资 220 万美元。“当 20 万兆的 IBM 服务器放在公司桌上的时候，我心里就别提有多美了!”当马化腾讲述这一情景的时候，脸上依然露出了孩子般天真、灿烂的微笑。

讨论：马化腾创业为什么会成功？商业计划书的目的什么？完整的商业计划书应包括哪些内容?

9.2 理论精解

9.2.1 什么是商业计划书？

商业计划书是详述筹建企业的书面文件，是对与创业项目有关的所有事项进行总体安排的文件。创业计划覆盖了创业企业的各个方面：项目、市场、研发、制造、管理、关键风险、融资、阶段或时间表等。所有这些方面的描述展现了这样一幅清晰的画面：本企业是什么；企业的发展方向是什么；企业家怎样达到他的目标。总之，商业计划是企业家成功创建企业的路线图。

在某些专业领域，商业计划书指的是一种企业计划、一个贷款计划或是一个投资计划书。不论名称是什么，都是获得任何经济来源需要的基本文件。商业计划书成为投融资双方共同的语言与协商的基础，让投融资活动成为可能。虽然在企业初建时它可能是用作一种工作性文件，但它主要是把计划的发展战略压缩为一个综合资料以供外来投资者阅读、理解。

商业计划的重点往往是企业最终的执行。换句话说，不仅要书写一份有效的商业计划书，更重要的是将计划转变为一个成功的企业。

谁来写商业计划书？

创业团队经常会考虑聘用一个外部专业人士来准备商业计划，以便可以专心从事融资和企业创建工作。但聘请外部专业人士并不是好主意，你自己或你和你的团队应该亲自书写整个计划。一方面，在制定并撰写商业计划的过程中，可以检验不同的战略和战术所产生的后果以及创建企业对人员和财务的要求，不然事情一旦发生，就悔之晚矣；另一方面，商业计划一个很重要的结果是使创业团队处于同一个发展阶段，统一创业思路与行动纲领。由于创业计划涉及的内容很多，应事先做好计划工作，使写作过程有条不紊地进行。通常是成立一个写作小组，大家分工协作，各负其责，最后由组长统一协调定稿，以免零散、不连贯、文风相异。另外，还要注意使用资料的时效性，及时更新有关资料数据。

9.2.2 商业计划书撰写格式

如前所述，此框架的顺序是依据表 7.1 所示的内容表顺序。在准备创业计划时，创业者很可能会想按不同的顺序、表达方式来考虑各个部分内容。

1．封面

封面页应包括公司（创业计划）名称、公司（联系人）地址、公司（联系人）电话号码、日期。通常，名称、地址、电话号码和日期在这页的上中部。

商业计划书的提交应建立在保密与产权保护的基础上。因此，计划书应积极包含保密承诺内容，以保护创业者的知识产权，防止计划书被他人影印、篡改、泄露或被他人利用。而保密承诺一般安排在封面底部或扉页位置。

2．目录

目录中包含各部分及分部分内容的列表、附录以及所在页码。

3. 执行摘要

执行摘要虽然列在创业计划的最前面，但它是在其他部分定稿之后才撰写的，它是商业计划书的提炼与浓缩。执行摘要涵盖了整个计划的要点，应简明扼要、条理清晰地阐明创业的基本思路、目标及其优势，一般限于两页纸的内容。创业者要反复推敲，精益求精，使摘要结构完美，语句清晰、流畅且富有感染力，便于读者在最短的时间内一目了然地评审计划，并做出判断。

4. 企业描述

企业描述过程中，首先，要说明创办新企业的思路，创意的形成和发展过程以及企业的目标和发展战略。其次，要客观描述企业现状、过去的背景和企业的经营范围，应突出经验和优势，同时不应回避失误，而是要中肯地分析并说明补救措施，这往往更能赢得信任。

这一部分的主要内容包括三方面。

（1）企业的基本情况。简要介绍企业名称、成立时间、注册地点、经营场所、公司的法律形式、法人代表、注册资本、主要股东、股份比例等，重点介绍企业未来发展的详尽规划，企业近期及未来 3～5 年的发展方向、发展战略和要实现的目标。对初次创业的在校大学生而言，企业基本情况介绍可以采取待筹办意向的方式予以表达。

（2）企业理念。描述企业理念，让人们相信你的企业能为客户带来利益，满足客户要求，这是创业者的经营理念。企业理念是未来企业经营的重要指导思想、企业文化的重要组成部分，创业者应从行业与企业实际特点出发，积极探索本企业务实的、特有的经营理念。

（3）企业的发展阶段（规划）。说明企业创立时的情况，早期发展情况，稳定发展期的情况，扩张期的情况，企业合并、重组或稳固地占领市场等情况。对初次创业的在校大学生创业而言，本部分的内容将集中在对企业未来中、短期（一般为 1～5 年）发展战略与目标的阐述上。

5. 产品与服务

具有市场前景的产品或服务是公司利润的源泉，而且，战略伙伴和投资人最关心的问题之一就是新创企业的产品、技术或服务能在多大程度上解决现实生活中的问题；或者是其产品（服务）能否帮助顾客节约开支、增加收入；创业者应该非常详尽、准确地描述其产品或服务项目，特别是产品的技术特点。描述也要通俗易懂，使非专业技术人员的投资者也能明白。

通常，产品介绍应包括六方面内容。

（1）产品的基本描述。该项主要介绍产品或服务的性能和用途，尤其是介绍产品的新颖性、先进性和独特性，旨在说明企业的产品能解决什么问题，顾客能从企业的产品中获得什么好处。

（2）产品的竞争优势。该项阐明企业的产品与竞争对手的产品相比有哪些优缺点，顾客为什么会选择本企业的产品。

（3）产品的研究和开发情况。这部分，主要包括企业或技术骨干以往的研究与开发成果及其技术先进性（包括技术鉴定情况，获国际、国家、省、市及有关部门和机构奖励情况），参与制订产品或技术的行业标准和质量检测标准情况，在技术与产品开发方面同国内外竞争对手的比较情况以及企业为提高竞争力拟采取的措施等。

（4）开发新产品的计划和成本分析。这部分分析主要包括：在技术开发方面，已经投入的资金总额是多少，计划再投入多少开发资金（列表说明每年购置开发设备、开发人员工资、试验检测费用，以及与开发有关的其他费用）；企业今后的开发方向、开发重点和正在开发的技术和产品；企业现有技术开发资源以及技术储备情况；企业寻求技术开发依托（如大学、研究所等）情况、合作方式；企业将采取怎样的激励机制和措施，以保持关键技术人员和技术队伍的稳定。

（5）产品的品牌和专利。该项说明企业为自己的产品采取了何种保护措施，拥有哪些专利、许可证，或与已申请专利的厂家达成了哪些协议，如拥有的专门技术、版权、配方、品牌、销售网络、专营权、特许权经营等。

【小故事】"藏经阁"——一个职高女生的创业故事

淘宝网上有个好评率100%的小店名叫"藏经阁"，点击进入小店，可以看到不少待出售的国画作品和一些手绘的扇面、衣服、水壶等。在有关店铺介绍中，写着这样一句话："MM还是学生，请大家多支持!"

小店的老板名叫吴晶洁，是江干职高2003电脑美术2班的学生。某学期，学校开设了装饰画课程，老师在教学中要求学生设计一件属于自己的文化衫。当时吴晶洁就想到，既然能穿着自己设计的衣服走在大街上，那么也许别人也会喜欢上这种手绘的风格。于是她萌生了在网上开家手绘店的念头。

6月15日，吴晶洁在淘宝网上开出了自己的小店，与此同时，她开始在衣服、裤子、鞋子甚至是水壶、花盆上画画，然后把照片拍下来传到网上。从注册开店至今，网上记录藏经阁已经成功交易了16笔。小吴说实际成交量远不止这些。

对于小店的未来，吴晶洁也有自己的打算，她说现阶段开店的目的不是为了赚钱，而是锻炼自己。今年是高三，学习任务重，她的精力要投入到报考中国美院的学习中。但小店她会继续开，今后不乏扩大规模的打算。今年暑假就有一位义乌的老板要请她加工3000把工艺扇面，因为学习她推掉了订单。"我们吴晶洁这次考了全年级第一，老师对她期望很大，等她考上大学后我们会好好经营这家小店。"吴妈妈谈起女儿，脸上的自豪藏都藏不住。

6．市场分析与营销策略

当企业要开发一种新产品或向新的市场扩展时，首先要进行市场分析和预测，然后针对目标市场制定营销策略。这部分包括市场分析与营销策略两部分内容。

（1）市场分析。市场分析部分的信息与结论应支持这样一个论断：企业（创业项目）能在一个成长行业中攫取极大的市场份额，并从容应对竞争；其内容主要包括：目标顾客和目标市场；市场容量和未来市场的发展趋势；企业在市场竞争中的地位、竞争对手的情况、各自的竞争优势；预计的市场份额和销售额等。

实际上，市场分析是商业计划书中最难准备的一部分，也是最重要的一部分。创业计划的其他部分都建立在此处所描述的市场调研和分析的基础上，例如，预期销售水平会直接影响这样一些方面，如生产经营规模、营销计划和你所需要的债务额和股权资本等。鉴于以上特点，建议创业者在准备其他部分之前先准备这部分，应该花足够的时间来做好这部分，并检验市场数据的各方面来源。

市场分析过程中的关键要素描述如下。

A. 客户

- 讨论产品或服务的客户是谁或将是谁。注意潜在客户必须具有共同的可识别特征。
- 显示每个细分市场上产品或服务的主要购买者是谁，在哪里。
- 描述客户的购买过程，包括他们最初购买决策的基础（如价格、质量、时机、交货、培训、服务、人际关系或政治压力等）和他们改变现行购买决策的原因。
- 列表显示你手头所有的订单、合同或承诺书以及潜在的客户名单。
- 如果你现在已经有一家公司，列出你现在的主要客户并讨论你对他们的销售趋势。

B. 市场容量和趋势

- 按细分市场和／或地区和／或国家，以数量、金额和潜在盈利率来说明今后 5 年内你将提供的产品或服务的总的市场规模和你将占据的市场份额。
- 还要合理说明你的产品或服务所针对的每个主要客户群、地区或国家市场至少在 3 年内的潜在年增长率。
- 讨论影响市场增长的主要因素（如行业趋势、社会经济趋势、政府政策和人口迁移），并回顾过去的市场趋势。如果过去的实际年增长率和预期值有不同，都必须加以解释。

C. 竞争和竞争优势

- 较客观地评估竞争者的优势和劣势，合理评估产品和服务的替代品，并列出提供这些替代品的公司。
- 根据市场份额、质量、价格、表现、交货、时机、服务、保修和其他有关特征来与竞争品和替代品进行比较。
- 从为客户带来的经济利益的角度来比较你的产品或服务与竞争者的产品和服务所增加的或创造的根本价值。
- 总结竞争对手的财务状况、资源、成本和盈利性以及它们的利润趋势。
- 讨论三四家关键竞争者的情况，总结他们的优势和弱点，判断和讨论他们的市场份额、销售额、分销方式和生产能力。
- 据对竞争者业务的分析，阐述项目竞争优势与经营愿景。讨论是什么使你认为和它们竞争很容易或很难。特别要讨论的是，你通过诸如专利这样的“竞争壁垒”。

D. 估计市场份额和销售额

- 概述在目前竞争格局下的产品竞争优势。
- 识别已有客户（或意向客户）以及未来几年的潜在客户。
- 根据市场份额与销售量的假设、产品竞争优势以及对竞争者的判断，预计 3 年内产品要获取的市场份额、销售数量和销售额。
- 如公司已存在，应指出市场规模、现有市场份额以及两年的销售情况。
- 还应要说明创业者将继续评估目标市场、客户需求以指导产品的改进和新产品的开发，为生产设备的扩充制订计划、指导产品/服务定价。

（2）营销策略。营销策略描述的是将如何达到预期销售状况。营销策略必须详细说明发掘商机和竞争优势的总体营销战略。营销策略必须讲明要做什么，如何做，何时做，以及谁来做的问题，具体包括销售和服务政策的讨论、定价、分销、促销和广告战略等方面内容。

A. 总体营销战略

- 系统性、全局性地考虑价值链和所探索的机会市场上的分销渠道，描述公司的特定营销理念和战略。

B. 定价

- 讨论定价战略，包括产品和服务的价格，并与主要竞争对手的定价原则做比较，包括简单讨论客户的投资回收期（月数）。
- 讨论定价原则，包括讨论价格、市场份额和利润之间的关系。如果你产品的定价要比其他竞争产品的价格低，解释你怎样做到这点并保持盈利。
- 解释你所定的价格将如何使你：
  - 让客户接受产品或服务；
  - 在面临竞争时保持并增加你的市场份额；
  - 产生利润。

C. 销售战术

- 说明销售和分销产品或服务将采用的方法（如自己建立销售队伍、设立销售代表、现成的制造商销售组织、直邮或分销商等），以及为销售队伍制定的初期和长期计划。
- 讨论最终给予零售商、分销商、批发商和销售人员的利润. 以及给予分销商或销售代表的有关折扣、独家分销权等的特别政策，并把这些和竞争对手所给予的进行比较。
- 说明如果使用分销商和销售代表，如何选择合适的人员。他们将何时开始成为你的代表，他们将负责的区域，每月增加的分销商和销售代表数，以及每个分销商或销售代表预计可完成的销售量。
- 如果要使用直销队伍，说明该队伍的结构和队伍壮大的速度：指出是否要用直销队伍替换某个经销商或代表组织，如果是，应该是什么时候，如何替换。
- 列出每个销售人员每年的预期销售量，以及他们应得到的佣金、奖励和／或薪水，并把这些数字和你所在行业的平均数比较。
- 列出一张销售日程表，以及一份销售预算，包括所有的营销推广成本和服务成本。

D. 服务和保修原则

- 如果你的公司将提供的产品在服务、保修或培训上有要求，则要指出这些要求对客户购买决策的重要性，并讨论你处理服务问题的方法。
- 描述你所提供的各项保修的种类和条件，是由公司服务人员、代理人、经销商和分销商提供保修服务还是返回给工厂。
- 指出你所拟定的服务收费，以及服务这项业务是可以盈利的还是仅仅保本。
- 把你的服务、保修和客户培训原则及实践与你的主要竞争对手进行比较。

E. 广告和促销

- 描述公司将使用什么方法来使产品或服务吸引准客户的注意力。

- 对于 OEM 制造商和工业产品制造商来说，要说明参加贸易展、在贸易杂志上做广告、直邮销售、制作产品宣传单和促销材料以及使用广告代理的计划。
- 对于消费品来说，要说明为引进产品而打算采取的广告战和促销战，以及将向经销商提供的销售帮助和必须参加的贸易展等。
- 列出一份促销和广告的日程表和成本估算，并讨论这些成本将如何产生。

F. 分销

- 描述你将采用的分销方式和分销渠道。
- 指出运输成本占销售价格百分比的大小。
- 注明必须解决的各种特别问题或目前存在的隐患。
- 如果涉及国际销售，注明将如何处理这些销售，包括分销、运输、保险、信贷和托收。

【小故事】化“腐朽”为神奇——质量和服务至上

迈克尔·戴尔似乎天生就有创业精神。在 12 岁时，他就经营一个名叫“戴尔的邮票”的邮票交换中介生意，几个月不到就挣了 2000 美元。16 岁时，他又去卖杂志，一年不到又赚了 18 000 美元。这些经验使他深刻体会到中介商的报酬有多高。

有感于电子商店的销售人员缺乏必要的知识，戴尔在 1984 年他 19 岁时就中途辍学，带着 1000 美元的存款创办了个人电脑有限公司（PCs limited），并在四年后更名为戴尔计算机公司（Dell Computer corporation），戴尔的创意是利用具有创新性的邮购营销方式直接贴近他的客户。通过公司 20 多年在商业模式与市场营销方面的努力，公司取得了非常高的收益，2007 年在《财富》杂志公布美国 500 强企业中，戴尔位居 34 位，超过微软、摩托罗拉、英特尔等 IT 业巨头，而戴尔本人也被《财富》杂志评为最富有的美国青年才俊。

戴尔成功的故事向我们展示了营销规划的重要性，戴尔提出了一个很有吸引力但却简单的市场营销方法：去掉经销商和分销商，同时通过高质量的服务来努力满足客户的需求。戴尔的营销规划很简单但很有进取性，它把公司定位于一个低价位的、按单生产的、对客户做出直接反应的企业，同时又通过对新的市场营销计划开发进入新的细分市场，如 B2B、国际市场等。当其他公司开始模仿戴尔的直销营销战略时，戴尔公司势必将面临一个又一个的营销挑战，但迈克尔·戴尔坚决认为虽然被竞争对手模仿，戴尔仍拥有直销的丰富经验，公司还会取得持续的增长。

7. 产品实现

商业计划要做的事

- 让所有管理团队成员参与商业计划的准备。
- 计划要有逻辑、完整并有可读性，还要尽量短一些。
- 要投入大量时间和一定资金来准备该计划，表明对企业的责任心。
- 描述关键性的风险和假设，说明为什么在这些情况下还可以创办企业，怎么办。
- 揭示并讨论企业中的所有现存问题或潜在问题。
- 确定几种可选择的融资源。

- 讲清楚要进行的交易：所有权股份的多少和投资者将怎么赢得利益。
- 富于创造力地获得潜在投资者的关注和兴趣。
- 要记住计划并不等于事业，实施比计划的价值高得多。
- 一定要把接受订单和客户放在首位，即使那意味着你必须推迟计划的撰写，因为订单和客户将产生结果为正的现金流。
- 知道你的目标投资者群（例如，风险资本家、天使投资者、银行或租赁公司）以及他们真正想要的和不想要的，并相应地修改你的计划。
- 要将比较客观的市场和销售预期值作为财务报表的假设条件，而不是反过来做。

产品实现必须包括这样一些因素，如工厂选址、必需的设施类型、空间要求、资本设备要求和劳动力（全职和兼职）要求。对一个制造型企业来说，生产和营运计划必须包括这样一些方面的原则：库存控制、采购、生产控制，以及采购规划等。服务型企业可能需要特别注意选址（接近客户往往是必须的）、日常开支最小化和劳动生产率。归纳汇总为生产方式、生产设备、质量保证三个方面内容。

（1）产品生产制造方式。该项主要说明，是自己建厂生产产品，还是通过委托或其他方式生产。如果自己建厂，是购买厂房还是租用厂房，厂房面积及生产面积是多少，厂房地点及其交通、运输、通信条件如何。

（2）生产设备情况。该项说明，现有生产设备是专用设备还是通用设备，先进程度如何，价值是多少，是否投保，最大生产能力是多少，能否满足公司产品销售增长的要求。如果需要增加设备，采购计划、采购周期及安装调试周期如何。如果设备操作需要特殊技能的员工，如何解决这一问题。

（3）质量控制。该项描述产品的生产制造过程、工艺流程，说明如何保证主要原材料、元器件、配件以及关键零部件等生产必需品的进货渠道的稳定性、可靠性、质量及进货周期。正常生产状态下，成品率、返修率、废品率控制在怎样的范围内，生产过程中产品的质量保证体系及其运转模式。

【小故事】联邦快递创业之路

联邦快递（Federal Express）公司成立于1973年，全球总部设在美国的田纳西州孟菲斯，是全球快递运输业泰斗，世界500强企业。

20世纪60年代，联邦快递公司的创立者弗雷德在耶鲁大学读书，他撰写过一篇论文，提出一个超越传统上通过轮船和定期的客运航班运送包裹，建立一个纯粹的货运航班，用以从事全国范围内的包裹邮递的设想。这是一个开创性的创业设想，弗雷德在论文中提出，在小件包裹运输上采纳“轴心概念”理念，并利用寂静的夜晚通过飞机运送包裹和邮件。可是老师并未认可这个创新理念，这篇论文只得了个C。

越战回国后，弗雷德在可行性研究基础上，把从父亲那里继承的1000万美元和自己筹措的7200万美元作为资本金，建立了联邦快递公司。实践证明，弗雷德的“轴心概念”的确能为小件包裹运输提供独一无二的、有效的、辐射状配送系统。弗雷德的出奇之处不仅在于小件包裹运输采纳“轴心概念”的营销模式创新，更在于他能够把人们忽略的时间运用起来，把本来是低谷的时段变成一种生意的高峰期。

公司运输中央轴心的选址也是联邦快递成功的关键，孟菲斯以其地理位置、机场条件、航空安全记录均为联邦快递带来了巨大的竞争优势。“中央轴心”系统有助于减少运输上的误导或延误，因为从起点开始，包裹在整个运输过程都有一个总体控制的配送系统。

8．管理团队

一个企业的成功与否最终将取决于该企业是否拥有一个高效、团结的管理队伍，一个企业必须具备负责产品设计与开发、市场营销、生产作业管理、企业理财等方面的专门人才；企业管理的好坏，直接决定了企业经营风险的大小。而高素质的管理人员和良好的组织结构则是管理好企业的重要保证。在创业计划中，必须阐明企业的管理结构及主要管理人员的相关情况，重点展示管理团队的凝聚力和战斗力，使战略伙伴或风险投资人了解企业的管理团队是由一批具有丰富的管理经验和较高的职业道德的人士组成的。优秀的管理团队将确保企业紧紧抓住好的商业机会，以有效的方式实现企业的经营目标。

（1）组织。创业者首先要全面介绍企业管理团队的主要情况，包括公司的主要股东及他们的股权结构、董事和其他一些高级职员、关键雇员以及公司管理人员的职权分配和薪金情况，然后，将管理机构、股东情况、董事情况、各部门的构成情况等，以一览表的形式（或者组织结构图等其他方式）清晰地展示出来。

（2）关键管理人员。该项详细介绍公司的重要成员，包括他们的职务、工作经历和经营业绩、受教育程度等，特别是有关专业知识、技能和成就，描述管理团队中每个关键人员的确切职责。

（3）激励和约束机制。该项说明企业准备设立哪些机构，各机构配备多少人员，人员年收入情况；是否考虑员工持股问题，如果考虑，就需要说明股票期权实施办法和红利分配原则；企业如何加强对员工的持久激励；阐明企业的内部约束机制和外部约束机制。

【小故事】杭州高博的精英团队

2001 年，李慧回到故土杭州。经过几个月的考察，2001 年底，高博技术与战略研究所（杭州）有限公司在杭州东部软件园成立，李慧架起了通往杭州和波士顿之间的桥梁！

李慧曾任某知名民营企业高级管理投资顾问，浙江省某风险投资公司总经理。后前往美国波士顿 RIVIER 学院攻读 MBA。取得学位后，年轻的李慧在波士顿开了一家咨询公司。稳定的工作、丰厚的收入并没有熄灭李慧心中早就酝酿着的回国发展念头。当时，把国外先进技术、人才引进国内的工作，已经在全国各地开展得如火如荼，但是真正能把一流人才引进来的却不多。而李慧在波士顿的公司其中一项业务就是为来美考察的国内人员牵线搭桥，介绍美国成熟公司高层管理人员与国内同行加强信息交流。当时杭州市的不少部门都曾与她有过合作。他们都向她提出建议，要做就做得彻底一些，把“桥”搭到中国来！

数位奋斗在波士顿的海外学子加入了李慧的海归创业团队。“我们都在波士顿工作、生活过，被彼此之间合作的愉快氛围所吸引，共同的志向所驱动，才回到杭州，组成了一个团队。”说起和自己一起创业的 4 人海归团队，李慧掩不住内心的自豪和喜悦，她极力推荐我们去采访团队的其他成员。

“在国内创业初期的待遇显然与在美国工作没法比，但却更有价值，因为做好一个项目可以长久地影响一家企业，甚至影响整个社会。”公司副总裁张希军博士道出了和李慧等 4 人一起回来的原委。他们出于共同的目标，放弃了在美国的优越待遇，带着学成的知识和在大公司积累的经验，回到国内从头开始。

因为 4 人有不同学术、工作背景的优势互补，加上各自在杜邦、朗讯、阿尔卡特等国际大公司的工作经历，以及对国内环境的熟识，他们的合作如鱼得水。公司创办后，几乎没有经历一般企业都曾有过的初创尴尬，就迅速走上正轨。虽只有两年时间，但他们向外的事业触角已从最初的美国波士顿，扩大到了北美、欧洲、澳洲等多个国家，正向着更广阔的天地伸展。

9．财务管理

战略伙伴和创业投资者最关心企业经营的财务损益情况，从中判断自己的投资能否获得预期的回报，这是决定战略合伙人是否加盟、创业投资者是否投资的关键因素。

（1）企业过去三年的财务情况。企业过去财务状况对战略伙伴或风险投资人具有重要的参考价值，所以，应提供过去三年的现金流量表、资产负债表、损益表和每年的财务总结报告书。

初次创业的在校大学生则应向战略伙伴或创业投资者阐述自己对财务管理重要性的认识。

（2）今后三年的发展预测。创业者要根据经营计划、市场计划的各项分析和预测，在全面评估市场信息和公司财务环境的情况下，提供公司盈亏平衡分析以及今后三年的预计资产负债表、损益表以及现金流量表。创业者要将预测的依据、预测的前提假设以及预测的方法一一列明，来增加预测的可信度。

（3）融资计划。这部分是创业计划的关键部分，是创业投资者十分关心的问题，内容包括以下几个方面。

第一，资金需求量及资本结构。为保证项目实施，需要新增投资是多少；新增投资中，需投资方投入多少，对外借贷多少，公司自身投入多少；有对外借贷，抵押或担保措施是什么。

第二，如何使用这些资金。说明投入资金的用途和使用计划。

第三，投资人可以得到的回报。预计未来 3～5 年平均每年净资产回报率；投资方以何种方式收回投资，具体方式和执行时间。

10．关键风险、问题和假设

创业计划总会包括相关的一些隐含的假设，因此，创业计划必须描述一些有关所在行业、公司、人员、销售预测、客户订单和创立企业的时机和融资的风险及其负面结果的影响。

识别并讨论创业项目中的风险，可以证明创业者作为一名经理人的技能，并能增加创业者和创业项目在风险投资者或私人投资者心目中的可信度。主动分析与讨论风险也有助于创业者对创业项目完成风险评估与对策研究，“未雨绸缪”方能降低创业风险。

关键风险、问题和假设主要包括两方面的内容。

（1）论你计划中所做的假设和隐含的风险。

（2）识别并讨论各种主要问题和其他风险，如：

- 在获得订单以前就用完了现金；
- 竞争者的非理性反应；
- 各种潜在的行业不利趋势；
- 设计或生产成本超出估计；
- 没有达到预期销售额；
- 与产品开发日程安排不一致；
- 零部件或原材料采购过程中遇到困难或订货周期长；
- 超出预计的革新和开发成本；
- 订单大量涌入后现金不足。

（3）指出哪些假设或潜在问题及风险对企业成功最关键，并描述你将不利于企业成长的各种影响降到最小的计划。

【小故事】“浙江废料车网”的启示

面对眼前空荡荡的收购站，胡奕发一脸无奈。从这个月月初开始，他关闭收购站大门，停止了废品收购业务。一年前，大学毕业的他放弃了求职机会和两个志同道合的同学把全部心血都投在了废品收购上。然而仅仅半年时间，他们的生意就陷入低谷，到了入不敷出的境地。

去年毕业离校时，浙江商业职业技术学院毕业生胡奕发和室友忙着整理个人物品，旧书刊旧报纸堆了一大堆。等他们装好箱来到寝室楼下准备把这些废书报卖掉时，原本等在那里的师傅已经走开了。这件事触发了胡奕发的灵感。他想，碰到这种情况的人一定不在少数，既然大家都有这方面需求，何不组织人专门收集废品呢？几天后，他和老同学陈东讲了想法，两人一拍即合。陈东把当时正在筹划的个人网站改造成一个专做废品回收的电子平台。要卖废品的人在网站上输入相关信息，他们再把这些信息转到废品回收站，客户就可以足不出户地等着上门收购，轻松便捷。没有前期宣传，也没有完善的后期配备，去年年底，定名为“浙江废料车网”的网站低调开通。不久，浙江万向职业学院三年级学生朱彤彤也加入进来。三个人开始了创业实践。

网站一开张，创业团队就面临着惨淡经营的窘境。朱彤彤说：“我们还走错了一步，没和学校接洽废品收购业务，没有得到承包权。如果得到了承包权，生意就不用愁了。”除了网站缺少投资等内部因素，社会对于卖废品网络的接受程度也没有纳入考虑中。多数市民对通过网络卖废品有些不以为然，觉得有走“弯路”之嫌，而以不会上网老人为主的顾客群体更打得创业团队一个措手不及。另一方面，令胡奕发始料未及的还有行业存在的不诚信、拖欠款、上游收购商克扣等一系列的不规范问题。经过半年多的惨淡经营，他们几乎没赚到钱，连借来的钱也打了“水漂”，只能关门大吉。

11．附录

这部分包括与创业计划相关、但不宜放在前面的一些内容，如企业的组织结构图、产品说明书、设施或技术的分析、专利证明等。通常，附录对提高创业计划的质量有着重要的作用，对于创业者获取外部资源的支持有特殊的意义。

一般而言，附录的内容可分为附件、附图和附表三部分。

9.2.3 商业计划书撰写注意事项

完成对商业计划书作用的认识，首先需要认识的是商业计划书为谁写，它的读者是谁。虽然，涉及阅读商业计划的是无数的专业人员，例如风险投资家、银行家、潜在大客户、供应商、律师、顾问等，但最关键的阅读者为潜在的投资者和创业者本身。

1．商业计划书的作用

针对不同阅读对象，商业计划书的主要作用各有不同，总结有以下几点。

（1）指导作用。创业者将自己的创意以创业计划的形式表现出来，可以冷静地分析自己的创业理想是否真正切实可行，清醒地认识自己的创业机会，明确自己的方向和目标，进而明确创业企业的方向和目标、蓝图。另外，创业计划的内容涉及创业的方方面面，可以使创业者对产品开发、市场开拓、投资回收等一些重大的战略决策进行全面的思考，并在此基础上制订翔实清楚的营运计划，周密安排创业活动，发挥指导作用，降低创业风险。

（2）积聚资源。资金是创业项目的血液与前提，通过制订完整的创业计划，一方面可使创业者发现所需的资源，了解所需资金、设备、人员等各方面的情况；另一方面也可以帮助潜在的投资者了解创业项目及创业构想，有利于创业者寻求外部资源的支持，实现资源积聚。

（3）整合资源。商业计划书的整合作用也是最重要的作用之一，在创业过程中，资源是有限的，各种生产要素是分散的，各种信息是凌乱的，各种工作是不衔接的。通过编写商业计划书的过程，梳理思路，进行调研，完善信息，找到各种程序之间的衔接点，最终将各种资源有序、有效地整合起来，围绕创造商业利润，进行最佳要素的组合。只有这种组合，才能把各种分散的资源聚拢起来，形成增量资源，取得整合的经济效益。

2．商业计划书关键要素

创业推介的小窍门

1. 积极准备，熟悉创业计划书。

2. 事前预演，准备一个 30～60 秒的“电梯间”演讲，训练用最简洁的语言说明市场需求和解决方案。

3. 准备一个简短的 PPT。

4. 了解你的推介对象，知己知彼。

5. 合理的推介团队，一般由主讲、辅助以及联络安排三个成员构成。最好由年轻的总经理或市场开发人员担任主讲，避免技术人员过于拘泥技术细节与缺乏生气的感觉。

6. 充满激情，控制时间（20 分钟陈述、20 分钟回答问题）。

7. 推介时避免大段宏观背景与经济常识的“扫盲”活动。

8. 重点推介企业的市场机会与把握机会的能力，以及已掌握、整合的竞争优势与经营资源。可能的话，准备一两个简短的实例。

9. 只有到投资商提出的时候，再谈投资回报和退出途径。

10. 友好、灵活、开诚布公、追求双赢。

11. 态度决定一切。

（1）产品。在商业计划书中，应提供所有与企业的产品或服务有关的细节，包括企业所实施的所有调查。这些问题包括：产品正处于什么样的发展阶段？它的独特性怎样？企业分销产品的方法是什么？谁会使用企业的产品，为什么？产品的生产成本是多少，售价是多少？企业发展新的现代化产品的计划是什么？等。制订商业计划书的目的不仅是要出资者相信企业的产品会在世界上产生革命性的影响，同时也要使他们相信企业有证明它的论据。商业计划书应通过简洁的语言对产品进行阐述，要让出资者有相逢恨晚的感觉与冲动。

（2）竞争。在商业计划书中，创业者应细致分析竞争对手的情况。竞争对手都是谁？他们的产品是如何工作的？竞争对手的产品与本企业的产品相比，有哪些相同点和不同点？竞争优势在哪里？竞争对手所采用的营销策略是什么？等。商业计划书要使它的读者相信，本企业不仅是行业中的有力竞争者，而且将来还会是确定行业标准的领先者。在商业计划书中，企业家还应阐明竞争者给本企业带来的风险以及本企业所采取的对策。

（3）市场。商业计划书要给投资者提供企业对目标市场的深入分析和理解。要细致分析经济、地理、职业以及心理等因素对消费者选择购买本企业产品这一行为的影响，以及各个因素所起的作用。商业计划书中还应包括一个主要的营销计划，计划中应列出本企业打算开展广告、促销以及公共关系活动的地区，明确每一项活动的预算和收益。

（4）行动方针。企业的行动计划应该是无懈可击的。商业计划书中应该明确下列问题：企业如何把产品推向市场？如何设计生产线，如何组装产品？企业生产需要哪些原料？企业拥有哪些生产资源，还需要什么生产资源？生产和设备的成本是多少？企业是买设备还是租设备？解释与产品组装、储存以及发送有关的固定成本和变动成本的情况。

（5）管理团队。把一个思想转化为一个成功的风险企业，其关键的因素就是要有一支强有力的管理队伍。这支队伍的成员必须有较高的专业技术知识、管理才能和多年工作经验。在商业计划书中，应首先描述一下整个管理队伍及其职责，然后再分别介绍每位管理人员的特殊才能、特点和造诣，细致描述每个管理者将对公司所做的贡献。商业计划书中还应明确管理目标以及组织机构图。

（6）计划摘要。商业计划书中的计划摘要也十分重要。它必须能让读者有兴趣并渴望得到更多的信息，它将给读者留下长久的印象。

【小故事】做旧书也有好“薪”情

读大学时，李红梅就发现许多二手书店通常是将人家卖不出去的书籍抱到店里来销售，却忽视了顾客究竟要什么读物。

大学毕业后，李红梅就积极地投入二手书经营行业中。经过分析，她认为做旧书生意的定位就在于——专和精！她将细分目标市场定位在社科人文类书籍上，从而形成自己的特色。换言之，面对五花八门的图书市场，经营者绝对不能“贪”，面面俱到是经营旧书的致命弱点。有了定位，李红梅收购旧书时就心中有数了。她首先看书的内容，其次是出版社。这年春节过后，李红梅收购到一百多本财富类书籍，没想到新学期开学没几天，就被大学生抢购一空。

书店开张没多久，为增加有效的交易渠道，李红梅还开设了网上交易（主要是学术类著作），意在便于与同行交流。现在，网上交易量已占到书店业务总量的 15%。此外，李红梅还销售一些基本不盈利的书籍，这样做可稳住老客户、争取新顾客，从而带动其他生意。增设“寄售”业务，又是李红梅的新招。这一招则充分站在顾客的立场，也宣扬了书店的诚信之本。此项业务主要面对那些有书却不愿贱卖的顾客，他们希望手上有价值的旧书能像字画一样寄在店里由老板“代销”。小小的二手书屋在李红梅的手上也经营得红红火火。

9.3 经典范例与分析

帕特里克·赖利在其《一页纸的商业计划书》里，对传统的商业计划书提出了质疑与挑战。他认为潜在的投资者往往处于“有钱没闲”的状态，因此，非常依赖于自己的直觉、知识以及丰富的经验。由于存在所谓“最易决策法则”，即当面临一连串的决策时，决策者往往首先从最容易的决策开始，依次解决问题。因此，传统商业计划书所涵括的过多信息可能会造成投资者的延误决策，而不是把决策提前，甚至把商业计划书扔进垃圾桶里。他认为，在今天的商业环境中，传统的商业计划书并不是一种向投资者、支持者或者推动者介绍想法或者行动方案的最佳文件形式，应采用“一页纸的商业计划书”模式予以项目推介。

当然，赖利并没有否定传统的商业计划书，他建议在写完传统商业计划书后，应马上再重写一份一页纸的商业计划书，这也是加深计划认识、改善口头表达与完善自己的沟通风格的过程。

现在提供赖利的“英才代理公司”案例，进行一页纸商业计划书的剖析。

范例：英才代理公司

（标题：具有冲击力、明确性和目的性，将整个计划浓缩成标题一句话）

联络天才只有职业者的桥梁+21 世纪最热门的公司

（副标题：紧挨着标题，字号小些；副标题为标题的补充，更多的解释性与表现力）

目标：成为世界领先的全球性大学、研发机构人才代理公司，将它们突破性发现介绍给企业界。

（目标：计划目标的陈述，回答“计划书意图说明什么？”，更具体而言就是：“如果执行这个计划，能够实现什么样的结果”）

- 从为世界顶级大学的知识工作者们寻找理想的企业合作伙伴，把他们的宝贵发现付诸实践
- 发展并保留一些 21 世纪最有价值的股份

（第二目标：目标几乎总是不限于一个。对主目标的补充，能够带来更多的预期收益，从而增加计划获得通过的机会）

在今天的美国和其他各工业化国家，知识已经成为生产力和经济增长的第一推动力。而研究则是知识经济的关键之所在。美国 1997 年的研究支出总金额为 310 亿美元，其中 210 亿

美元，即总金额的 67%为大学和非营利性研究机构的支出。而且这一比例仍在上涨。在大学的基础研究中，最核心的就是一个个研究人员和研究人员组成的研究团队，正是他们改变着世界。1999 年，具有牛津大学和加利福尼亚大学学术背景的旧金山商人帕特里克·赖利组建了英才代理公司，专门代表这些研究人员，将他们的研究成果推向市场。

英才代理有限责任公司是一家非上市企业，位于旧金山市。作为一家专业的代理世界各地大学及研究机构高级人才的一流代理公司，公司的业务蒸蒸日上。该公司为非凡之才寻找非凡的合作伙伴，为客户的发现寻找市场，涉及的学科领域有生物技术、制药、新材料应用、计算机软件、通信、互联网等 80 多类。英才公司独有的网络整合门户——企业全开放式知识系统（Enterprise-Wide Open-Ended knowledge system，EWORKS），为学术界和企业界的客户们时刻关注着相关人才，并把他们介绍在一起，英才公司既是一个人才中介，也是一个帮助企业寻找相关人才，从而产生新的高利润收入流的中介。

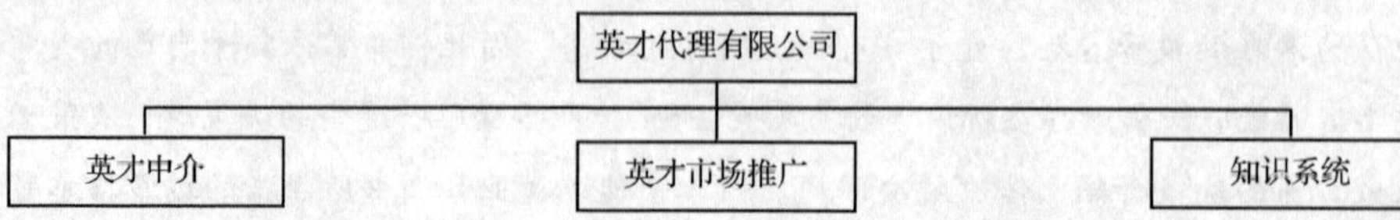

（论证：这还是一段推销词，用 1~3 个段落回答计划“为什么能够、必将，而且应该开展下去”的问题。这一部分的文字最多，大部分研究工作都将在这部分得到体现。计划书所陈述的目标可能在读者心中造成一些疑问，论证部分就是要预测并回答所有这些疑问，捍卫并支持计划书的目标。）

财务：英才代理是一家新兴企业，它正在为进一步地发展壮大而寻求资金。本公司的业务收益来自以下两项：招募新股募集的资金，以及按比例抽取的现金代理费——包括个人对公司的业务（即为个人寻找机构投资者时，从个人和公司签订的基本雇佣协议、专利权与著作权授权、个人在公司中的股份红利等方面抽取代理费），和公司对公司业务（即为企业寻找机构投资者，且该企业以其知识产权作为其资本构成中的正式股份或是作为可兑换债券，并可正常出售，我公司代理该类企业与其他企业之间的业务时，从该类企业与机构投资者签订的研发合同、合资创办的新企业、机构投资者入股创办的新企业、该企业出售的知识产权或是上市后得到的红利等方面抽取代理费）。

（财务：财务部分都是实打实的数据。在这部分总要定量定性地说明计划的财务投入，勾勒出计划的财务框架，让目标读者能够借此了解这份计划在财务方面意味着什么。）

现状：该公司仍处于成长期，正致力于整合期管理团队以及在全世界范围铺开人才网络。英才代理公司正在寻找投资伙伴以确保其下一步的发展。投资进而为在未来三年时间里共投资×××万美元。目前，公司创办人已经投入×××万美元，其中×××万美元为股权，×××万美元为贷款，以用于公司支出。此外，派克维奇·帕特纳投资银行直接投资了×××万美元。

（现状：回答以下问题，当前的形势如何？当前的进展状况怎样？计划的那些部分已经到位？都向谁介绍过项目的情况？已经签署了什么协议？描述这份计划书交到读者手上的当天，计划处于一个什么样的状况？）

行动：请潜在投资人确定其是否有意于接受我方关于英才代理公司投资可能性的全面的保密计划。

（行动：基本是对读者“你要我做什么”这个疑问的回答。计划书的每一句话都是为了这关键性的一句做准备。）

帕特里克·赖利

2002 年 4 月 15 日

（顺序：一页纸商业计划书内容自上而下的顺序具有其逻辑性，顺序绝对不容更动）

9.4 游戏与测试

游戏 1：创业游戏

1. 游戏目的

参与者组建成自己的公司，参加公司间的贸易。通过游戏，让参与者感受与练习创业环节中项目的计划、分工、交易策略，以及团队中各种角色合作的重要性。

2. 游戏准备（环境、人物、设备、时间）

（1）需要教室、空地或者会议室，空间可以让参与者交易时走动。

（2）关于产品的设计：该游戏是进行禽畜贸易，每一只禽畜都有对应的代码，见下表，共有 6 只产品。若参加游戏的人数少，可以选前面 3 只产品。

代码	1	2	3	4	5	6
产品	牛	猪	羊	鸡	兔	狗

（3）游戏开始前，给每公司准备一份相等的资产（印有代码或产品名称的纸质凭证）。根据参加游戏人数的不同，可以分成不同的公司数，公司多，交易量就大，需要的产品和产品数就应该多些，准备的凭证数见下表。

公司数	产品（只）	件/产品	每公司期初拥有的资产（凭证数）
8 个以上	6	3	产品 1~6 各 3 张，共 18 张凭证
7	5	3	产品 1~5 各 3 张，共 15 张凭证
6	4	4	产品 1~4 各 4 张，共 16 张凭证
4	3	3	产品 1~3 各 3 张，共 9 张凭证

若有 60 个人参加游戏，设每组（公司）6 人，能够组建 10 个公司，按上表的经验数据，可以设计成 6 只产品，每只产品有 3 件货，凭证设计成：3 张 1 号票（3 件 1#产品），3 张 2 号票（3 件 2#产品），3 张 3 号票（3 件 3#产品），3 张 4 号票（3 件 4#产品），3 张 5 号票（3 件 5#产品），3 张 6 号票（3 件 6#产品），共 18 张票（凭证）。

若只有 20 个人参加游戏，设每组（公司）5 人，组建 4 个公司，按上表数据，可以设计成 3 只产品，每只产品有 3 件货。

3．游戏内容

由 5~8 人自由组成一个公司，每个公司取一个公司名称。

若某个新公司的成员太少，根据游戏需要，该公司可能被解散，分配到其他公司；公司太大也可能一分为二，请听从指挥。

每个公司期初拥有相等的资产（从组织者处领取），通过市场的自由交易，活动结束后统计经营结果，资产多者为优。

交易方式不限，可以在任何公司之间交易，唯一原则就是交易买卖你情我愿。用一个产品换多个产品也可以。

9.5 课程思考与练习

请以小组为单位（5 ~ 7 人），根据一个现有或构想产品（或服务），收集资料、分工协作，共同完成该产品或服务的商业计划书。并在完整商业计划书的基础上，完成一页纸的商业计划书缩写。

第10章 “创新思维+创业”案例

本章学习目标

（1）了解创新思维的产生到企业创立的全部过程。

（2）了解创新思维对于企业创立的重要作用。

福特公司创始人亨利·福特说：“不创新，就灭亡。”可见，创新思维对于一个人、一个企业、一个国家是多么至关重要。近代以来人类文明进步所取得的丰硕成果，主要得益于科学发现、技术创新和工程技术的不断进步，得益于科学技术应用于生产实践中形成的先进生产力，得益于近代启蒙运动所带来的人们思想观念的巨大解放。可以这样说，人类社会从低级到高级、从简单到复杂、从原始到现代的进化历程，就是一个不断创新的过程。不同民族发展的速度有快有慢，发展的阶段有先有后，发展的水平有高有低。究其原因，民族创新能力的大小是一个主要因素。有人认为想出一种新思维很难，要把一种新思维用到实处，使它产生经济价值就难上加难了。其实此言差矣！只要你细心观察，善于思考，在生活中都可以找到很多可以突破的东西。

创新思维顾名思义，新思维就是要突破旧的、老的、落伍的思维，寻求更科学、更进步的思考方向。创新的思维有很多种，如发散思维、收敛思维、想象思维、联想思维、逻辑思维、辩证思维等。那么如何更好地去创新和发散思维呢？首先，要有一颗好奇心，为什么苹果会掉下来而不是飞上去？为什么每天太阳会东升西落……这是创新意识的萌芽。其次，要有兴趣。只有感兴趣才能自觉地、主动地、竭尽全力去观察、思考、探究，才能最大限度地发挥主观能动性，容易产生新的联想，或进行知识的移植，做出新的比较，综合出新的成果。也就是说强烈的兴趣是“敢于冒险、敢于闯天下、敢于参与竞争”的支撑，是创新思维的营养。再次，会质疑。权威的不一定就是对的，要勇于挑战，敢于质疑。最后，就是探索。既然有疑问，就要积极地去探索，寻求解决的办法。

有人说，如果我有了一个很好的想法，很有创意也很新颖，那么我是不是可以创业了？其实大家都知道，创业不是这么好创的。

一般创业有五个步骤。

阶段一：识别商机，评估商业创意，勾画愿景，进行市场分析和市场研究，评估竞争状况，定价和销售战略的研究。

阶段二：计划的制订和企业的设立，确定目标，开始制订计划，新流程和技术的调研，确定价格、市场和分销渠道。

阶段三：确定融资渠道，保障早期所需资本，保障增长所需资本。

阶段四：确定所需资源和计划的实施，确定许可证、专利和版权的价值，增长的组织准备，制定一种可使价值最大化的商业模式管理。

阶段五：创业的评估和回报，准备一份完整的商业计划，讨论备选方案等。所以，要创业也要下定决心的，困难重重，挑战重重。

但是俗话又说，思路决定出路。无论是创业还是经营或是其他，都要有创新，有新思路，才有机会和实力与别人竞争，才有生存的可能和空间。

下面就介绍几个相关的案例。

范例 1　联邦快递——从大学时代的创新思维到世界 500 强之路

1. 公司简介

联邦快递（Federal Express，FedEx）公司创立者是弗雷德·史密斯，成立于 1973 年，全球总部设在美国的田纳西州孟菲斯，另在中国香港地区，加拿大安大略、多伦多和比利时布鲁塞尔设有区域总部。目前，联邦快递在全球拥有 148 000 名员工，拥有大约 1200 个服务中心，超过 7800 个授权寄建中心，425 000 个投递地点，45 000 辆货运车，662 架货机，服务机场覆盖全球 365 座大小机场，服务范围遍及全世界 210 多个国家，日平均处理货件量多达 330 万份。联邦快递以其无可比拟的航空路线权以及强固的信息技术基础设施，在小件包裹速递、普通速递、非整车运输、集成化调运系统等领域占据了大量的市场份额，成为全球快递运输业泰斗，并跃入世界 500 强企业。

2. 创新思维的产生

史密斯是一个从小就喜欢飞机的人，进入耶鲁大学后，还参加了耶鲁飞行俱乐部，并就飞行进行了一系列研究。他对于当时包裹不能直接运送到目的地，而必须经由多家航空公司转运的问题提出了质疑。他提出，对一家能够直接运输“非常重要、讲究时效”的货物的公司来说，可能存在一个潜力巨大的市场。史密斯还提出在小件包裹运输上采纳“轴心概念”理念，利用寂静的夜晚通过飞机运送包裹和邮件，这样能够把人们忽略的时间运用起来，把本来是低谷的时段变成一种生意的高峰期。

随后，史密斯在其论文中发表了独特的见解：美国需要一条自己的运送包裹的定期航线。这篇 20 页左右的学期论文，主要讨论了以航空中心为基础的空运配送模式。史密斯对拓扑学非常着迷，这个空运配送模式的灵感就来自拓扑学。从拓扑学中他认识到，如果将网络中的所有点通过一个中心联起来，就像票据交换所那样，效率会非常高。于是，他在论文中指出，由于当时从事投递业务的邮局和铁路等很少把包裹直接送到目的地，这为快递创造了巨大的市场空间。

但是，弗雷德教授并不这样认为，虽然他认为这篇论文有一些可取之处，但因为当时美国政府对空运航线的诸多管制，所以这个设想太过于想象力丰富了，难以实现，评分时只给了一个“C”。

毕业之后，弗雷德并没有放弃自己的创新思维，他用从父亲那儿继承的遗产作为资本金，建立了联邦快递公司。公司建立后，遇到了各种各样的困难，联邦快递经历了几个阶段的风险和混乱，以及深刻理解和怀疑后的突破，最后他的结论是正面的：如果理念正确，勇气和顽强可以使成功的可能性更大。

3．公司崛起依赖于创新

这个公司的崛起依赖于创新，主要有以下几点创新特别新颖。

第一，中枢辐射航线网络（Hub-and-Spokes Network），又称轴心辐射航线网络，用来将包裹和文件从出发地运送到目的地的系统。这里的中枢是指用来将包裹和文件分类的场所，坐落在田纳西州的孟菲斯。辐射航线网络指到往或离开原来城市的路线。下午从船只上运到的包裹午夜前会通过飞机送到中枢，在次日上午运送到目的地。从来没有人创造过这种过程，以如此简单且雅致的方式用来在各地之间运送对时间敏感的包裹。

这个创新的优势及价值：充分利用了晚上低谷的时间，让低谷期变成生意的高峰期。能够及时将包裹送到目的地，讲究时效，效率高，让顾客能够放心、安心、准时收到包裹，诚信度高，能够吸引更多的顾客。

第二，员工和独特企业文化也是公司成功的重要因素。很多场合，他们用公司标识中的颜色把联邦快递员工称为“紫血”，形容富有激情的员工是公司活力的源泉。

这个创新的优势及价值：有竞争才有动力，用颜色标识富有激情的员工，这样能够让员工之间产生一种竞争及压力。因为每个员工都想被标识为“紫血”，所以就会提高自己的工作效率。这样的话，公司的总体员工素质及效率都会提高，从而会形成一个强大的员工团体，这个创新充分地利用了员工的上进及追求荣誉的心理。

第三，在团队沟通与建设方面，联邦快递也是独创蹊径，公司所拥有的 600 多架飞机全部都是以公司员工的儿女名字抽签决定命名的，以此激发员工的忠诚、热爱和自豪感。

这个创新的优势及价值：不管对哪个企业，员工总归是最重要的要素，所以抓住员工的心，抓住员工的忠诚是一个企业很重要也是必须要做的事。联邦快递在这个方面就做得很好。600 多架飞机都是以公司员工的儿女名字抽签决定命名的，这种方式非常的新颖，如果被抽到的员工，一想到飞机是以自己的儿女的名字命名的，这能不带动他的热情和自豪感吗？能没有工作的动力吗？

第四，近年来在节能领域，联邦快递也以行业创新者的形象出现，公司将在加州奥克兰机场建设太阳能电力系统，为加州的分支机构提供最大负荷需求约 80%的清洁能源；联邦快递还在尝试使用柴电混合动力车辆提供外勤服务，这种车辆比传统车辆减少使用 50%的燃料同时降低 90%的排放；联邦快递将在快递行业中率先使用世界最大的飞机空中客车 A380，比淘汰的旧机型节约 40%的燃料。创新节能科技的应用，再次确保了其在商业竞争中的领先地位。

这个创新的优势及价值：在当今的世界，节约能源成为一个公共的话题，是一个很重要也是必须要注意的一个问题，联邦快递将创新节能的技术应用到了这个企业的运作当中，适应了全世界的需求，自然而然就被全世界的人接受，运用节能的能源不仅适应当今的需求，也降低了公司的成本，创新的意义就更加有价值。

以上所列的只是联邦快递作为行业创新的领导者所做的创新，事实上创新贯穿于联邦快递的每一个部门、每一个工作环节、每一位员工，数不胜数。有句话说得好：创新是一个公司的灵魂，有一个好的灵魂，才能将肉体发挥到最高的价值。联邦快递就是一个很好的值得学习的例子。

4．联邦快递的创新给我们的启示

（1）领导者的创新意识是企业创新的核心。

（2）创新三步骤，联邦快递创新的孵化器。

第一步：每个人员自由地构思创造性的想法，并自由地表达出来；

第二步：由相关部门和行业的人员组成一个小组，接受并共同完善新想法，把这些初步的想法发展成为可行的商业计划；

第三步：由更大的组织采纳这些想法，使之进一步完善并加以实施。在有些情况下需要整个公司全体人员的参与，这要视新思想影响的范围大小而定。

（3）领导力实践是挖掘和发挥创新潜力的决定因素。

（4）联邦快递创新的核心问题。（在联邦快递的经理级会议上，每一位经理要把他所在区域的“如果这样做，结果将会怎样”的想法拿出来同大家分享，这是接受、完善创新想法过程的一个组成部分。然后，这些想法中的可行想法就会在副总经理级会议上进行讨论，这些想法可以自由地加入长远规划委员会的讨论题目中，由公司总裁史密斯和高级官员讨论并提出见解，以史密斯为核心的团队会提出对表想法的兴趣，提出积极的支持，进行持续跟进以保证新想法的成功应用。这一流程可以确保所有创新方案都获得被提出、分享和评估的机会。）

（5）联邦快递创新与绩效文化的 5 个要素。

要素 1：让员工积极投入公司的运营

要素 2：期待并帮助员工不断发展

要素 3：为创新想法的提出和接受创造一个安全的环境

要素 4：鼓励合作完善创新想法

要素 5：激发员工的奉献精神

如果一个企业能够充分利用好它的现有资源、潜在资源，并且能够充分地、有效地利用好它们，那它就是一个可以被接受且能够在社会立足的企业，在此基础上，企业能够自足创新，且充分地接受员工及公司的每一个人的意见，加之将想法付诸实践，那么这个企业不仅会在社会上立足，更加会成为一个顶尖的企业，联邦快递就是这样一个值得学习和借鉴的例子。

5．从竞争对手方面分析

（1）在国际竞争环境下，与 UPS（联合包裹）的对比分析。众所周知，国际快递四巨头分别为：联邦快递（FedEx）、联合包裹（UPS）、荷兰邮政集团（TNT）和敦豪（DHL）。联邦快递在不断发展的过程中仍然存在着很多强大的竞争对手，它虽凭借自已的优势稳居世界 500 强，但排名仍落后于 UPS。根据这两家快递大公司，我们进行了一系列具体的对比和分析。

联邦快递是世界上拥有货机最多的快递公司。UPS 是世界上最大的快递承运商与包裹递送公司，同时也是专业的运输、物流、资本与电子商务服务的领导性的提供者。

☆ 物流方面：FedEx 要强一些，仅仅快递这一块，无论是飞机数量、快件数量、服务地区、快递人数、快递收入，FedEx 都是世界第一。UPS 是涉及各个方面的集团公司，它的资本实力比 FedEx 强不止一点。FedEx 虽然也是个集团公司，但是集团实力显然不如 UPS，500 强的排名中 UPS 一直在 FedEx 之前。

☆ 报关能力方面：UPS 报关能力方面强于联邦。

☆ 快递方面：联邦在大货的价格比 UPS 有优势。

从国际快递来说：FedEx 强于 UPS 从机队规模来说，FedEx 有 711 架，UPS 300 多架。

☆ 报价方面：联邦快递只进驻香港地区（香港价），UPS 则有内地与香港地区两种价。

☆ 服务质量方面：应该差不多（两者对货物包装都有各自的严格要求）。

☆ 从集团实力方面：UPS 强于 FedEx

☆ 从亚洲市场方面：在整个亚洲，联邦快递在快递业始终是佼佼者。在中国，联邦快递早早地就同大田集团合作，在国内迅速扩张。UPS 不过是倚仗其强大的航空运输实力，在近几年加大了对亚洲地区的投入之后才取得了一定的成绩。

UPS 和联邦快递的战争就跟可口与百事一样，处处都留下硝烟味，且各有各的优势，各有各的创新思想。整体来看，联邦快递的企业结构坚固，品牌认知深度略胜一筹；UPS 的企业文化扎实，营运上的财务表现杰出；这是一场还分不出胜负的战争。总体来看，联邦快递和 UPS 在全球的业务定位略有不同，前者是靠包裹快递起家，一度雄踞全美快递业之首；而后者是传统的航空货运企业，在航空货运领域至今鲜有能出其右者。

在中国市场联邦快递与国内顺丰快递对比分析

	联邦快递	顺丰
创始人	史密斯	王卫
地位	国际物流巨头	争做中国的“联邦”
业务范围	小包裹作为自己的主要业务，包括全国各地的客户运送零件、血浆、移植器官、药品、文件等各种需要迅速运递的物品	主要做中端的文件和小件业务，不做大件重货的运输和派送，其中尤以商业信函为主
服务范围	全球	全球，主要在中国
价格定位	高	较高
员工数量	约 14 万人	近 12 万人
运输工具	飞机为主，货车为辅	自有专机
管理模式	轴心概念	直营
线路	在全球成熟	在中国成熟
成立时间	1971 年	1993 年
启动资金	850 万美元	10 万元人民币
规模	全球	中国，部分其他国家

（2）联邦与顺丰优劣比较。

① 联邦快递优势。

- 拥有全球 50 000 多个投递地点。在全球各地布下投递点，更广泛地进行服务。平均每天向遍布全球的顾客递送 1320 万件包裹。公司向制造商、批发商、零售商、服务公司以及个人提供各种范围的陆路和空运的包裹、单证的递送服务，以及大量的增值服务。
- 通过全球最庞大的货运机群及航班把货件递送至世界各地由 15.25 万辆卡车和 560 架飞机组成的运输队伍。
- 提供即时包裹追踪服务。每当接收到一个信息，指示灯就会闪动，提醒送货司机注意。这对消费者来说，不仅意味着所寄送的物品能很快发送，还可随时“跟踪”到包裹的行踪。通过这一过程速递业真正实现了从点到点，户对户的单一速递模式，向除为客户提供传统速递服务外，还包括库房、运输及守候服务等全方位物流服务的发展。
- 提高生产率，为客户创造价值并在竞争中获取时间优势。
- 在高度竞争的世界经济中，优质、高效的服务发挥着日益显著的作用。
- 不断创新、不断开发新思维新营销策略。“轴心概念”的创新营销模式是联邦快递自创始以来的最大特色之一。
- 技术水平高，成本低廉，人才多。运送迅速，诚信度高，且中国市场广大，发展前景广。中国市场缺少这样的对手，所以可以发展迅速。
- 创新与绩效文化，让员工积极投入公司的运营，期待并帮助员工不断发展，为创新想法的提出和接受创造一个安全的环境，鼓励合作完善创新想法，激发员工的奉献精神。

② 顺丰快递优势。

- 航空即日到，承诺不到退款。对顾客进行高度的效率保障，赢得消费者的信赖和肯定，也提高了送货的速度保证了高效率的服务。
- 365 天全天候服务。无休息日的工作也给顾客提供了一个安全的环境和保障。随时随地都能为顾客送货上门，不用担心公司不上班。这一点为顺丰快递赢得了更多的消费者。
- 多项特色增值服务。
- 新增夜晚收件服务。
- 主动预约收房客户。
- 灵活的改派地址。
- 对中国市场信息十分了解，拥有广泛的消费人群。中国政府对本国相关企业有一定的保护措施。

6．联邦快递未来的展望

FedEx 在发展策略与目标上除了持续针对航空快递服务耕耘、保持领先地位之外，也会加强陆面服务发展，同时持续经由并购与结盟来扩展全球版图。FedEx 更会持续秉持创新思维，提供多元化的服务。

针对目前各大物流业者纷纷趋之若鹜的中国市场，FedEx 从很早就开始积极展开行动，从最初与中外运、大通国际，乃至大田集团合作，可发现 FedEx 在选择合作对象时较倾向于规模越来越小的货运代理公司，从这我们可以推估 FedEx 旨在为日后便于以较低成本取得独资权而铺路。2005 年年底，根据中国加入 WTO 时的承诺，将取消对外商投资物流企业所有权的限制，也因此在 2006 年 FedEx 就将其与大田集团的合资公司——大田联邦快递并购，正式成为独资公司。FedEx 的网络主要在华南和华东地区，而华北地区则需仰赖刚从大田集团并购股份的独资公司，西部地区一直是 FedEx 尚未涉及的地区。FedEx 表示未来五年在中国网络发展重点则为西部地区。

随后 FedEx 在 2007 年与南航签订了共建白云航空枢纽的策略同盟，FedEx 认为只要公司能够有效控制偏高的人工成本，未来的获利将会大幅提升。再者，由于 FedEx 竞争同业 DHL 早已深植中国市场，主要业务范围在长江三角洲地区，因此从 FedEx 针对中国地区的布局，不难看出 FedEx 针对华南地区所采取的策略，特别加强在华南以及珠江三角洲地区的服务，包括 FedEx 服务深圳的货机由原来的 DC-10 升级为更大型的 MD-11。改换机型后，货机的载货量增加近 30 吨，为华南及珠江三角洲地区运送大宗货物的客户提供极大便利。

快递行业可以说是经济发展的“晴雨表”，能够快速反映经济发展的阴与晴。近年以来，欧美债务压力趋于严重，经济增长出现停滞，这也直接影响了投资者对快递企业的信心。联邦快递公司表示，市场环境瞬息万变，只有根据市场变化不断进行自身调整，适时创新服务，才能确保在不利的市场环境下依然取得良好业绩。因此，为了提升新的增长动力，联邦快递明显加快了在亚太市场的布局。

联邦快递自创始以来一直秉承着创新的思想。用新思维带动企业的发展和盈利。在未来的发展道路上，联邦快递将继续保持创新的思维，坚持发挥自己的优点和独特之处，使其与其他快递保持强大的竞争力，让顾客看到联邦在创新上做出的努力和成果。同时联邦也将继续开发新思维，在原有的营销方式上不断开发新方法和新的高效率管理模式，使其更快更好地发展。

范例 2　马云创业史（阿里巴巴）

马云 1964 年出生于杭州西子湖畔的一个普通家庭。1982 年 18 岁的马云第一次高考失败下海谋生，先后当过秘书、做过搬运工，后来给杂志社蹬三轮送书。一次偶然的机会马云在帮浙江舞蹈家协会主席抄文件的时候接触到路遥的代表作《人生》，这本书迅速改变了马云的思想，马云从书中体悟到“人生的道路虽然漫长，但关键处却往往只有几步”遂下定决心，参加二次高考。1983 年 19 岁的马云二次高考依然失利，总分离录取线差 140 分，但受《排球女将》永不言败的精神激励，准备参加第三次高考，因为家人反对只得白天上班，晚上念夜校，但决心永不放弃。1984 年 20 岁的马云第三次高考艰难过关。他的成绩是专科分数，离本科线还差 5 分，后因马云同专业招生不满，马云被调配到外语本科专业，进入杭州师范学院本科。1988 年 24 岁的马云大学毕业后进入杭州电子科技大学当英语老师。1988—1995 年在杭州电子科技大学任教期间业余时间在杭州一家夜校兼职教英语，同时帮助别人从事英语翻译。1995 年辞去大学教师工作。1994 年 30 岁而立之年的马云开始创业，创立杭州第一家专业翻译社——海博翻译社。1995 年，“杭州英语最棒”的 31 岁的马云受浙江省交通厅委托到美国催讨一笔债务。结果是钱没要到一分，却发现了一个“宝库”——在西雅图，对计算机一窍不通的马云第一次上了互联网。刚刚学会上网，他竟然就想到了为他的翻译社做网上广告，上午 10 点他把广告发送上网，中午 12 点前他就收到了 6 个 E-mail，分别来自美国、德国和日本，说这是他们看到的有关中国的第一个网页。马云当时就意识到互联网是一座金矿。开始设想回国建立一个公司，专门做互联网。马云萌生了这样一个想法，把国内的企业资料收集起来放到网上向全世界发布，他立即决定和西雅图的朋友合作，一个全球首创的 B2B 电子商务模式，就这样开始有了创意，并起名中国黄页（chinapage）。回国当晚，马云约了 24 个做外贸的朋友也是他在夜校名义上的学生，给他们介绍，结果 23 人反对，只有一个人说可以试试。马云想了一个晚上，第二天早上还是决定干，哪怕 24 人都反对，他也要干。**“其实最大的决心并不是我对互联网有很大的信心，而是我觉得做一件事，经历就是成功，你去闯一闯，不行你还可以调头，但是如果你不做，就像你晚上想想千条路，早上起来走原路，一样的道理。”**马云提起当初，赞赏的是自己的勇气而不是眼光。1995 年 4 月，31 岁的马云投入 7000 元，又联合妹妹、妹夫、父母等亲戚凑了两万元，创建了“海博网络”。“海博网络”从此成为中国最早的互联网公司之一，产品就是“中国黄页”。1996 年，32 岁的马云艰难地推广自己的中国黄页，在很多没有互联网的城市，马云一律被称为“骗子”，但马云仍然像疯子一样不屈不挠，他天天都这样提醒自己：“互联网是影响人类未来生活 30 年的 3000 米长跑，你必须跑得像兔子一样快，又要像乌龟一样耐跑。”然后出门跟人侃互联网，说服客户。业务就这样艰难地开展了起来。1996 年营业额不可思议地做到了 700 万元！也就是这一年，互联网渐渐普及了。1996 年 3 月因为杭州电信的实力悬殊的竞争，最后马云不得已和杭州电信合作，马云的中国黄页资产折成 60 万元，占 30%股份，杭州电信投入 140 万元，占 70%股份。后因经营观念不同，马云和杭州电信分道扬镳，放弃了自己的中国黄页，并将自己拥有的 21%的中国黄页股份，全数送给了一起创业的员工。这年是 1997 年，这是马云创业生涯第一次的失败，这年马云 33 岁。1997 年，马云离开中国黄页后，受外经贸部邀请，加盟外经贸部新成立的公司，中国国际电子商务中心（EDI），由马云组建、管理，马云占 30%股份，参与开发了外经贸部的官方站点以及后来的网上中国商品交易市场。在这个过程中，马云的 B2B 思路渐渐成熟——“用电子商务为中小企业服务”。连网站的域名他都想好了——阿里巴巴。互联网像一个无穷的宝藏，等待人们前去发掘，就像阿里巴巴用咒语打开的那个山洞。1999 年，35 岁的马云受够了在政府企业做事条条框框的束缚、磕绊与畏首畏尾，不甘心受制于人的马云推辞了新浪和雅虎的邀请决心南归杭州创业，团队成员全部放弃其他机会决心跟随。这年 1999 年，这是马云遭逢的人生的第二次创业失败。1999 年 1 月 15 日，马云和他的团队悄然南归。1999 年 2 月，在杭州湖畔家园马云的家中召开第一次全体会议，18 位创业成员或坐或站，神情肃穆地围绕着慷慨激昂的马云，马云快速而疯狂地发表激情洋溢的演讲：**“黑暗中一起摸索，一起喊，我喊叫着往前冲的时候，你们都不会慌了。你们拿着大刀，一直往前冲，十几个人往前冲，有什么好慌的？”**在这次“起事”的会议上，马云和伙伴共筹了 50 万元本钱，并按照惯例进行了全程录像，马云坚信这将有极大的历史价值。在这次会议上马云说，“我们要办的是一家电子商务公司，我们的目标有三个：第一，我们要建立一家生存 102 年的公司；第二，我们要建立一家为中国中小企业服务的电子商务公司；第三，我们要建立世界上最大的电子商务公司，要进入全球网站排名前十位”。从这天开始，马云开始铁下心来做电子商务。尽管只有 50 万元创业资金，但马云首先花了 1 万美元从一个加拿大人手里购买了阿里巴巴的域名，并细心注册了 alimama.com 和 alibaby.com。他们没有租写字楼，就在马云家里办公，最多的时候一个房间里坐了 35 个人。他们每天 16～18 个小时野兽一般在马云家里疯狂工作，日夜不停地设计网页，讨论网页和构思，困了就席地而卧。马云不断地鼓动员工，“发令枪一响，你可不能有时间去看对手是怎么跑的，你只有一路狂奔”，又告诫员工“最大的失败是放弃，最大的敌人是自己，最大的对手是时间”，阿拉巴巴就这样孕育、诞生在马云家中。1999 年 3 月阿里巴巴正式推出，直至逐渐为媒体、风险投资者关注，并在拒绝了 38 家不符合自己要求的投资商之后于 1999 年 8 月接受了以高盛基金为主的 500 万美元投资，于 2000 年第一季度接受了软银的 2000 万美元的投入，从而由横空出世、锋芒初露，到气贯长虹、势不可当。直至成为全球最大网上贸易市场、全球电子商务第一品牌，并逐步发展壮大为阿里巴巴集团，成就了阿里巴巴帝国。

分析：从 1995 年接触网络到 1999 年阿里巴巴问世，马云用了 5 年的时间，经历了 2 次失败才获得了第一阶段的成功。从马云的第一阶段创业历程我们可以看出马云的这样几大成功的原因。

1．反应敏锐、思路清晰

马云反应敏锐、思路清晰，善于发现和把握网络发展规律。这个世界从来不缺少资源，缺少的是对资源优化调度配置整合结合的能耐。创新有时候缺钱、缺思路、缺战略、缺流程，你都不缺，有那么多的风投，那么多的民间资本，怎么会缺钱？全世界那么多聪明的脑袋怎么会缺思路呢？关键看你善于不善于去组合整合。当然，创新不是横空出世，不是平地起高楼，你的知识越充实，思维越开阔，得到创新的思路的可能性就越高。马云首次接触到互联网是在 1995 年年初，在美国偶遇互联网，对计算机一窍不通的马云来说是一个新领域的冲击。他发现当时网上没有任何关于中国的资料，出于好奇，便请人做了一个自己翻译社的网页。没想到，3 个小时就收到了 4 封邮件。马云敏锐意识到：互联网必将改变世界！此时的马云已经是杭州十大杰出青年教师，但是看好互联网未来、特立独行的马云毅然下海，开始筹备创业。如果马云不是如此迅速地做出创业的决策，这块大“蛋糕”可能现在就不属于他了。

2．相信自己，理智分析

马云对自己有超级的自信，在阿里巴巴创业的第一次会议上马云就预告了未来，要求全程摄影，以此作为历史见证。很多人说马云狂妄，但马云说过自己创立海博网络的时候靠的是勇气而不是眼光。阿里巴巴创业初期马云要求合作伙伴“**用闲钱投资，不允许借钱，因为失败的可能性极大**”。马云很狂很自信，但相信这是他基于理智分析的结果。一个人成功一次是偶然，但马云 1999 年自阿里巴巴创业成功至今的不断发展，我们不能说马云只有大胆和自信，这里面肯定还包含了智慧和理智。

3. 激情四射、魅力服人

1999 年，35 岁的马云受够了在政府企业做事条条框框的束缚、磕绊与畏首畏尾，不甘心受制于人的马云推辞了新浪和雅虎的邀请决心南归杭州创业，马云先后离开与杭州电信和外经贸部合作的公司，手下员工都愿意放弃更好条件甘愿吃苦受累追随马云重新创业，当年创业的 18 个人至今仍然追随马云发展。更能通过个人魅力和激情吸引某国际风险投资公司的亚洲代表蔡崇信放弃工作追随，六分钟搞定软银孙正义投入 2000 万美元的风投。马云曾说："如果有一天需要从头做起，一个电话融 1000 万美元轻而易举。"

刚刚学会上网的马云竟然就想到了为他的翻译社做网上广告，上午 10 点他把广告发送上网，中午 12 点前他就收到了 6 封 E-mail，分别来自美国、德国和日本，说这是他们看到的有关中国的第一个网页。第一个网页的出现是在中国的一个创新。创新是时代和历史赋予我们的使命，在创业的过程中，创新的作用不言而喻，善于创新者，独辟蹊径通幽处，柳暗花明又一村，墨守成规者，必定江郎才尽，山穷水尽没有出路。马云则敢于尝试新的事物，引进国外新的技术在国内进行运用并加以创新。其实 21 世纪的竞争归根结底是知识产权竞争、是创新的竞争、是专利的竞争。即便我们不从国家的高度来说，就从教育本身来讲，创新变得也非常重要。马云自始至终都体现了创新精神，还有他坚持不懈的精神，这些都是他创业成功不可忽视的因素。创新就是无中生有，虽然有点极端，但大体上不离谱。我们可以换一个中庸、更形而上学的说法，创新就是扬弃，合理的东西发扬光大，不好的东西抛弃掉。创新可以分为三个层次：第一原始创新；第二集成创新；第三在引进消化吸收的基础上再创新。马云的新思维就体现在引进消化吸收的基础上再创新。这也是"取其精华，去其糟粕"。

阿里巴巴的建立代表了马云的成功。阿里巴巴的竞争优势，首先是其品牌知名度。在国内，阿里是最大的 B2B 网站，只要一提起电子商务，人们首先想到的就是阿里巴巴。另外，中国的出口企业大部分都集中在江浙地区，阿里在这两个地区做得尤其知名。其次，阿里对电子商务有透彻的了解。阿里做了这么多年电子商务，其对电子商务的了解加上对用户的了解，足以使它在电子商务领域引领风骚数几年。

4. 系统的方法

之所以阿里巴巴成为最大的 B2B 网站，因为它攻击竞争对手有一套系统的方法。

（1）避实以就虚。在渠道竞争中，作为攻击方，所需付出的代价往往比防守方高出几倍，因此不宜正面交锋，而是针对对手的薄弱环节制定市场策略，避其锋芒，乘虚而入，在提高资源效率的同时，有力打击对手。

舒蕾从通路环节角度来寻找对手的软肋，利用宝洁对终端环节的忽视而从终端发力，以强有力的终端促销、高密度的终端陈列等手段迅速扩大市场份额，取得辉煌战果。从不同的角度出发，我们都可以找到对手的致命死穴，后而出奇制胜。

统一鲜橙多已是家喻户晓。在它上市之初，统一企业从季节的角度来找竞争对手的薄弱环节。在饮料品牌导入期，上市时间常常在三四月，而公司把上市定在 10 月，是考虑到竞争品牌经历了旺季的拼杀，大多已经鸣金收兵，10 月切入市场，可避过锋芒而攻敌所不守，在展开营销攻势之时，大有如过无人之地的感觉；如果选在三四月，大多厂商开始启动市场，新上市的产品很容易在众多成熟品牌的竞争中被埋没。

尤其对于弱势品牌而言，与强势品牌对垒，无异于鸡蛋碰石头，打击区域竞争对手的原则中首要原则为避实就虚原则，唯有这样才是把钱用在刀刃上。

（2）集中一点。渠道的价值在于产品能够通过一个金字塔形的网络结构，从顶端通过渠道体系机理的运作而达到将产品分配到每个消费者手中的目的，虽不同的营销模式对应不同的渠道模式，但渠道体系一旦成熟，形成一个有机的整体，每一个环节、层级都不可或缺，而且相互间相辅相成，紧密相关。

由此可见，在渠道竞争中，只需集中所有资源，致力于一点，将其某一个薄弱环节打成短板，无疑整个体系的运作效率将会大幅下降，甚至崩溃。

许多名不见经传的品牌就是采取这样的策略以切入市场。在终端为王的营销理念大行其道之时，众多厂商矫枉过正，过多地将注意力转移到终端，从而忽视了中间批发商。这些弱势品牌针对二批商，集中资源制定诱人的激励政策，收买中间商，如此也能在一夜间争取到相当的市场占有率。一方面，此举在竞争对手的渠道上游截断其通路，使他的终端推广和促销因为缺乏产品铺市率和曝光率的支持而事倍功半，甚至徒劳；另一方面，厂家集中资源攻敌所不守，在资源运作效率得到保证的前提下，还能事半功倍，有效利用二批商掌握终端的巨大商业价值，将自己的产品铺向终端。

在竞争中如果把战线拉得太长，势必容易导致首尾难顾的局面。无疑会将方案的执行效率与效果大打折扣。

（3）攻城为次，攻心为上。在网络建设中，最有执行力、最理想的渠道莫过于完全由厂家自建的渠道，换言之，即从代理商、中间商、零售终端等整个金字塔体系由厂家自建或由厂家所有，这样很明显从沟通、协同运作、团队凝聚力等各方面大有改观。

然而事实上，自建网络受企业规模、管理技术与人员等诸多条件限制，基本上不可行。而这种渠道模式依旧是渠道建立的理想模型，于是厂家纷纷通过渠道扁平化来减少经销商，从而给予剩下的经销商更多的关心，或者通过渠道一体化策略来达到笼络人心的目的，如清华紫光就是采取此策略，对每个核心的经销商，总经理将会亲自沟通，而且还推行渠道董事会制度，让每一个渠道商都有发言的机会。

还有统一企业，厂商共建分销单位，在整合双方优势资源的同时，将厂商关系从体制上进行根本性的改革，达到厂商一体化，加强对渠道的控制。

各厂商在设计渠道模式的过程中，已经透出几分杀气，通过从体制上做根本性的变革，采取以守为攻的战略战术，步步为营，不给对手可乘之机，先巩固自己的渠道，再一步步吞噬对手的渠道。他们虽只迈出渠道一体化的一小步，但效果也由此可见一斑。渠道的争夺战更多的是获得人心，正所谓得道者多助，失道者寡助。

（4）先发制人，建立壁垒。兵法有云：先发制人，后发制于人。只有高屋建瓴才能保持鹤立鸡群的优势。根据西方国家的实证研究，争取新顾客的成本是维持老顾客成本的 5 ~ 10 倍；从对手那里夺取市场的成本是开发新市场成本的 2 ~ 4 倍，谁能先入为主，就可以在该区域或行业内、甚至某一个环节上建立竞争壁垒、维持长期优势，现在企业间的产品、技术等因素同质化程度高，如果先发企业没有建立进入门槛和竞争壁垒，就很可能被对手追上。

区域销售要先发制人。在各个竞争品牌不断比拼的情况下，争夺最佳时间、最佳地点成为商家制胜的法宝。舒蕾有经验丰富的促销队伍、规范的促销方式和配合紧密的背景造势宣传。但最主要的是舒蕾鼓励区域销售人员创造性地发挥公司的各种政策，总部以最快的时间进行配合，以取得先发制人的优势，牵住对手的牛鼻子，迫使对手陷入传播与促销的被动局面。

（5）在竞争中合作。渠道竞争策略的初衷是从打击的过程中获得自身更快的发展，其结果是为了自己的发展，而不是将对手打垮。虽然市场经济中大部分成功的经营是建立在其他人失败的基础上，然而也有一种新的成功经营模式就是合作竞争，除了与顾客、供应商、员工沟通合作外，还与同行一起启动市场和扩大原有市场，共享利益达到双赢。而且这种成功模式越来越受到各大厂家的垂青。

渠道竞争的内容比较广泛，产品价格竞争是最突出的表现，价格战总是为了迅速提升销量，以抢占市场，而价格战也是渠道混乱的主要因素；另外，价格弹性一旦低于一定界限，渠道利润进一步下探，逼迫一些经销商出局，直接导致市场的流失，最后势必出现价格战双方敌死一万，己伤八千的两败俱伤的惨烈现象，之后却是渔翁得利。

为防止价格战，于是大家从竞争走向竞合，即竞争+整合。在浅层次上，很常见的是所谓的合作性博弈，双方在稳定市场整体价盘稳定性的条件上达成共识，停息价格战，在市场上的竞争转为如何更快更有效地开发新客户，维持老客户，从而避免了拼了渠道，再拼价格的正面冲突。

还有更深层次的竞合，则是通过市场找到双方的结合点。变对手为帮手，合作的双方不仅可以分享品牌和市场，还可以分享产品和设备，联合开发新市场，提高产品的市场占有率而达到利益互补。

在拟定竞争策略时，所要达到的效果的考查依据是方案本身的投入产出关系，而不是对对手的打击程度，在竞争白炽化的今天，竞争与合作不再泾渭分明，而是互相融合、互相渗透。不仅要从自身寻求竞争力，还要从竞争对手那里挖掘更多的优势资源，为我所用。

案例小结：当然，马云的成功绝非单单因为他比我们早创业 10 年！也许你认为马云恰逢时运，你生不逢时；也许你认为马云资金雄厚，你身无分文；也许你认为马云运气高照，你霉字当头。但你不要忘了马云二次高考落榜，做过搬运、蹬过三轮、当过小贩；你不要忘了阿里巴巴创业之始 35 个人挤在一个房间，大家要集资才能创业，马云要靠借贷才能发工资；你不要忘了马云身高 1 米 62，体重仅 100 斤出头，中国黄页推出之初很多人说他是骗子。马云的创业成功绝非偶然，那是智慧和勇气的结晶，那是信心与实干的结果，那是领袖与团队无间结合。

范例 3　一个毕业生的创业——刘鹏飞

刘鹏飞，2007 年从江西九江学院毕业，许多同学都在为工作而发愁，但刘鹏飞却已成竹在胸。一毕业，他就毫不犹豫地踏上了开往义乌的火车。当时，他身上除了一些必备物品外仅剩 5 元钱。为了填饱肚子，同时也为了锻炼自己的工作能力，他决定先去找工作。辗转奔波，终于在一家公司做了一名外贸销售员。一个月后，刘鹏飞拿着一千四百元工资，毅然决然地辞职了。当时就有很多同事劝他不要辞职，因为在外面找工作也不容易，不要一时头脑发热而做错事。但是刘鹏飞却坚定着他的创业之路，丝毫不为之动摇。

在坚定了自己的创业决心后，刘鹏飞拿着交完房租剩下的仅有的 800 元就开始了自己的创业之路。跟别的创业者不同，他没有经验和资金，有的只是创业的决心、激情和勇敢，于是就那样大胆地踏上了创业的道路。当然，他的创业之路并不是一帆风顺的。辞职一个多月了，始终没有找到合适的项目。这才约朋友去公园散散心，没想到却意外看到了孔明灯，一开始只是觉得好奇，就准备买一个。第二天一大早，刘鹏飞就跑到义乌小商品批发市场买孔明灯。令他没有想到的是，偌大的小商品市场竟然没有几家销售孔明灯的。逛了整整一天，才好不容易淘到了一盏孔明灯。在义乌这个号称全球最大的商品批发市场中却只有几家在销售孔明灯，这个发现让刘鹏飞欣喜不已。后来他又对孔明灯做了进一步的调查，了解到了孔明灯市场竞争小，而且潜力巨大，有着丰富的文化内涵，并且收益也比较快。说干就干，从小商品市场回来的第二天起，刘鹏飞就开始认认真真地设计起他的孔明灯网站来。只要网上有人下订单，自己就先去市场批发回来，然后再转手卖出去。刘鹏飞的想法，得到了女朋友的支持。两人从小商品市场买了 100 多个孔明灯。果然不出所料，在依靠着网上的平台、义乌的市场资源和女友的支持和帮助下，刘鹏飞在第一个月就赚了几千元钱。从此以后，刘鹏飞更加努力地寻找客户，短短的半年就积攒了 6 万元的存款。

后来有一天，刘鹏飞突然接到了一个 20 万元的温州外贸公司的大订单。欣喜若狂的刘鹏飞赶忙寄出样品，没想到却寄错了样品。好不容易安抚好对方，再寄样品，却又一次出错了。在寄出的十个样品中竟然有几个烂的样品，当所有人都认为这笔订单成了泡影的时候，刘鹏飞却并没有轻言放弃。他打电话道歉，写电子邮件解释，一遍又一遍地请求客户，再给他一次机会。就在众人都让刘鹏飞放弃时，出乎所有人的意料，刘鹏飞竟接到了那个温州外贸公司的电话，说要去他的工厂考察。这下刘鹏飞却慌了，因为他根本没有工厂，甚至连接待客户的办公室都没有。再放下电话后，刘鹏飞决定要打肿脸充胖子。跑了三天，终于借到了一间办公室，虽然比较简陋但也还应付得过去，后来又如法炮制借了间工厂，随后又把所有该注意的事项安排都想好了。随着温州客户来临日期的接近，刘鹏飞的心里却是日渐沉重。终于，二十几天后，温州客户来了，但是刘鹏飞没有急着跟客户谈生意，反而把自己借办公室，借工厂的经过一五一十地招了。可是客户听了并没有生气，反而当场就签了 20 万元的合同。因为他们看中了刘鹏飞的为人，也可以说是他的真诚打动了客户。

经过这件事情后，刘鹏飞开始打算自己建一个工厂。在研究了孔明灯的材料、制作工艺之后，并且早在半年前，刘鹏飞就让哥哥去学孔明灯的制作技术，众多条件具备，短短的一个月，从建厂到生产，刘鹏飞就保质保量地完成了订单所需要的全部孔明灯，一下子就赚了近十万元。这更加坚定了他的创业决心。后来，刘鹏飞的女朋友和好朋友吴道军先后辞去工作，加入了刘鹏飞的公司。刘鹏飞负责销售和生产、女朋友负责外贸、吴道军负责采购。三个人合作默契，短短半年时间，销售额就达到了 300 多万元。2009 年，刘鹏飞又先后推出了荷花灯、水灯等工艺灯具，产品远销欧洲许多国家，这也为他迅速积累了数百万元资产。

刘鹏飞也有自己的困惑。尽管在外人眼里，刚毕业不久的大学生有如此成就，已经令人羡慕非凡。随着金融危机的爆发和竞争对手不断涌入，刘鹏飞的孔明灯销售态势如倾泻的瀑布般，急转直下，“与前年外销利润 100%相比，已大幅下降至 20%”，并且孔明灯销售的季节性强，6 月至 11 月销售旺季一过，便无人问津。“论资金，我们无法跟人比；论技术，这些传统产业也没有太高的壁垒。新的项目过一两年就渐渐失去优势”，刘鹏飞急于寻找新的项目，他希望这是一个能做五年、十年甚至更久的项目。

刘鹏飞当即拍板加大了对十字绣的投资，注入了 100 万元的资金，创建了“雅典”十字绣的品牌，十字绣与孔明灯殊途同归，都是中国传统文化的载体，并且成本低，市场切入快。果不其然，扩大生产后，6 月财报显示，十字绣工厂连续 5 个月平均销售额达 200 多万元。有十字绣支撑，刘鹏飞轻松度过了孔明灯销售淡季。刘鹏飞又加大投资力度，并在金华和江西赣州开办了分厂，工厂的厂区面积有 18 000 平方米，招募了 400 多名长期工人，在全国拥有几百家经销商，平均月销售上百万元。后来，刘鹏飞和母校商定，在九江学院商学院建立一个大学生创业实践基地，带动学弟、学妹来义乌创业，锻炼他们把握和研究市场的能力。

如今，刘鹏飞已经拥有了一支年轻化、发展快、执行力强的大学生创业团队。继央视二套《财富故事会》栏目采访报道了这支团队后，《中国青年报》、凤凰卫视、阿里巴巴、腾讯、新浪、网易等近百家国内外媒体和大型门户网站先后报道。

“从一文不名的打工者，到拥有了自己的工厂，为社会创造了 400 多个就业岗位，我一没有技术，二没有资金，三没有平台，看起来创业几乎是不可能的，但我成功了，因为我靠的是 1%的灵感和 99%的努力！”刘鹏飞说。

我们的领悟：其实刘鹏飞的创业故事到这里还并没有结束，我们这里的每一个人都有可能成为另一个刘鹏飞甚至是超越刘鹏飞，这就要看我们要如何去续写这一传奇故事了。

刘鹏飞的这些成功并不是偶然，这是因为有很多种有利的因素为他在创业的道路上起着不可小视的重大作用。比如说刘鹏飞善于观察，然后充分挖掘市场；遇到了信任他的客户，向他发出订单；敢于冒险，选择这么一个看似不是创新却又是创新的市场；自身所具备的优点、品质及心态。下面就以下几点谈谈对刘鹏飞创业成功的看法。

首先，他有着很大的创业决心，一直在很坚定地走着自己的创业道路。当其他同学在为就业忙碌时，他就到了义乌去寻找自己的创业项目。当他在义乌找到了一份足以谋生的工作时，却在干了一个月后毅然辞职去创业，这些都表明他有着坚定的创业决心。这除了他的家庭背景有一部分关系外，很大一部分是由他本身的性格所决定的，他有着一种勇敢奋进，不甘平庸的品质和年轻人应有的激情和活力。这些都是一个成功创业者的最基本的条件和基础。

其次，在项目的选择上，选择了孔明灯这个传统的项目。其实所谓创新就是你想到了别人所没有想到的。可能这有悖于一些传统的创业成功经验，如创业选择的项目最好是高科技产品、创新型技术产品等，而这样一种中国传统的小商品，可能是一些人想不到的或者是不注意、不屑于去想的。但正是因为这一点，刘鹏飞抓住了别人想不到的、又没有多大成本资金投入的项目而抢先进入了这个市场，从而取得了别人所得不到的成功。这就是创新对大学生创业的作用，创新是一个民族进步的源泉，创新能力是国家综合能力的重要标志，创新也是我们大学生综合素质中的重要素质，也是我们个体竞争力的重要标志。刘鹏飞所具有的创新能力是一项综合性能力，他具有创新精神、创新意识，但是同时又不是个纸上谈兵的人，他勇于将创新的想法转化为现实生产力，在创新成果的推广中发现其中蕴育的商机。但是刘鹏飞同时也是个有头脑的创新创业者，选择孔明灯这个项目也并不是他的心血来潮，而是做了前期的社会调查和搜集了许多相关方面的资料，在充分了解了孔明灯的市场供应和市场需求之后，做出的一个深思熟虑的决定。这充分说明大学生创业在选择创业项目时，并不是根据自己的一时兴趣和冲动而做出的选择，而是要经过多方面的考察和研究，在了解相关的市场信息之后才能做出的决定。而且项目的选择对于创业的成功与否也起着至关重要的作用。选择一个正确的项目，一个符合自己的专业知识和一个有着市场前景的项目是成功创业的前提和基础。所以当我们在创业时，重要的是首先应该明确自己的创业项目，明确自己的创业方向。

再次，刘鹏飞自身有着很多创业成功者所应具备的优点和品质，有着超乎常人的良好的心态。例如，他面对困难时不放弃，坚持到底，寻找那个属于自己的机会。这首先体现在寻找创业项目的时候，当时已经辞职一个多月还是没有确定好创业项目，没有目标，可是他并没有就此放弃自己的创业决心，而是继续坚持不放弃，最终找到了一个成功的项目。其次体现在那 20 万元的大订单上，虽然在发样品时犯了那么低级的错误，虽然订单达成的希望看起来如此渺茫，并且连周围的亲朋好友都劝他放弃，可是他却仍然抱着试一试的心态，诚心诚意地向客户道歉，坚持不放弃，最终赢得了客户的原谅，也给自己争取了一个难得的机会。可以说，这是他创业道路上的一个转折点，这笔订单的达成也给以后的创业积累了资金，促成了以后更大的成功。刘鹏飞还有一个重要的优点那就是做人诚实，不弄虚作假，懂得如何去做人。当得知客户要来考察时，虽然一切都已准备妥当，已保证万无一失；但他却在客户到来的时候和客户交代了一切，即使他知道以前的努力可能会付诸东流。但也正是因为他的这种诚实、做人的真诚打动了客户，从而争取到了这笔订单。也可以说，正是他的这种不放弃、坚持到底的精神和做人的真诚、诚实给自己的创业之路带来了一个质的飞跃、一个成功的跨跃。另外，有一个很好的团队作为支撑，也是刘鹏飞成功的必要条件。团队分工明确，团结合作，是事业进一步发展的催化剂。在一个团结协作的团队下，他的企业也因此取得了更大的效益，获得了更大的成功。任何情况下，单打独斗都是行不通的，因为我们生活在一个互相联系的世界。社会上需要的并不是异想天开的独斗者，而是一个能充分带动其他人，组成一个高效率的团队的人。所以说一个好的团队、团结的团队是创业的催化剂，推动着创业向成功的方向发展、前进。

最后，独特的战略眼光，具有长远性和前瞻性的远见也是一个成功创业者的必要条件。刘鹏飞就恰恰具有了这一点。先是从孔明灯开始，他看到了孔明灯国内市场的欠缺以及具有广泛的国际市场，抓住了时机促成了成功；然后是看到了十字绣的市场，大胆果断投资，也取得了不错的效益。

综合以上因素，可以看出刘鹏飞创业的成功不是偶然，而是多方面因素共同构成的必然结果。从他成功的例子中也可以得知许多创业成功的经验以及要成为一个成功的创业者应该具备什么品质、什么心态。当然，刘鹏飞的例子除了和其他的成功创业者有着很多共性之外，还有一些不同的地方。例如，他创业用的资金很少，**仅用了 800 元钱，也并没有申请贷款**。这和有些大学生创业需要很大部分的启动资金是不同的。但也正因为这一点，也少了那些复杂的程序和筹备资金的问题。所以，当我们没有多少资金储备或者当申请贷款比较麻烦和困难时，不妨转变一下思路，试一试这种小投资的创业，积累经验的同时也积累着后期创业的资金，不失为一种好的方式。这可能就是所谓“山重水复疑无路，柳暗花明又一村”的感觉吧。除此之外，他的创业项目孔明灯也是在生活中的一个偶然不经意的发现，并不是很早就在脑中构思的，而且是自己以前没有接触过的领域。总之，创业的决心、优秀的个人品质、良好的心态、强大的团队，再加上一点小小的运气最终促成了刘鹏飞创业的成功。

通过刘鹏飞的案例，我们可以看出**大学生创新创业所包含的共同点**。

（1）勇于创新，不惧挑战。创业，在很多大学生看来是一种富于浪漫主义和英雄主义的行为，将自己推向社会，用自己的智慧和双手取得“第一桶金”的人。这个群体虽然人数很少，但极富影响力，因为他们是勇于创造、不畏困难的“代言人”。创业，意味着创造，需要创业者具有开拓精神，需要面对从来没有面对过的工作内容，解决从来没有碰到过的各类问题；创业，意味着风险，需要创业者时刻考虑企业的生存和发展的同时，也要关注行业和竞争对手的状况，努力付出也并不一定意味着成功。

（2）锻炼为主，盈利为次。很多在校大学生的创业并不能给他们带来丰厚的利润，而能维持现状并略有盈余就已经被看作成功，甚至不考虑自身精力的投入是否应计为成本之一。究其原因，绝大多数的在校大学生创业时，并没有把自己所创办的企业作为自己追求的事业，而更看重创业过程。很多人在创业过程当中更注重经验的积累和技能的提高，企业以后的发展和个人的资金回馈并不是考虑的重点，甚至于做好了毕业时关闭企业的准备。当然，企业的经营状况也是创业者关心的重点，是新生企业能否继续生存的前提，是衡量创业是否成功的标尺。如果企业的发展能达到预期，也可能成为学生毕业后的事业。

（3）充满自信，坚持不懈。在调查过程中，发现绝大多数大学生创业者们都充满自信——对自身能力、企业生存的自信。甚至创业失败的同学也自信地认为，虽然是失败的创业经历，却是一次难得的创业体会和经验积累，大大增强对于今后的创业或择业的信心。与此同时，在企业的经营过程中，年轻的创业者们表现出了不同于普通学生的坚韧与决心。像很多创业者一样，很多人表示，如果不出现企业难以为继的现象，就一定会坚持经营，一直到毕业。很多人更是经历了一次较为严重的失败后坚持进行第二次、第三次的创业。

案例总结：众所周知，当今社会越来越多的大学生踏上了创业的道路。究其原因，主要是由于当今就业形势的日益严峻，还有一个重要的原因就是大学生为了实现自己的个人理想及价值，不愿给别人打工，受到企业的束缚。他们崇尚发挥和实现自我，从而选择了创业的道路。但是在那么多的创业者中，成功者却并不占多数。据有关调查统计，大学生创业成功率只在 2%～3%，这说明并不是所有的人都适合创业，创业成功是需要具备一定的条件作为前提的。虽然现在大学生创业都有一定的国家政策扶持，但是很多政策是难以操作的，有些在执行过程中变了样，创业的大学生们很难得到真正的扶持。并且，虽然大学生在创业中具有一些专业知识的优势和旺盛的精力，但是他们所欠缺的东西还有很多。例如，缺乏社会经验和职业经历，尤其缺乏人际关系和商业网络；缺乏真正有商业前景的创业项目，许多创业点子经不起市场的考验；缺乏商业信用，在校大学生信用档案与社会没有接轨，导致融资借贷困难重重；有的喜欢纸上谈兵，不去实际实践；还有的是缺乏对社会和个人的责任感。所有的这些都可能导致大学生创业的失败。所以，对待当今大学生这种创业的现状，首先要营造良好的创业环境。各级党委和政府需改善创业环境，通过制定一系列的政策、法规来优化创业环境，指导和支持大学毕业生自主创业。同时要转变社会观念，大学生的创业需要来自家庭、社会各个方面的帮助，需要他们给予支持，给创业者继续创业的决心和信心。最后，就是大学生自己要提高自身的个人素质；要培养自主创业意识，树立创业理想。在毕业前大学生就应对社会有所了解，提前进行一些社会实践和创业实践。在校期间学好知识，大学生要构建起较完备的创业知识结构，如掌握一定的管理、商务、税务、投资、法律知识等。另外，就是大学生要培养一些必要的创业素质，要具备良好的心态，提高自己的社交能力、独立思考的能力等。只有做到以上几点，才有可能在创业道路上有所进展，成为一个成功的创业者。

社会在进步，产品在革新，观念在改变，思维也在不断地拓宽。那么归根结底，创新与创业是一种什么样的关系呢？创新与创业有各自明确的研究边界，创新不等于创业，创业也不等同于创新。创新与创业并非相互独立甚至对立，而是有着不可分割的内在联系。创业的关键在于创新，创新是创业的源泉，持续创新必然推动和成就创业；创新成果的商品化、市场化依靠创业，因而创业使得创新的经济价值、社会价值得以实现。而且创新和创业也是相辅相成的，两者的交集表现为相互交叉、渗透与集成融合。在信息化、经济全球化大环境中，两者正呈现出越来越显著的、动态的集成与融合趋势，并表现为正相关关系。两者的动态融合以及相互影响对于创业成功和企业成长至关重要。另外，创业和创新的融合是一个动态整合、集成与优化的过程，并非只发生在新企业启动或创建阶段，而是伴随整个创业和企业成长的过程。在这一过程中，创新精神、创业能力和市场意识始终是创业成功和企业持续成长的内在动力。

我们通过案例的分析，充分了解到新思维对企业的发展、社会的进步等方面做出的贡献和收获的经济价值。所以我们更应该把好的想法和理念用到经济活动中去，创造价值。

现在我们还是没有走出校门的大学生，而现在大学生创业的越来越多，但是成功创业的又有几个呢？想创业没有错，但是如何成功创业呢？这时，创新就显得非常重要。你有别人没有的新的东西，那就有了创业优势和一定的竞争力。但创新也要通过寻找、发现和思考的，所以把你的智慧充分调动起来吧。

创新是世界上最容易也是最难的事情，所以让创新成为你每天必做的一件事吧，只要你敢想、会想，不管你每天有哪些创新，有用的没用的，进步的退步的，最后定会有属于你自己的意想不到的财富。信不信由你！

附录 1　尤金创造力评估调查表

评估标准

调查表评分说明：

（A 代表同意；B 代表不同意；C 代表吃不准或不清楚。字母后数字代表该题项下该回答的得分，将 50 个题项得分进行加总获得个人创造力调查表的最终得分，将最终得分与参考评估标准比较获得自身创造力评估结果。）

题项	评分标准	题项	评分标准	题项	评分标准	题项	评分标准
1	A0 B1 C2	13	A2 B1 C0	25	A0 B1 C3	37	A2 B1 C0
2	A0 B1 C2	14	A4 B0 C-2	26	A-1 B0 C2	38	A0 B1 C2
3	A4 B1 C0	15	A-1 B0 C2	27	A2 B1 C0	39	A-1 B0 C2
4	A-2 B1 C3	16	A2 B1 C0	28	A2 B0 C1	40	A2 B1 C0
5	A2 B1 C0	17	A0 B1 C2	29	A0 B1 C2	41	A3 B1 C0
6	A-1 B0 C3	18	A3 B0 C-1	30	A-2 B0 C3	42	A1 B0 C2
7	A3 B0 C-1	19	A0 B1 C2	31	A0 B1 C2	43	A2 B1 C0
8	A0 B1 C2	20	A0 B1 C2	32	A0 B1 C2	44	A2 B1 C0
9	A3 B0 C-1	21	A0 B1 C2	33	A3 B0 C-1	45	A-1 B0 C2
10	A1 B0 C3	22	A3 B0 C-1	34	A-1 B0 C2	46	A3 B2 C0
11	A4 B1 C0	23	A0 B1 C2	35	A0 B1 C2	47	A0 B1 C2
12	A3 B0 C-1	24	A-1 B0 C2	36	A1 B2 C3	48	A0 B1 C3
						49	A3 B1 C0

50.

下面每个形容词得 2 分：精神饱满的/观察敏锐的/不屈不挠的/柔顺的/足智多谋的/有主见的/有献身精神的/有独创性的/感觉灵敏的/无畏的/创新的/好奇的/有朝气的/热情的/严于律已的

下面每个形容词得 1 分：自信的/有远见的/不拘礼节的/一丝不苟的/虚心的/机灵的/坚强的

其余：0 分

累计总分评估参考标准

110 ~ 140 分	创造力非凡
85 ~ 109 分	创造力很强
56 ~ 84 分	创造力强
30 ~ 55 分	创造力一般
15 ~ 29 分	创造力弱
14 分以下	无创造力

附录2 专利请求书

<table>
<tr><td colspan="5">请按照本表背面“填表注意事项”正确填写本表各栏</td><td>此框内容由专利局填写</td></tr>
<tr><td rowspan="2">⑥发名明称</td><td colspan="4" rowspan="2">内熔式锡焊笔</td><td>①
申请号 （发明）</td></tr>
<tr><td>②分案
提交日</td></tr>
<tr><td rowspan="3">⑦发明人</td><td colspan="4" rowspan="3">王磊</td><td>③
申请日</td></tr>
<tr><td>④费减
审批</td></tr>
<tr><td>⑤挂号号码</td></tr>
<tr><td rowspan="11">⑧申请人</td><td rowspan="5">第一署名申请人</td><td colspan="4">姓名或名称王磊</td></tr>
<tr><td colspan="4">单位代码或个人身份证号 522323198912191315</td></tr>
<tr><td colspan="3">国籍或居所地国家或地区中国</td><td>电话 15365002835</td></tr>
<tr><td rowspan="2">地址</td><td>邮政 211100
编码</td><td>省、自治区、江苏省
直辖市名称</td><td>市（县）南京市
名称</td></tr>
<tr><td colspan="3">城区（乡）、江宁区佛城西路 8 号，河海大学江宁校区 038 信箱
街道、门牌号</td></tr>
<tr><td rowspan="3">第二申请人</td><td colspan="4">姓名或名称</td></tr>
<tr><td colspan="3">国籍或居所地国家或地区</td><td>电话</td></tr>
<tr><td colspan="2">邮政编码</td><td colspan="2">地址</td></tr>
<tr><td rowspan="3">第三申请人</td><td colspan="4">姓名或名称</td></tr>
<tr><td colspan="3">国籍或居所地国家或地区</td><td>电话</td></tr>
<tr><td colspan="2">邮政编码</td><td colspan="2">地址</td></tr>
<tr><td rowspan="2">⑨联系人</td><td colspan="4">姓名王磊</td><td>电话 15365002835</td></tr>
<tr><td colspan="2">邮政编码 211100</td><td colspan="3">地址江苏省南京市江宁区佛城西路 8 号，河海大学江宁校区 038 信箱</td></tr>
<tr><td colspan="6">⑩确定非第一署名申请人为代表人声明特声明第<u>1</u>署名申请人为申请人的代表人</td></tr>
<tr><td rowspan="6">⑪代理</td><td rowspan="3">代理机构</td><td colspan="3">名 称</td><td>代码</td></tr>
<tr><td colspan="2">邮政编码</td><td colspan="2">电话</td></tr>
<tr><td colspan="4">地址</td></tr>
<tr><td rowspan="3">代理人 1</td><td colspan="2">姓名</td><td rowspan="3">代 理
人 2</td><td>姓名</td></tr>
<tr><td colspan="2">工作证号</td><td>工作证号</td></tr>
<tr><td colspan="2">电话</td><td>电话</td></tr>
<tr><td>⑫分案申请</td><td colspan="2">原申请号：</td><td colspan="2">针对的分案申请号：</td><td>原申请日： 年 月 日</td></tr>
<tr><td>⑬发名明称</td><td colspan="5">内熔式锡焊笔</td></tr>
</table>

续表

<table>
<tr><td rowspan="3">⑭生物材料样品保藏</td><td>保藏单位</td><td colspan="2">地址</td></tr>
<tr><td>保藏日期　年　月　日</td><td>保藏编号</td><td>分类命名</td></tr>
<tr><td colspan="3">本申请涉及的生物材料样品的保藏信息在说明书第页中</td></tr>
</table>

<table>
<tr><td rowspan="3">⑮要求优先权声明</td><td>在先申请国别或地区</td><td>在先申请日</td><td>在先申请号</td><td>⑯
宽限期声明
不丧失新颖性</td><td>□ 已在中国政府主办或承认的国际展览会上首次展出
□ 已在规定的学术会议或技术会议上首次发表
□ 他人未经申请人同意而泄露其内容</td></tr>
<tr><td rowspan="2"></td><td rowspan="2"></td><td rowspan="2"></td><td rowspan="2">⑰保密请求</td><td rowspan="2">□ 本专利申请可能涉及国家重大利益，请求保密处理
□ 是否已提交保密证明材料</td></tr>
<tr></tr>
</table>

<table>
<tr><td>⑱申请文件清单
1. 请求书　1　份每份　2　页
2. 说明书摘要　1　份每份　1　页
3. 摘要附图　1　份每份　1　页
4. 权利要求书　1　份每份　1　页
5. 说明书　1　份每份　3　页
（其中序列表　份每份　页）
6. 说明书附图　1　份每份　2　页

权利要求的项数项</td><td>⑲附加文件清单
□ 费用减缓请求书 1 份每份 1　页
□ 费用减缓请求证明　份每份　页
□ 提前公开声明　份每份　页
□ 实质审查请求书　份每份　页
□ 实质审查参考资料　份每份　页
□ 转让证明　份每份　页
□ 专利代理委托书　份每份　页
□ 在先申请文件副本　份数共　页
□ 在先申请文件副本首页译文　份每份　页
□ 原申请文件副本　份每份　页
□ 核苷酸或氨基酸序列表□光盘□软盘
□ 其他证明文件（注明文件名称）
□</td></tr>
<tr><td>⑳全体申请人或专利代理机构签章

年　月　日</td><td>㉑专利局对文件清单的审核

年　月　日</td></tr>
</table>

附录3 专利说明书摘要

本实用新型涉及一种内熔式焊接工具，它包括笔尖 1、电热笔头 2、散热管 3、空气隔片 4、锡推进器 5、斜面 6、注锡按钮 7、支点 8、复位弹簧 9。可以通过旋转笔尖使笔尖伸出笔头的长度变长或变短。笔头从里到外分为绝缘导热层、电热层、绝缘绝热层。散热管是由导热性较好的材料做成的空心管。空气隔片 4 是一个内直径比锡条略小的类似橡皮之类的弹性材料制成的环形隔片，其外边缘被笔外壳固定。笔外壳给推进器提供三个支点 8，推进器可在支点处来回滑动。推进器前段有一个复位弹簧 9，注锡按钮下方有一光滑斜面，斜面下有一橡皮套，斜面与橡皮套粘合，推进器的直管在斜面与橡皮套粘合处有一缺口，当按下斜面时，橡皮与锡条充分接触。

摘要附图

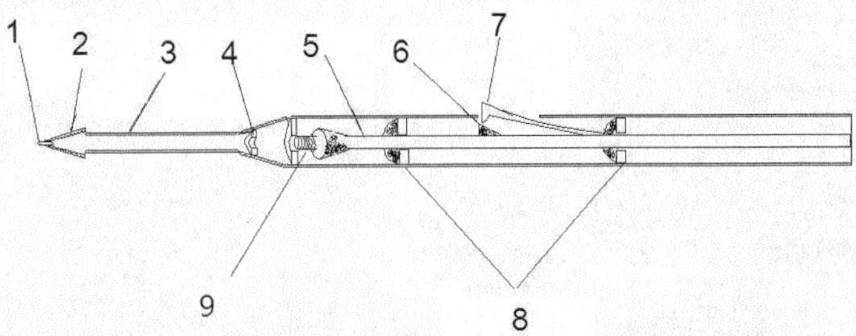

附录 4　专利权利要求书

本实用新型涉及一种内熔式焊接工具，它包括笔尖 1、电热笔头 2、散热管 3、空气隔片 4、锡推进器 5、注锡按钮 7（电热笔头 2、散热管 3、空气隔片 4 三者构成一整体，统称密封加热室）。本实用新型的主要特征在于：固态锡条在焊接工具内部前端熔化。

附录5 专利说明书

内熔式锡焊笔

技术领域：本实用新型属于一种内熔式的焊接工具。

背景技术：目前有两种锡焊方法：一是工业的机器焊接法，它的基本原理是先把锡熔化，再通过管道把液锡送到需要焊接的地方进行焊接；二是手工通过烙铁焊接，它的操作过程大体如此，先使烙铁通电预热，使之达到一定温度，然后用一只手拿着烙铁，另一只手拿着锡条，让锡条在焊点熔化，完成焊接。本实用新型主要适用于手工焊接，所以以下主要叙述用现有烙铁焊接的不足之处。

- 一只手拿烙铁，另一只手拿锡条，无法用手去固定被焊接的物体，特别是体积小的物体。
- 焊接时，用烙铁头加热锡，锡的温度不容易控制。锡被加热的温度是通过加热的时间与烙铁的温度共同决定的，这对于初学者很难做到。若液锡的温度过低，将不利于形成保护膜，更不利于形成合金。将严重影响焊接质量。
- 焊接时，焊料的用量也是焊接好坏的一个重要指标。就这一条，烙铁焊接同样不占优势。
- 烙铁焊接时，热量的利用率很低，不超过 10%（这是通过加热锡时，锡所占的立体角估算的）。

发明内容：本实用新型既具备一般烙铁的功能，同时又解决了一般烙铁的不足。

这只内熔式锡焊笔可以用笔尖加热笔外的锡，更可以把不断进入密封加热室（由于笔头、散热管、空气隔片共同完成密封加热功能，所以把三者组成的部分称之为密封加热室）的锡加热到特定温度，流出的液锡温度均匀。更重要的是锡的用量易于控制。这种焊接工具笔头处使用了绝热材料，保温效果好，散热少。密封加热室内的液锡虽然温度高，但不能跟空气接触，因此不会被氧化。

附图说明：如图（1）所示，各数字所代表的部位名称及其作用列于下表。

标　号	名　称	作　用
1	笔尖	可改变长度，调节流出的液锡温度，对外加热
2	电热笔头	电能转换成热能，加热、保温
3	散热管	避免空气隔片过热而烧坏
4	空气隔片	隔绝空气，使锡条不后退
5	锡推进器	拉直锡条，咬紧或释放锡条
6	斜面	产生水平分力，对橡皮产生垂直压力
7	注锡按钮	控制锡的注入
8	两个支点	使锡推进器保持水平
9	复位弹簧	为锡推进器、注锡按钮提供复位力

图（2）代表的是注锡按钮按下前，笔头处已经有了一定量的，具有特定温度范围的液态锡。此时，笔头处的气压与重力等力的压强平衡，使得液锡不从笔头处流出。当注锡按钮被按下时，如图（3）所示，有体积 $V=s\times h\times\cot(i)$（s 代表锡条的横切面积，h 表示注锡按钮被按下的深度，i 表示斜面的倾角）的固态锡进入笔头，使笔头内部的压强高于其他力产生的压强，于是液锡流出以使压强再次平衡，而这次被推进去的固态锡将很快融化，其温度也会很快升高到某特定温度，等到下一次注锡按钮被按下时从笔尖流出。

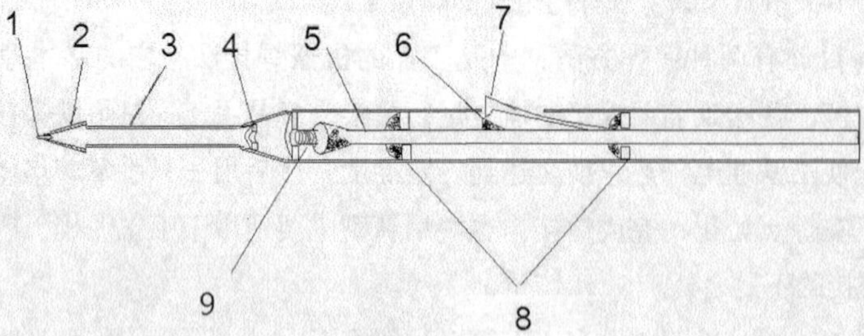

图（1）

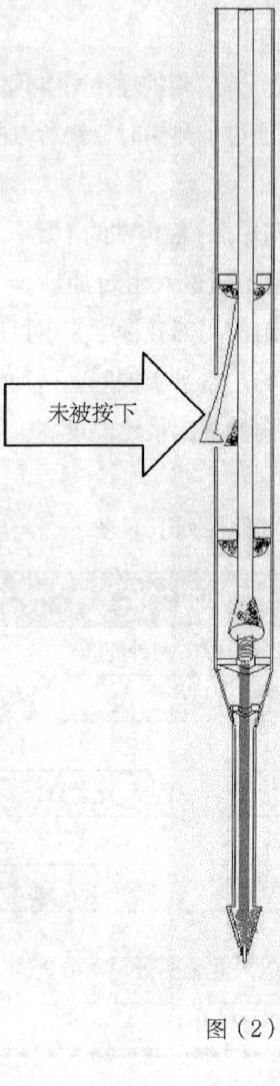

图（2）

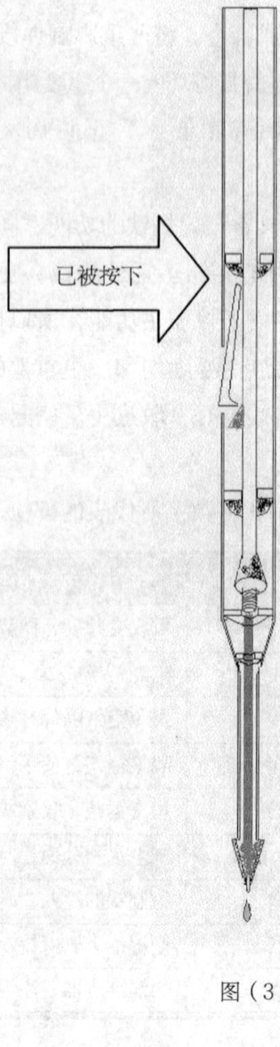

图（3）

如图（4）所示，当去掉注锡按钮、斜面、橡皮套以后，锡推进器显示出一缺口，安装上橡皮套之后，锡条也不能直接与锡接触，只有橡皮套受力时两者才接触摩擦。

图（5）是本实用新型的另一设计，它唯一的不同就是注锡按钮，它显得更简洁，但原理是一样的。

具体实施方式：本实用新型主要部分使用了绝缘材料，所以在使用过程中热量散失很少，因此能源利用率很高。它像注射器一样，通过控制按压注锡按钮的深浅来控制使用焊料的用量。当按下注锡按钮时，推进器上的橡皮吃紧锡条，同时由于水平分力，锡推进器与锡条一起向前移动，当按下 h 的高度时，锡前进 $L=h\times\cot(i)$，此时有体积为 $V=s\times h\times\cot(i)$（s 代表锡条的横切面积，h 表示注锡按钮被按下的深度，i 表示斜面的倾角）的锡进入密封加热室。由于气压升高，液锡被迫流出。放松注锡按钮，锡推进器被复位弹簧弹回原来的位置，而锡条保持相对静止。此实用新型把锡加热到一定较高的温度，然后通过笔尖冷却到所需温度，而笔尖是可以通过旋转改变其长度，通过温度梯度知，笔尖越长，温度下降越多。正因为有散热笔尖的存在，本实用新型具备了一般烙铁的功能（可以对外加热）。本实用新型通过把锡置于笔内，使用它可以解放出一只手，用于固定被焊接的物体。

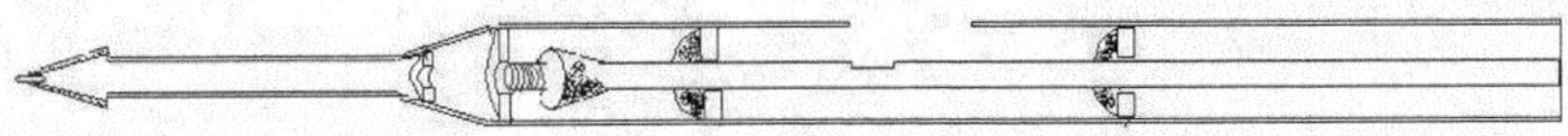

图（4）

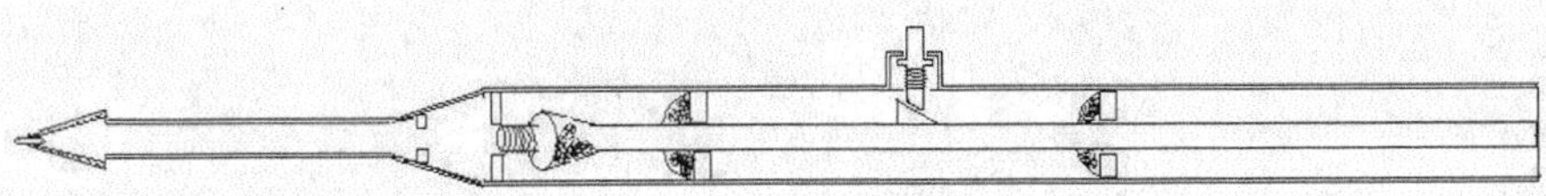

图（5）

附录 6　商业计划书范例

[封面]

下面是商业计划的内页封面，有必要将有关信息在此标明。需要再加上一个封面，封面用纸的纸质要坚硬耐磨，尽量使用彩色纸张，这样可以使文件外观更具吸引力，但颜色不要过于耀眼。你还可以使用透明胶片作封面。

[*公司或项目名称*]

商业计划书

[*出版时间：年　月*]

[*指定联系人*]

[*职务*]

[*电话号码*]

[*传真机号码*]

[*电子邮件*]

[*地址*]

[*国家、城市*]

[*邮政编码*]

[*网址*]

保密须知

本商业计划书属商业机密，所有权属于[*公司或项目名称*]。其所涉及的内容和资料只限于已签署投资意向的投资者使用。收到本计划书后，收件人应即刻确认，并遵守以下的规定：（1）若收件人不希望涉足本计划书所述项目，请按上述地址尽快将本计划书完整退回；（2）在没有取得[*公司或项目名*]的书面同意前，收件人不得将本计划书全部和/或部分地予以复制、传递给他人，影印、泄露或散布给他人；（3）应该像对待贵公司的机密资料一样的态度对待本计划书所提供的所有机密资料。

商业计划编号：

授方：

签字：

公司：

日期：

[第一章 摘要]

如果没有好的摘要，商业计划就不可能吸引投资者。建议首先编制一个摘要，用它来作为全部计划的基本框架。它的基本功能是用来吸引投资者的注意力，所以摘要不要过长，不超过两页的篇幅，越短越好。

一、宗旨及商业模式

本公司的宗旨是[*此处插入宗旨说明。任何商业机构都要有其宗旨或任务，没有宗旨就等于不知道该做什么事情。必须先明确贵公司或想设立的公司的宗旨是什么*]。

本公司是一家[*处于创始阶段/处于高盈利发展阶段/商品增值转卖*]的公司。[*公司名称*]的法定经营形式是[*独资/合伙或有限合伙/专业公司/直属分社/专业分公司/有限责任公司*]，法定地址：[*标明主要营业地址*]。

最近大部分时间[*指出具体时间段*]，公司在[*具体的商品或服务名称*]销售方面取得了成就，具体表现为[*利润/损失/收支平衡/市场扩大/销售量提高*]。从预期财政分析来看，公司可望在[××××]年销售收入达到[×]元，税前利润为[×]元，[××××+1]年销售收入为[×]元，税前利润为[×]元。之所以能够达到这个目标是因为资金主要用于[*叙述资金用途，如（1）为新产品打开市场；（2）建设或扩建厂房与设施以适应增长的市场需求；（3）增设零售网点或其他销售措施；（4）为新产品增设科研开发题目，或研究改善现有产品*]。

本公司生产下列商品[*按生产线以最畅销或最有前景的顺序列出产品名称，简单一些*]：

简单对以下几个问题进行说明，如公司的现况（指出贵公司在工业行业或技术方面的竞争情况和竞争对手等），市场机遇（××××年预计市场总收入可达到×××元，由于市场需求增长加之企业改善，××××+n年可增至×××元，20××年可增至×××元）。

现在[*公司名称*]处在需要[*有何需求，或下步打算*]的状态下。为实施计划，需要[*总金额为×××元的贷款或投资*]，用于下列目的。

说清楚，为什么需要这笔资金？

为了建设发展设施或生产设施，增加生产，扩大仓储能力以适应顾客的需求。

增加销售量以促进和改善产品或服务。

为了增加分销渠道/零售网点/区域销售/销售办事处/或生产电子产品/直接邮递业务等。

由于新订单的大量涌入和会计覆盖面的扩大，需要改善客户的支持与服务系统，以适应增长的需要。

在新的市场规划形势下，新增的雇员需要努力适应不断发展的形势。

增强科研开发强劲性，以便生产适销对路的产品，同时也为了提高我们的竞争优势。

二、产品和服务

用普通人可以理解的简单用语介绍一下产品及服务情况。目前急需解决的问题是什么？问题的原因何在？将怎样解决这些问题？赚钱的关键是什么？为什么公司是解决这些问题最适当的选择？

[公司名称]目前提供[具体数量]种产品：[列出产品名称和资源名称]

主导产品包括[上述列出产品的编号]。总体来说，现在的生产线处于[起步/发展/成熟]阶段。

产品所使用的技术包括[外部提供的其他技术]正在[说明具体行业或企业名称]中广泛使用。

目前，[产品/服务名称]处于[起步、发展、成熟]阶段。计划按着这种[产品服务名称]继续扩大生产线，发展项目包括[请列出扩展的项目]：

在[产品生产过程中，或延伸服务范围过程]中，主要的关键因素是[列出主要因素]。我们的[产品或服务名称]是独一无二的，理由是[列出理由]，另外，公司有市场优势，原因是公司拥有[专利技术，快速进入市场，名牌产品等]

三、市场定位（目标市场）

把公司的市场定位在[如生产和销售书写及绘图仪器，低脂肪奶酪等产品，请界定你的市场导向]。根据市场资源，根据[资料来源]的调查显示，[最近的日期]这个市场的[批发额或零售额]大约为[x]万元；根据[资料来源]的推测显示，该市场到[200 x]年将发展到[x]万元。

在这里，需要说明，有哪些顾客？……现在的及将来的有多少（顾客）？这些顾客都分布在什么地方？你是如何接近他们的？他们的购买标准是什么？他们是否持续购买你的产品或服务？你是如何引导顾客你的产品或服务的？他们为什么对你的产品感兴趣？为什么看中你的产品？你是如何渗透到这个市场中并赚钱的？

四、竞争

我们直接与[竞争者名称]展开竞争。[或者，我们没有竞争对手]，但是我们的[产品或服务]在市场上是有选择性的。我们的[产品或服务]是一流的，因为，[写明原因]，同时，我们的确具有竞争优势，这是因为我们的产品[进入市场的速度快，形成了名牌产品，生产成本低，等等]。

五、管理

我们的管理层有下列人员可保证实现我们的计划。

[姓名]，[男/女]，[具体职位]。[他/她]具有[具体年数]年的工作经验，有[具体年数]年的市场经验，有[具体年数] 年的产品开发经验，有[具体年数]年的[其他训练科目]的经验。

[姓名]，[男/女]，[具体职位]。[他/她]具有[具体年数]年的工作经验，有[具体年数]年的市场经验，有[具体年数] 年的产品开发经验，有[具体年数]年的[其他训练科目]的经验。

……

六、资金需求

我们正在寻求[资金的具体数量]万元的[分期贷款、权益或其他融资方法]资金支持，这笔资金用于[详述资金用途以及为何本项目能赚钱]。我们采用[利润分红、二次融资、出卖公司或者公开上市]等方法，在[y]年之内偿还这笔贷款或投资。

七、资金筹措方法

关于资金筹措方法，必须能让投资者清醒地了解站在你的立场上的想法，尤其是目前国内企业或企业家不了解国际融资方法，这点特别重要。假如你把他（或她）弄得很尴尬，或使用难以操作的方法，你将走入死胡同。你必须提供一个快速敏捷高效的融资环境。

八、销售汇总

请参阅第九章的图表样式及精英杰公司提供的计划实例。

财务历史数据：

	前四年	前三年	前年	去年	今年
销售额：					
毛利					
税前利润					

财务预计：

	明年	后年	第三年	第四年	第五年
销售额：					
毛利					
税前利润					

资产负债汇总表：

固定资产	
负债	
净资产	

在[*n*]年内我们将偿还资金，方法是[*将公司卖给一个竞争对手，公司支付，公开上市，利润分配*等]。或者其他方式[*另外的偿还方法*]。我们希望能在[*×年×月*]实现这一计划。

[第二章　公司介绍]

除了那些亲手将公司领向成功的企业家之外，没人能清晰地了解一个成功公司的任务。

一、宗旨（任务）

我们的目标是将公司变成[*请阐述你的最终目标，或插入你的任务说明，例如，互联网络路由设备的主导制造商以及将我们的品牌发展成为市场著名品牌*]。

我们立志于在开发与销售领域刻守信誉、提高声望[*具体的方式，如快速、价格合理、适销对路的产品来丰富市场需求，以及其他方式*]。为达到此目标，我们采取[*缩短新产品的开发周期，密切注视市场趋势和需求，开发具有创意性和获利性产品，并在包装上创新等*]等方式来实现。

为贯彻我们的目标和既定方针，我们决心以[*阐述你公司希望达到的声誉*]的态度对待资金监护人、顾客及社会其他团体。这些单位都会相信我们的公司，因为[*阐述你公司与有关的各集团相互之间都是互利互助的*]。

为实现我们的目标，[*公司名称*]需要[*资金、管理技术等，列出你所需要的一切*]。

二、公司简介

[*公司名称*]成立于[*×年×月*]，其业务范围包括[*介绍贵公司商业活动，如儿童商品制造，医用产品提供者*等]。商业法定名称是[*公司全称*]，法定地址是[*公司注册地址*]。

本公司是一个[*指出公司性质，如分公司、合作公司、合伙人、专有独资公司、股份公司*等]。我们的主要办事机构位于[*列出主要地址以及其他有关场所*]。我们的办公楼大约面积为[*具体数值*]平方米，工厂或仓库面积大约[*具体数值*] 平方米。我们目前的月生产能力为[*具体数值，要包括计量单位*]。如果我们每月扩大[*具体数值*]能力，我们还需另增面积[*具体数值*] 平方米。有了资金后，我们可望在[*二年内/一年内/一周内*]能使该设施足以满足公司的需要。

法规与特需权[*若没有可以省略*]：

[*公司名称*]现正生产[*有毒废物品、武器和军需品、遗传工程品、爆炸品等*]，或者利用[*禁控物资在生产线上加工或销售，或此类服务活动*]，而且脱离了[*政府有关机构名称*]的管辖。

在此要列出所需要的许可证和法规文件。说明一下你公司与政府有关权威机构的关系。这些机构是如何规定贵公司的商业活动的。

三、公司战略

探讨一下你公司所面临的主要机遇，这些机遇促使你为之融资。目前情况下，产品生产线和技术能力会发挥有效作用吗？大约投入成本是多少？时间进度如何划定？风险程度如何？销售状况的变换或技术许可的发布以及市场品牌的下落等因素。

[*具体的市场名称*]市场形式十分复杂，我们的[*具体产品名称*]产品在上述[*各个市场*]未来两年内的状况是[*在此详述*]。

或者

新技术的全面应用将使我们的[*具体产品名称*]产品扭转[*具体的市场*]市场局面。所以，我们的产品有在当今[*具体的市场名称*]市场上继续占领的机会。

[*公司或项目名称*]的市场战略是将本公司（或项目）变成[*具体商品名称*]的主导生产与供应商，配合[*具体的工具或手段*]，可使我们的[*顾客/用户*][*做什么？结果如何？带来何种益处？*][*公司或项目名称*]将在[*何种工业领域、市场、专业市场、适当的范围内*]以它的[*核心技术，知识和专门技术*]去支配[*具体的市场名称*]市场，包括[*说明在哪些方面*][*详见图 1：市场，图 2：扩大市场，图 3：组成*]。目前[*有多少*]具有战略性的生产线被认为有能力占领目标市场[*或适当的地位*]。全部生产线以[*按照生产层次、包装形式和销售渠道，其核心技术和生产商*]的方式构成了全部股份。

以下利用一段文字阐述各自的目标或目的。使用图解方式说明（详见第九章样本格式例子）。要知道，一份图表有时胜过上千个文字叙述，它可帮助你全面思考。并使你做出最终结论，以施展你的战略部署。

1．产品及服务 1

[*产品或服务 1*]代表着新[*何种市场？*]市场的一个侧面，该市场可以[*解决何种问题？*]，并且可以广泛地反映出全部[*目标客户*]对服务需求。

探讨一下营销状况及目标市场的规模。

2．产品及服务 2 等

[*产品或服务 2*]体现了[*某种项目或事物*]可以附加在[*某种项目或系统*]中。[*你公司或项目名称*]将[*首先*]结合[*具体产品/服务*]进入市场，并被工业专家评为“最佳产品”。*依上述方式予以叙述。*

3．客户合同的开发、培训及咨询等业务

[*你公司或项目名称*]目前正同[*某公司*]讨论具体的[*购买合同和委托*]。这项工程将给[*你公司或项目名称*]带来可观的效益，将帮助[*你公司或项目名称*]与[*某公司*]建立正常的相互关系，以保证[*你公司或项目名称*]的产品技术和服务得以实施。[*你公司或项目名称*]希望这条生产线能够得以实施。[*你公司或项目名称*]希望这条生产线能够表示出[*你公司或项目名称*]的产值的[*降/升*]曲线。

四、技术

1．专利技术

我们的产品属于[*阐述专利技术*]，并对下列范围的权益加以保护[*列出有关专利技术、版权、商标等*]，同时实行规范的技术转让方针。

2．相关技术的使用情况（技术间的关系）

我们[*具体产品名称*]的[*技术/能力*]，我们已经[*说明一下专利许可证或专利计划*]与[*具体产品名称*]技术有如下应用范围：[*指出协议书的大致条款*]。

[*公司或项目名称*]已经与其他影响力较大的科研中心，包括[*科学院、基金会、组织*]建立了关系，本公司同时还是[*公司或项目名下*]的大学认证项目的参与者，拥有[*具体产品名称*]的原始编码专利。“大学认证项目”首先给[*你公司或项目名称*]提供任何衍生项目的工业化生产的权利。

我们的技术开发包括[*产品和公司*]项目。这些工作包括[*公司*]和项目参与者的努力。公司有权利将[*具体技术名称*]用于工业化扩大发展。

[*公司或项目名称*]目前正致力于[*界定一下环境或有潜力的技术，或者生产线*]的研究工作，这项工作将对扩大生产提供条件。

五、价值评估

阐述一下向顾客提供的产品为客户带来的利益，要有具体数值：

增加收入额

增加毛利额

提高生产效率

降低信息技术成本

减少库存

降低员工数

……

请与从前的统计结果（公司及竞争对手）加以对比量化，并说明不同点及改善情况。

六、公司管理

1．管理队伍状况

“投资是一项经营人才的业务”，请你一定要牢记这句话，越来越多的事实证明商业竞争的实质就是人才的竞争，谁能让人才留驻并善用他们，谁就能在商业竞争中获胜。你不仅要向投资者介绍经理队伍的概况，而且要介绍他们是如何形成一个整体团队进行工作的。

[*公司或项目名称*]拥有一支世界级水平的管理队伍，他们在[*工业生产、市场营销、专业市场、资信收集、公共关系、人事关系、各种有影响的岗位*]上具有直接的技术与丰富的经验。主要体现在：

业务负责人和关键雇员

坦率地说，如果你以最少的人数担任公司各类职务，你将很幸运。你要告诉投资者，你公司都设了哪些岗位。请将你公司主要岗位负责人的简单职责介绍一下。

在此你要将你公司或项目的主要人员列表进行说明，主要人员包括：总经理（或首席执行官）、负责市场营销的副总经理、负责销售的副总经理、负责财务的副总经理、负责研发的副总经理、负责生产的副总经理、财务总监、法律顾问、公共关系顾问，等等。每个职位都要包括：姓名、职位、性别、年龄、所持有你公司的股份或选择权、个人经历、教育程度、专业水平、毕业院校等。另外，你最好能提供几位可作为公司重要岗位候补的人员介绍，以及公司发起人的数量、所处职位和介绍。

股份分配：

本公司已发行了[*具体数量*]普通股，还有[*具体数量*] 普通股尚未发行。下列人员或组织是公司的重要股东：

在这里你要列表说明重要股东的名称、持股量、股份单价、占总股份的比例等资料。

2．外部支持

我们目前已与下列外部顾问机构发展了业务关系：

[*具体名称*]会计师事务所

[*具体名称*]律师事务所

[*具体名称*][*各种形式的*]顾问或咨询公司。

3．董事会

我们公司的董事会由称职的商业及工业专业人士和专家组成。这个董事会协助我们的管理层制定切实可行的决策，执行最有效率的任务。但是，董事会对管理的决策不负任何责任。

利用本页篇幅简略概括一下你的董事会的背景。将董事会成员的简历一一写在计划书的附录条中。

七、组织、协作及对外关系

阐述你公司的内部组织结构、管理程序。此项内容可以写在这里，也可以放在“支持文件”栏目中。组织机构包括管理层次图表，说明相互业务关系、功能作用等。

你要阐述你公司所存在的各种关系的影响力，它可以吸引投资者的兴趣。请说明一下你是怎样开展工作（或计划开展工作）的，及如何协同另一方改善你的工作质量。要清楚地说明它们是怎样被选用的，以及到目前为止它们是否为公司赚了钱。切莫忘记在你所从事的领域当中还有全球分销计划。

[*你公司的名称*]已经同[*行业名称*]行业中的主要公司发展了重要的利益关系。以下列出这些关系之范围。

联合营销协议

相互关系的作用和影响可以吸引投资者的兴趣。请说明你是如何同其他部门合作以改善你的工作业绩的。

本公司在下列大型的巩固的业务方面建立了重要的互惠协作战略伙伴关系[*请逐一介绍每个公司，他们在市场中的地位，具体协作内容，以及在协作中涉及的风险等均应加以说明*]。例如，我们已同[*具体公司或组织的名称*]建立了营销协议，这位[*公司或组织的业务性质，如：计算机软件批发商*]的业务使我们有机会销售我们的[*具体产品名称*]。

第三方协议

我们同为数众多的供应商建立了战略伙伴关系。填补了采购方面的委托空白，以便购买[*列出提供你公司各种原料 80%以上供应商所提供的原料名称*]，他们同意在[*这里写出协议的中心意图，如至少六个月内不向市场投放任何商品，或者他们向我们提供优惠的价格*]。

合作开发

本公司与[*具体公司名称*]公司的合资经营是我们建立的另一类战略伙伴关系。我们绝不会对他们新的[*具体列出不会进行的工作，如高帮运动鞋*]投入研究开发基金。我们的参与，使他们已经研发了一段时间的[*具体列出将进行的工作，如：低帮运动鞋*]的研发时间缩短了一半。通过利用他们的[*具体设备或人员*]（实际上这些人员并未充分利用），我们有能力避免支出[*工资以外的主要费用*]。由于他们对该商品研发是否取得的成功起过重要作用，我们同意支付[*具体数额*]的权利费。

委托加工关系（OEM 关系）

本公司与许多客户建立了具有战略意义的委托加工（OEM）关系。这一关系使我们得以大量稳定地销售[*具体产品名称，如箔金包装料*]，销售对象是[*具体用户名称和用途*]。这一关系使我们许多生产线的产品走入了市场。不过它给我们带来的收益并不太大，也没给我们扩大我们品牌的影响力。

八、知识产权策略

本公司对我们的核心专利技术[*详述于此*]实行严格的保护措施。这项工作需要依靠有关法律的帮助。如版权法、商标法、商业机密保护法规等。同时还需要有对有关商品制定的合同限制条款，以便保护我们的知识产权。本公司目前拥有[*或没有*]这些技术的专利[*但很可能在*

将来选择申请专利归档]。以下说明一下任何可能发生的法律上的，或者技术上的和竞争上的冲突。

九、场地与设施

详细说明扩建需要的设施和成本，包括租赁合约等。

我们的[*公司总部/制造厂址/销售网点*]位于[*具体省份、城市、街道*]。

这个场地为[*原始或当前*]的生产和扩建提供必要的空间，它可以满足未来[*大致时间范围*]年的发展需要。我们目前的生产能力（包括内部和外部生产）是[*具体按日/周/月/年等单位列出生产能力*]。

如果我们能将生产能力提高到[*具体按日/周/月/年等单位列出希望达到的生产能力*]的话，还需要[*到何时*]增加设备。在选择未来场地时，需要考虑以下几个问题。

在此说明需要考虑和解决的问题。

十、风险

需要评估一下业务的主要风险（包括管理问题、市场状况、技术状态和财政状况）。这些风险包括以下方面：有限的操作经验、有限的技术力量、员工熟练程度、资源数量、有限的管理经验、市场的某些不确定因素、生产上的某些不确定因素、来自竞争对手的威胁、防止假冒伪劣商品问题、对关键管理方式的独立性问题等。

[*公司名称*]的业务取决于对[*明确可能产生的风险*]的防范。这主要取决于卖主，因此，须向[*具体买主的名称*][*说明需要做的工作，如定期发布内部规范与标准以及进行二次试验等，这些工作均需在总体发货前进行*]。本公司相信自己有能力适应[*技术进步及生产稳定性发展*]的步伐，[*依靠先进的联络手段，如国际互联网和其他在线服务方式，本公司有能力支持这种产品的生产*]。未来的产品计划不依赖于[*阐述于此*]，技术障碍已经清除。

本公司的主要发展目标是生产[*具体商品的名称*]。成功地生产出这些代表我们企业水平的商品，并为市场所接受，就是[*公司或项目名称*]的生命线，即企业成功的重要条件。最近第一个月[*具体商品的名称*]的销售额达到了[*具体金额*]百万元，这表明市场接受[*具体商品的名称*]的程度是广泛的，而且还在发展着。[*具体生产装置*]将会成为20××年公司的主要收入来源。199×年×月[*资料来源机构名称*]的研究机构报导称，[*具体生产装置*]的增长率由 199×年的××%增长到 199×年××%（仅在[*具体市场名称，如操作系统*]市场上的统计）。[*具体研究机构名称*]公司预测，[*具体生产装置*]的订货量将由 199×年××0,000 提高到 20××年超过××0,000，比 199×年的订货量翻了一番。目前的销售量和市场预测可以大大降低本项目的投资风险。

[第三章　市场分析]

这一章是编写商业计划书最重要也是最困难的一章，如果你不重视对这一章的编写，你的计划就会成为最糟糕的计划。这也是大多数糟糕的商业计划编写得最糟糕的章节。

在这一章中，你要指出你在哪个工业领域、市场领域、岗位功能方面展开竞争，市场特点与性质怎样？你是如何划分市场格局的？这些市场格局与营销研究中心的分析或与投资分析有何不同？以上问题你要具体说明。如果市场属于新开发的，那么，你如何建立你的预测来证明你的正确性，例如：假如你现在正在 NT 环境下开发一个的高性能 C++语言的应用工具，就不能将你所面对的市场销售总额定在所有软件应用工具市场销售额 300 亿美元上。因为，你是为特定市场生产一种 C++工具，它不是一个多语言交换系统或多用户工具，请问：你去年卖出多少套 C++工具？而且，这些工具中有多少是"真正的"开发工具？有多少是你的目标市场？同你的竞争对手分享后，又有多少剩下的是属于你的市场？在你目标市场之外还有没有其他市场/分销商/委托加工工厂？

在编制本章之前，请参阅第九章关于市场和市场格局的介绍、格式和编排方法。

一、市场介绍

我们在[*具体的工业领域*]的[*具体的方面*][*希望参与竞争，正在展开竞争*]。根据[*具体的资料来源*]，该市场[*前一段有效时间*][*批发或零售*]额大约为[*具体金额*]万元。我们相信，这个领域未来主要趋势是向着生产[*具体预测发展方向，如环保方面、小型化方面、高品质方向、增值方向*]的产品发展。

根据[*具体的研究机构名称*]研究结果显示，到 20××年，该市场将会[*发展或紧缩*]到[*具体金额*]万元。我们希望在此期间市场中的竞争局面应是[*维持发展，收缩，原地不动*]。影响这种变革的主要力量来自[*具体原因，如计算机成本下降，以家庭为基础的生意的扩大，儿童用品开发商的用户——孩子数量在减少以及随之而来的他们所喜爱的宠物在减少*]。在这个领域中，发展前景最广泛的区域是[*具体产品名称*]。

我们的市场定位是发展[*具体面向市场的产品类型，如学校、家庭、办公室用品，书写和制图仪器，制鞋工业中的儿童（10 岁至 19 岁孩子）用鞋*]。在过去的几年中，这个市场已经处于[*发展或稳定状态当中*]。[*具体行业名称，如机械*]工业专家[*需要具体指出姓名*]预测，该领域未来几年的产值为[*具体金额*]万元。

最有发展前景的区域是[*具体市场名称，如儿童用品*]市场的[*具体产品名称，如童装*]产品。

注明此信息的来源，发布时间，以及这个信息是怎样编制的。如果你的观点与分析家的观点不同，请加以解释。希望你花钱购买这些信息，以防投资者在项目失败追究资料真实性时，你提不出你合法使用这些信息的证据。哪怕你只花 1 元钱购买信息，都可能使你日后免除法律责任。

[*公司或项目名称*]由于所处位置得天独厚，最有能力使[*商人类别，如分销商、零售商等*]与[*你公司的产品或服务*]相互合作共同打入现有的加工行业中。这种合作具有[*评述市场定位的优势*]。目前，在该领域的[*商人类别*]面对着挑战，如[*具体的情况，如受到缩短进入市场的时间压力，劳动力成本的增加等*]。

面对不同类型的买方市场说明如下。

二、目标市场

主要参与者是如何分配市场的？具体份额和收益是如何？请你对这种情况和隐含的机遇加以解释。请确认一下你的市场定位，并对能左右你行动的因素加以定义。

我们的市场定位确定为[*具体产品名称，可多写几种*]。目前，市场份额由[*具体写出前三位市场最大占有者的名称*]占领。

当前我们产品的典型客户是为了[*具体目的*]正使用[*其他产品或服务*]的人。我们可以激发他们购买我们产品的激情，原因是[*产品的价格、产品的品质以及产品的适用性等因素*]。这些信息是我们从[*客户的反映、贸易展览、广告调查等渠道*]了解到的。同时我们还感到，我们的顾客发现我们的产品[*价格合理，质量稳步提升，品味高雅，任何一种明显的特性都使你的产品立于不败之地*]。

根据你个人的看法或最近获得的信息，对现在的业务状况加以评价：销售历史、市场份额及地位、生产趋势、利润、营销方法等。

工业发展的预言家们对未来两年有何预测？可用多种方式协助你分析你的具体情况。

主要市场定位包括：

[定位 1]

[定位 2]

按一般习惯的分类法，列出你基本可以接近的客户类型（如零售商，电气产品订货商，从商品目录上订货的购买者，其他等类型）请参阅第九章。

[具体产品名称]的市场定位是根据[请列出产品所属类型]的零售价￥[X]元到[Y]元的范围来划分的。这类商品的大部分销售业务由[具体的授权机构，如 OEMs、转包商、生产厂家的代表等]受理的，而一少部分则使用[具体确定价格方法，如招标]的方式进行。

本公司当前或未来的产品处于[*具体种类，如未能大量上市、没有成品、库存不足*]的不利状态，造成这种不利局面是[*具体状况，如专利未登记、产能不足*]，原因是[*请解释*]。到 20××年我们有能力扭转[*具体能够实现的事件，如专利登记、扩大生产线产能*]形势，此后，各种劣势会大大降低。

目前来讲，公司的劣势只限于[*具体种类*]方面，现在我们采取以下步骤来缓解这些问题[*请说明缓解办法*]。

环境方面的威胁[*如市场萎缩/贸易壁垒/消费者的倾向/变幻莫测的经济形势*]等外部因素对我们的影响都体现在[*具体体现的地方，如价格/市场占有率、批发零售数量、进出口量等*]方面。

另外还包括人所共知的[*具体因素，如法律体系不健全、政府政策不透明、外汇管制没有标准等公认的影响因素*]等因素。

三、顾客的购买准则

请界定一下顾客的类型和其购买的标准。你可以利用小包装试用品来了解顾客的购买情况，这种方法容易实施，足以向顾客提供新的知识，使购买者更有兴趣反复购买你的产品。

目前购买本公司产品最典型的顾客是在[具体领域]中为了[*说明应用或目的，如办公自动*

化、减少员工数量]正在使用[*具体产品*]产品的人。

是什么力量激发人们去购买你的产品？真实而又感人的反映是什么？为什么出自你的产品、服务及你的公司？

请解释你的市场拓展方法——主要针对的客户群、各种卡片上的宣传、广告宣传等。你是如何发现你的竞争对手的？你的顾客是如何发现你的公司及其产品的？他们是如何发现和接受你的新产品，换言之，他们通过什么渠道购买你的产品（通过企业许可证、电信方式，或通过结合其他什么商品的方式而发现的）？他们对不同的差价反映如何？

四、销售策略

你要从[*公司名称*]的销售部门计划通过不同的渠道销售我们的[*产品或服务名称*]。这些渠道都很起作用，因为：

客户分布面

地域关系

季节性变化

有效的资金量，及可以利用的市场现有的类似产品的渠道。

我们的竞争对手也使用同样的[*具体销售方法*]销售渠道。不过，相比之下，我们的销售策略更有效，使我们得以[*阐述一下你胜过竞争对手的优越条件*]。

[*你公司*]的部分主要客户名单如下：

请列出前5～10家客户的商号。（如果客户一览表占据篇幅很大，请放在附录中）。

[*公司或项目名称*]的产品采取积极灵活的定价方式，并通过多种渠道进行销售。这些渠道包括直销、通过电话推销、建立分销系统等，所有这些销售方式都是世界范围的。[*公司或项目名称*]在[*具体地区，如北美和欧洲*]建立一个直销场所，在[*具体地区，如亚太和世界*]其他地区，[*公司或项目*]则利用专门的分销体系进行销售。[*公司或项目*]的分销渠道包括与OEM厂商有关系的系统销售商，独立软件销售商（ISV）和独立服务商（ISP）。我们已同[*具体公司*]签订了专门的销售协议书。其他[*具体行业，如计算机行业*]的公司，如[*具体公司*]，将我们的专利[*技术或产品*]融入[*他们的产品中*]了，这就使我们的利益受到长期保护。

五、市场渗透和销售量

深入到你的市场的各个层面，你是怎样接近你的顾客（购买者）的？这里，可以利用矩阵方式按年划分你的市场层面，按年度制定接触顾客的计划，并说明所假定的年度销售量。对于每一种销售渠道，均应制定五年期的目标销售和假定销售量。每种销售渠道的假定销售量举例如下：

直接（或间接）销售计划——五年计划

广告宣传/出版物上宣传的目标数量

有效销售率（%）

实际完成率（%）

市场份额（%）

潜在的购买者/用户（每年数量）

每个购买者的购买量

总销售量

平均购买价格

[第四章　竞争性分析]

一、竞争者

请告诉投资者你在产品、价格、市场份额、地理位置、推广方式、管理、个性化、融资能力等方面的主要竞争对手。错误或者不完整的信息可以理解为你的玩忽职守和对投资者与银行的不诚实。

切莫在你的竞争对手眼皮底下欺骗你自己（或你的投资者）。许多企业家认为他们没有"真正的"竞争对手，但事实上他们犯了严重的错误，从市场经济的观点看，任何商业活动都存在着竞争对手，只是你或你的竞争对手还没有发现对方罢了。

你可以查一下 Datapro、Computer Select、Nexus/Lexus 的报道，以及你当地图书馆中的工业企业名录，可以透过互联网查询在线数据库，它们都可以向你提供其他公司的竞争信息；也可以阅读有关工业方面的杂志，寻找有关广告；也可打电话或访问顾客了解竞争者。请千万记住，有人站在外边（静静地，或者虎视眈眈地）做着你正在做的事情。

[*你公司*]在[*具体背景，如市场激烈竞争*]形势下提供[*具体产品名称*]产品。

在这个市场中，与我们竞争的公司有：[*竞争者*]、[*竞争者 2*]和[*竞争者 3*]。

对每一类竞争者请提供例据说明。例如，Acme Inc 公司是在 C++环境下应用开发高性能工具的具有 300 万美元销售能力的开发商和销售商。Acme Inc 公司是 Acme Corp.公司的分公司，总公司是一个上市公司。销售额为 8 亿美元。分公司销售成熟产品、测试产品和其他品质优良的工具。这个分公司近来的趋势大不如前，因为母公司一直没有拨给用来引进新的工作平台和语言的资金。Acme Inc 公司由一个副总裁管理，他在那里工作已经六个月了。前任经理在那里工作了 11 个月。你要像这样描述你的每一个竞争对手。

竞争者[*同我公司一样，在同样的贸易刊物上使用同样的方法*][*登过，没登过*][*广告*]。如果这类广告是合法登出的，它很可能起作用了！

我们的[*产品/服务*]是独一无二的，因为[*具体理由*]，或者说，我们具有竞争优势，因为我们[*进入市场的速度快，形成了名牌产品效应和低生产成本的态势等*]。

在该行业中，供货商和销售商（分销商）的关系是[*请阐述关于你公司产品的供货商和分销商和分销商的工作效力*]。当前，竞争威胁来自[*其他公司/其他工业厂家/新技术或侵权技术/国外/策略关系方面*]。

[*你公司*]的产品几乎在[*特点、利润或顾客期待的那样*]等各个方面都有良好的表现。而[*具体产品*]的竞争产品在[*具体哪些环节*]上体现不出同样的效用。

[*具体竞争者*]在[*公开发表刊物名称，可多列几个*]刊物上登广告。

探讨一下结果，如果竞争者经常地和定期地在那些刊物上登广告，它很可能起作用。

[*具体竞争者*]的产品只适用于[*具体指出在哪些有限的范围*]的范围。

或用另一种描述。

该市场份额没有同任何竞争者分享。竞争是存在的，但它只存在于[*具体行业的一个方面或国家*]。在这些领域中的竞争对手是[*具体列出几个竞争对手*]。

二、竞争策略或消除壁垒

讨论一下你会在目标市场中所遇到的壁垒，并形容一下这些壁垒的特性，讨论一下可能涉及的各种重要的理论上的关系、习惯势力、国际大财团、战略伙伴或合资公司等，正面或负面的东西均要加以阐述。

竞争者[*A*、*B* 等]

与[*其他产品，销售过程，销售环境*]同时销售最基本的[*具体产品/服务*][*并不*]是困难的。因为，[*请说明理由*]。由于[*你的产品或服务*]的可行性，[*你公司或项目*]将处于[*请阐述你的有前途的事业*]的前景。

要想在[*具体产品*]上消除壁垒，主要工作是及时开发[*专有技术、专利等*]，迅速生产出新产品，快速进入市场。有了时间因素就能使[*你公司产品*]尽快进入市场。据估计，本公司将提前 15 个月领先于所有竞争对手。

第二个壁垒是[*产生和保持这类技术的困难性*]。请解释这种壁垒的基本理论根据。

[第五章　产品与服务]

请解释你的产品是怎样打入市场的，或者说你采取了什么样的服务手段。你的产品能在市场上火起来都需要哪些条件或需求？你的产品都有哪些附加价值？你最好能在这章提供你产品的图片，使你的产品能真实地展现在读者面前。

我们对产品定位有丰富的经验。请浏览网址：www.chinasba.com

[*你公司*]生产下列产品：[*请将产品名称列此处，按产品生产线最畅销或最有意义的产品顺序列出*]。*一定要让读者参考你的产品图片、图表、样品，以及任何其他具有说明效果的材料。*

或者，你可以用另一种方式描述。

[*你公司*]提供以下方面的服务：[*将服务种类简单列出，按产品生产线最畅销或最有意义的产品顺序列出*]。

一定要让读者参考你的产品宣传册及任何能够说明你的服务的材料。

目前，我们的[*产品/服务*]正处在[*写明产品所处时期，如初期、发展、成熟完备*]阶段。199×年我们首次开发了[*产品/服务*]，此后我们进行了[*具体技术，如 3.0 动画*]改良和二次设计。*这里要提供产品开发历史，产品介绍，发展到今天这种形势的改革过程等事实。用图表*

形式说明也许更为适合。

一、产品品种规划

你用什么样的质量使你的产品或服务驰名？结果如何？你让投资者相信，为什么你会对高于竞争对手的客户购买准则感到满意？

在目前的生产基地生产你的商品是否会提高交易？

许多市场中存在的因素都有助于我们提出基本相似的[*产品/服务*]标准。但是，我们在市场营销方法上与竞争者不同，理由是[*具体的原因*]。

我们已经对[*具体产品*][*申请了*][*授予*][*获许可*]专利权，内容简介刊在附录[具体附录编号]中。我们已将这些文件资料汇集在我们的程序库中，这些资料别人是无法复制的。我们的主导产品[*具体产品*]反映了顾客的[*具体需求*]需要，同时也给顾客带来了[*哪方面*]的利益。

请向投资者介绍一下你的产品品种或工艺方法，提供何种独一无二的具有附加价值特性的产品给顾客？这些特点是怎样转化为你公司的竞争优势的？

使你产品利润提高的方法，最好有两种以上，强化了你公司品种产品组合的利润。

二、研究与开发

我们的研究与开发业务是在[*某某人或承包商*]的领导下进行的。其主要目的是通过市场来实现[*开发新产品，解决开发过程中的问题，或者向顾客提供最高收益*]。前[*一段时期*]，我们的研发部门开发出下列产品并进行下列方面的技术改造[*请列产品名称和技改项目*]。在过去的一年中，[*你公司*]在研究开发业务上投入了[*产值的%，或绝对值多少元*]，计划下[*一段时间内*]投入[*%或元*]搞科研开发。

例证应包括以下内容：相对低投资需求，投资净回报，同当前策略的配合程度，开发与生产的可行性（计划），相对低风险形势，了解意向性结果的时间，共同买主的情况等。请解释你公司是如何和怎样对产品开发进行决策的。你的目标市场中的顾客也参与这一制定过程吗？

我们的研发项目所涉及的课题有时并不是从顾客或市场中寻找的。因此，我们选择产品的准则是：[*相对低投资需求，投资净回报，适应当前战略，开发与生产的可行性，相对低风险，及时了解（掌握）意向性结果，广大的购买者等*]。将来，我们的研发业务需要增加力度时，这些工作都需要[*人，基本建设开支*]来[*加速开发过程，使试验结果更有效*]。

三、未来产品和服务规划

为适应市场需求，我们计划扩大[*具体产品/服务*]生产，内容包括[*具体的工作步骤*]。

此外还[*设想/计划*]开发[*下一代*]产品，包括[*具体产品或技术*]。

可就你下一代产品的计划展开讨论，包括对未来顾客需求售后服务等观念。

我们已确定更新换代的产品包括[*具体产品名单*]，这些产品正是适应[*主要贸易展览，工业发展趋势等前提*]才相应提出的。此外，我们计划推出下列产品[*具体产品名单*]以满足换季需要。

四、生产与储运

请介绍可能建立组织机构的地点、建设情况、许可证决策部门、设施，以及后勤保障部门的情况。例如，资金使用、劳动力、材料资源、开发过程、客户关系、经验及销售要求。说明中还应包括原始产量和扩建要求，同时还需介绍产品或者关系的复杂性、独立性及成本问题。如果你已经有了或者计划建立软件库用以使你的加工工艺自动化或改善状况，也请在此阐述方针策略。

我们的产品生产手段是[*描述具体手段*]。[*开发/生产/储运服务*]过程中主要因素在于[*具体影响生产和储运的因素*]。

生产中所需要的[*原料/预制/工艺包软件/硬件*][*材料/部件*]是[*列出具体名称表*]。

请说明并列出基建设备、材料和劳动力的数量。以上所说的项目，目前有现成的吗？你是否有多种供应源头（渠道）？请列出质量和技术标准规范，列出库存需求，说明安全条例、危险材料或其他重要的安全因素。有没有其他可供选择的资源或材料？若有，请说明。

本公司[*建设/安装/承包*]过下列[*软件/主要部件/零部件/分装件*]：

请列出组装件等名称，包括客户的情况、主导生产线和成本等情况。

五、包装

包装工作对最终用户来说尤为重要。包装工作需要使仓储方和最终买方都相信你的产品会安全离开货架。请说明为什么你的商品包装是独特的？怎样保装？

我们的产品出厂包装原则是[*请解释你的方针策略*]。我们的竞争者也使用[*具体包装方式*]，但是我们的产品有别于他们[*请说明明显特点，包括“展览品”章节中的照片*]。包装工作是制造过程中的最后一道工序[*如何包装/谁来做此工作*]，也是非常关键的一环，它可在顾客的心目中建立十分理想的形象。

六、实施阶段

请阐明你公司现在是怎么做的，将来要发展到哪一步？为什么？解释一下顺利实现这一过程，当前和未来的计划是什么？

产品的问世是达到顾客满意的一个重要组成部分。[*你公司*]利用[*外部支持者的名称，如某大集团/外部渠道*]来监控和管理产品的储运，制定单证，日常养护和保险，这样可令顾客满意，实现销售的持久性。

我们的实施方案可以[满足/未能满足]未来的需求，原因在于[*解释原则和证明未来计划*]。

七、服务与支持

对顾客的服务：

我们的顾客都认为服务与技术支持是他们最关心的事情。他们常常对我们所提供的服务与技术支持发表意见。我们建立了[*维修/支持*]程序，向全体顾客提供热线服务。（*请说明你的服务类型和现状*）。

反馈与调节政策：

[*你公司或项目*]提供全面的售前和售后技术支持与服务。售前活动主要由位于现场的系统工程师来做。售后活动主要是通过设在[*具体地点*][*你公司或项目*]的热线来完成的。这两种服

务体系保证了我们的技术可以成功应用，并使顾客满意。这些机构提供对我们全线产品的技术支持，可以保证技术的成功使用和快速解答顾客问题。[*你公司或项目名称*]主要采用电子方式进行服务与支持的，这样可以有效地节约时间，降低日常开支。这些服务包括：使用电子邮件，传真反馈和电子邮递技术服务，还包括产品更新或改革方面的自动电子邮件确认服务。

你可以进一步描述你即将举办的一个活动，如你正在计划一项技术/开发/国际厂商联谊活动。它的目的是提供一个自由的环境，我们的[产品/服务]使人们有更深刻的认识。你公司还将提供一个面向开发人员的技术支持奖金，该奖金可让你从研发人员的视角来观察你公司的产品。在商品正式投放市场前，就产品的特性/优点/公众印象度加以评价。研发人员也可以通过你合伙人的邮件影响和参与你公司的研发设计决定。

[第六章　市场与销售]

一、市场计划

你想构筑的业务类型；你想达到的市场层面；到达市场层面所利用的分销渠道：零售、批发、OEM、电子媒体等；你希望占有的市场份额等。

我公司的产品的市场总计划是以下列因素为基础的：

本公司将综合考虑直销、电话销售、建立分销渠道等方式来促进销售。与此同时，我们将致力于建立全球化的销售网络。投资于[*具体的销售方式，如全球直销方式*]的销售组织将对[*什么样的*]市场产生积极影响[*说明有何影响因素，为什么*]。[*公司或项目*]已开始建设一个[*具体销售形式，如电话*]组织，以支持[*产品/服务*]的实施战略。

[*具体销售方式，如直接销售方式*]已委托出去了，原因是[*说明你为什么将权利转移出去，你可以说：销售方面的技术问题，我公司产品的高价位，在某种景气程度下的购买者影响量，某些组织对我产品存在长期禁锢，或者，对具有某种特点的产品没有其他的销售渠道*]。在[*具体国家*]，[*你公司或项目*]没有雇用当地的销售人员。目前，[*你公司或项目*]在[*具体国*]正在当地开设了销售机构。

二、销售策略

1．实时销售方法

请介绍用什么样的销售策略销售你的产品。如何促销？（通过打电话直接进行、广告宣传、邮件、广播、电视等渠道）。请在服务支持文件全章节中提供各类样品的说明文字、广告语、声明或其他促销刊物。在销售预测中要详细说明销售过程中要保持的安全库存。

[*具体商品名称*]应视为一种[*长期/短期*]销售的商品。

2．产品定位

相对竞争对手而言，顾客是如何评价你的产品和你的公司？

你可以设计一套销售步骤来检验是否能实现你的销售目标，这种方法十分有效。

顾客对我们[*具体产品*]的评论是[*请说明*]。我们产品的[*具体产品的独特性，如技术上/质量上/性能上的*]优点吸引了顾客，得到消费者[*具体评价，如物美价廉*]很高评价。

就市场定位而言，我们能利用[*广大的消费者/生产目标*]来满足不同顾客的要求。

多层次的销售策略：

我们的销售步骤分[*具体分几步，如二、三、四方面*]，首先是市场渗透。

第二步是注意[*具体的销售渠道*]。传统客户是我们产品的主要目标。[*你公司或项目*]目前正同[*具体公司*]商谈以 OEM 方式进行销售的可能性。

第三是注意发展合作伙伴关系，如[*请说明合作特点*]。[*你公司或项目*]目前正同[*具体公司*]开展传统意义上的合作，以便[*请明确合作目的*]。[*你公司或项目*]正与[*具体产品生产商*]合作，将我们产品的试用包装随他们的商品销售送到用户手中，以宣传我们产品的[*具体性能，如硬件质量、软件易于使用*]。

三、销售渠道与伙伴

我们的销售渠道包括以下几种。

分销商

确定分销商是我们市场计划中的重要环节。我们将首先选择那些从前就已经建立起来的销售渠道，这些销售渠道相对来说人员专业性强、队伍稳定、热情高。

直接销售

（你是否计划或已经形成了一个有力的直销体系？请说明一下这支队伍的运行机制及将来的计划。如果实际的合同金额低，直接销售就不会赚钱。一定要使你的直接销售利润率达到或超过生产率及销售率。）

零售商

交易商想从制造商那里得到什么？

价格观念：有吸引力，合理。

盈利：强调营销价值。

技术支持：需要准确而迅速的反馈。

设计，制造与包装。

广告宣传与公共关系：需要最大程度地提高顾客的理解度和需求。

有效的销售（宣传）资料可使销售过程加快和简易化。

竞争优势：具有特点而有效益。

储运：当需要产品时可立刻发货。

市场稳定性：保持利润和市场的占有位置。

制造商的代表

由于制造商的代表掌握着与我们的产品相兼容的其他品种的产品，因而我们相信，最好是选择拥有[*产品 1*]和[*产品 2*]互补性和兼容性的人士作为我们制造商代表[*例如，某个垂直市场（即制造工业）销售代表与商业专家制定出年销售固定收入五千万元人民币以上互补产品*]。

行政/法人销售

请阐述主要的或效益较好的直接销售额。

样板生产（OEM）

有了 OEM 这样的条件，我们就可以将我们的[*具体产品*]纳入他们的产品生产线中[*请加以说明，你是如何将你的产品融于他们的产品中*]。

国际市场

一开始你就应该考虑国际化的问题，这一点十分重要。请按优先权顺序列出目标销售国家：按比例份额划分、按语言划分、按产品用途划分、按兑换率划分、按专业性需要划分，千万别忘记为你设计一个撤退计划，毕竟不是事事顺利的。

电子化市场

请看看互联网，那里有商业邮件目录或电话目录。有些电子化服务也处理咨询问题及其他提供“800”服务项目。还要研究竞争对手的做法。

邮购

我们将在[*具体时期*]内对邮购的利润增长进行调查。由于我们加强了处理邮购业务的力度，所以预计会增加利润。我们能够科学地达到这一步，是因为我们改善了我们客户的需求标准。我们建议向[*具体计划，如邮购两组 5 万件运动服、每组寄出前先用 5 千件作测试*][*具体购买群*]确定目标。

销售方法

你的产品是怎样分销的（或者使用什么方法使你的产品销售出去）？请制作一张图表来显示产品是怎样到达最终用户手中的。

下列单位或组织与[*你公司或项目*]有销售关系，它们强化了现有的分销关系，是增强分销增殖能力的主要对象。

[*A 公司*]：[*A 公司*]是[*具体产品或技术*]的主要供货商，与[*你公司或项目*]签有分销协议，此协议即可向[*A 公司*]提供单独的产品，还可以结合[*A 公司的其他有关产品*]集中统一销售，并将各种品牌产品混合统一处理。这是一种[*有限的，不付专利费*]的协议，用来支持[*你公司或项目*]的[*培育，研究和开发*]工作。

[*B 公司*]：它是由[*组建人名单*]组建的，是[*具体产品*]的重要供应商。在[*你公司或项目*]与[*B 公司*]共同努力合作开发下，于 19××年签署了共同使用[*按优先权名义*]许可的协议书。这种[*非独家的*]协议向[*你公司或项目*]提供了充分的权利，协议规定，在不支持专利费的前提下，在[*具体应用方面*]可以利用[*原码*]进行生产。

请说明这些渠道的作用、功能和优点。包括产品/服务在销售渠道方面的广告宣传，促销活动中的参考资料等。

四、销售周期

将市场进行区块划分，并根据每个区块中买主的教育水平，实施业务的复杂性，或其他在时间上和推广应用上的影响因素，说明一下销售周期的平均长度。为避免销售周期的长度引起乐观的误解，因此你应提出关键证据、参考性实例等。请问你所做的所有准备工作是否

能增强你的可信度？

五、定价策略

你如何设定价格标准？有政策依据吗？你的价格有没有竞争性？你定价格是根据成本还是市场增长额？价格高于或低于竞争对手的原因是什么？这些产品的市场弹性强度如何（对产品需求的定价效应）？买方如何使效用弹性变得更具优势？

你是否存在一种固有的高价值观念，认为高价格是天经地义的（成本越高产品越好）？你能否利用定价原则作为一种战略性竞争武器迅速获得市场份额？

我们的定价策略是[*请说明你的政策，或至少应该有个原则*]。这种定价原则是依据[*具体依据，如成本核算的？毛利目的是什么？市场何在？*]

我们最终定价原则是根据[*成本、毛利目标、市场价格形势、公认性价格*]。

我们按[*月、季度、年度*]来审查价格，以保证基本利润不受损失。顾客对我们的产品和服务愿意支付的价格高至[*具体价格*]，原因是[*请解释*]。

我们感到顾客愿意花[*具体金额*]购买，原因是[*请解释他们的购买原则*]。我们计划每[*具体的时间段，如三个月*]审查我们的定价情况和产品库存或短缺的情况。

你是否应该对一项新的价格政策进行调查？以免损失最基本的利润。你有时间来研究这类问题吗？

1．产品/服务A

我们的[*产品/服务名称*]定价策略是一种排他策略从而实现市场渗透。我们相信[*具体产品/服务*][*在企业中或桌面上*]（同其他竞争产品相比较）还不是种特价的商品。[*你公司或项目*]的产品当前的价格范围大约在[*XX～YY，高于或低于*]竞争对手的水平，这其中的原因在于[*请解释与该产品的比较，你的产品市场定位*]。例如，我们[*具体产品系列*]价格范围从×××元到YYY元，而竞争对手照常将他们的销售价定在YYY到ZZZ元。

[*公司或项目*]目前从要总产值的××%中拿出[*专利费*]费用。[*公司或项目计划拿出多少（费用）用于你们的产品开发上*]。为了克服小型顾客市场的对抗情绪，或限制社会上的开发商，我们将拨出一定数量的款项作为[*优惠定价/竞争费用*]来平衡公司间的规模差距，当高于[*具体数量*]时就应协商解决。

2．产品/服务B

当需要在短期内建立最大限度的分期付款销售基地时，[*你公司或项目*]实行一种市场渗透策略。这种策略的定价范围是对[*具体产品*]从免费培育计划到[*具体产品*]的×××元控制价开始。

六、市场联络

当你的产品已经上市了，并且表现极佳时，你的目标应该是加强、促进、支持，使这种情况持久。请记住，拥有资源丰富的企业家会发现不同的宣传方式，使用各种各样的方法来获取免费的广告宣传和促销效果。

本公司知道走向胜利的关键是什么，此时需要扩大促销力度。为达到此目的，必须采取[*进攻性/主动性*][*广泛扩大选择性销售*]的范围。为了达到我们的销售目标，我们需要一个[*特*

别有能力的、专业化程度高的顾问、广告代理商或者公共关系公司]。本公司[*计划*]在主要贸易杂志上，如[*具体杂志名称*]上发布[*广告/现已发布*]。资金落实后，就可选择代理商，在代理商的协助下，综合性广告宣传内容和促销计划就可以制定出来。我们以两种方式发广告，第一种是由我们自己发布，第二种是联合与我们有[*市场/销售*]关系的分销商、OEM 商、零售商及其他公司共同发布。

由于我们在公共关系上的努力，使我们在[*具体行业或市场区域*]中提供的产品具有领先地位。我们的极高声誉和[*名牌产品*]，以及在[*管理人员/买方/顾客*]的心目中不断提高，对公司的[*前景/工业发展/市场繁荣*]起到举足轻重的作用。

我们将按正常的方式广泛地联系下列各部门：[*主要贸易刊物的编辑部门、商务和地方出版机构、现有顾客所在公司的主要管理人员、雇员组织、用户集团、顾客、竞争对手、销售代表等*]。

1．贸易展销会

展销会的目标观众是谁？展销会能给目标市场带来某种信息么？

地区展销：目的在于将[具体国家]的各类展销有机地结合在一起，以便进入[何种市场区域]。

时间框架：每[月，年]展销次数/学术讨论会次数最好不多于[具体次数]。

过去的经验（如果有的话）。是否在别人的展销会上设过摊位？

本公司参加过[三]种类型的展销会[*具体类型*]。

20××年，本公司将致力于开发和生产[*产品 1*]从而取代[*产品 2*]。在确定我们的贸展时，我们考虑以下几个因素：*具体列表说明*。

根据以上的考虑，这些展销活动被选定在 20××年进行。

本公司将参加各类活动计划来促进公司和产品的知名度，这些活动包括：*具体列表说明*。

2．广告宣传

[*公司或项目*]正在开展印刷品广告宣传活动，主要发表在杂志上，配有突出重点的论述宣传，同时还设计出宣传手册，增加宣传效果。目前涉及的杂志主要有[*请列出贸易杂志名称*]。[*宣传手册的名称*]出版日期号[*时间期限*]，其发行量达到[*具体发行量*]，发行对象主要是目标顾客。宣传手册还包括对于[*具体产品名称*]的整页广告宣传。

3．新闻发布会

[*你公司或项目*]的情况一直由媒体进行采访报道，新闻介绍和举办新闻发布会。（参阅附录 G 有关采访报卡与新闻发布之介绍）。[*你公司或项目*]计划聘请一位全日制的公共关系经理来继续从事这一有效的工作。

4．年度会议/学术讨论会

[*你公司或项目*]目前已参加了几个主要工业项目的学术会议，包括在[*具体国家*]的[*具体项目*]。[*你公司或项目*]还成功地与市场伙伴合作，无需购买展销摊位就增加了我们的知名度。这其中的因素就包含着对[*年会、展销会、学术会的*]参与行为。

5．国际互联网促销

根据最近的新闻或特别报导，[*你公司或项目*]的互联网站每天上网率为[*具体数量*]。我们的国内信息已成为行业内可靠的、及时的、对分销及顾客有影响的、对行业景气情况进行预测的重要来源。

6．其他促销因素

[*你公司或项目*]正在寻求更多的机遇[*举例说明*]与[*具体公司或其产品*]共同拓展市场。

7．贸易刊物、文章报道

[*你公司或项目*]的负责人[*举出姓名*]经常作为[*具体行业*]的专业人士参与许多有关本行业的讨论，经常就有关产品和市场问题发表意见。[*具体的人*]还在[*具体杂志*]就[*具体讨论题目*]发表过专题报道。

8．直接邮寄

[*你公司或项目*]还进行商业信函和邮购活动。该活动在一定范围内[*或列出订阅者名单，或者以用户为基础对象*]发布一定数量的信息，旨在获得迅速的客户反应和寻求销售机遇。

除上述之外，[*你公司或项目*]还拥有专业性的附加资料，包括产品数据表、白皮书和背景资料等。

七、社会认证

社会上对你的技术、产品的实效性、新闻发布的策略、你的计划等的评论是一种重要的销售工具，它可以增进你的认可度，缩短销售周期。要找一些工业领袖、分析家、主要顾客或大学，作为你的产品与服务的评论者。这些人士必须在他们的领域内愿意公开发表他们的支持意见。请阐述你的社会认证计划。

[第七章　财务计划]

财务计划你想编制一个世界级的吗？精英杰公司将创办一个培训计划，它的服务对象是帮助中小型企业或创业人员建立一个完整的财务计划或商业流程。这种服务在互联网上开通，大约在1999年5月开始。

一、财务汇总

五年的损益表包括以下的内容，它反映了第三年的投资回报率为××%。可以假定早在199×年为×000 000 元，而在第一年中它的回报率是负数。公司可望在 20××年达到现金流平衡。原始股公开上市是本项目最理想的出口策略。

二、财务年度报表

以下是从 199×年起五年期的年度产品收入汇总表。此计划系根据目前[*你公司或项目*]的[*自筹资金计划，无其他外部投入*][*第一/第二轮基金——此处请予以解释*]而制订的。此外，产品产值假定是在200X～200Y 年，这些假定值支持着那段时期的产值计划。

三、资金需求

不言而喻，这是一个很重要的话题。请说明你的资金需求包括哪些。风险投资网站中的栏目可助你查找投资者的信息。请查阅网址 http://www.chinasba.com 中的商业计划书部分。

我们正在寻找[*具体金额*]元的[*商业贷款，分期贷款或长期贷款*]主要用于未来[*2 年，1 年，1 个月，1 天，任何时限的*]本公司的发展。到那时，我们还需要增加[*具体金额*]元的资金使我们渡过现金平衡关。

初期投资将用于[*完成开发任务，购买设备，引进新的/下一条产品生产线，流动资金的投入，寻找竞争对手*]。资金使用明细如下：

完成开发项目：[*具体金额*] 元

购买设备：[*具体金额*] 元

引进新/下一条生产线：[*具体金额*] 元

流动资金投入：[*具体金额*] 元

资金使用计划

请说明如何使用贷款/或投资资金。

[*贷款/法人投资*]的资金将用于[*购买/建设/开发/获得/寻求/融资*]在[*设备/设施/流动资金*]方面。

回报/偿还计划

需要确定，多长时间你能偿还贷款，或者投资者可将投资收回。换句话说，什么时候可以达到回报的目标。还要告诉投资者，偿还的措施是什么？或者说明转变投资者的地位，从而收回投资的方法[如出售普通股、出卖商业设施等方法]。你的财务估算应包括贷款/投资资金所产生的利润和所需偿还的资金。请探讨一下那些可作为直接结果的融资所产生的、任何有意义的利润增长因素、资金流动因素，以及这些增长因素是如何帮助你偿还资金的。

我们可以通过[*剩余利润分红、资本重组出卖公司或者公开发盘方式*]，在[*x*]年之内偿还[*贷款/投资*]。

通过[*a*]方式产生的增长利润可在[*年/月*]之内提供偿还贷款资金。

结论

这里不必做出结论。但需要同金融家进行讨论一下，请不必为此而感到茫然。

根据我们的预计，我们认为[*投资于，贷款给*]我们公司，是一件非常理想的投资活动。为使本项目能够贯彻实施，我们需要[*具体时间*] [*具体金额*]元[*投资/贷款*]。

四、预计收入报表

这部分计划不应提供给不想向你投资的投资者。你可使用以下文字进行说明。

该版本的[*你公司或项目*]的商业计划的空白部分是有意留下的。关于详细的财务计划和所需要的具体财务信息，请与[*你公司或项目*]接洽。

假设条件

告诉投资者，你是怎样制定财务假设条件的。（指的是商业假设，不是记入财务记录单的数字）

如果你需要寻找有关会计师或律师的信息，请到：http://www.chinasba.com 中查找。

财务预算的依据是假设条件，如[*在……时间内*]新增[*设备/设施/生产线*]将可增加利润[*具体数值*]%或[*具体金额*]元 。

新设备可降低成本[*Z*]元，因此可增加利润[*a*]%。

利用总量折扣的优势，售出货物成本可降低[*b*]%。

我们计划在[*具体时间*]实行一种新工作方式。产品的现场试验在[*具体时间*]开始，[*具体时间*]结束。初期市场渗透可望达到[*具体金额*]元，盈余[*X*]%，第一年年底可增长[*Y*]元，第五年年底可增长[*Z*]元。

通常的假定条件往往是成本（包括劳动力）随着总通货膨涨率而增长。但是，希望成本也随着总量折扣和与供货商成功的谈判而降低。不管成本显示出什么样的水平，增长还是降低，应对其事实情况加以评说，并注明其理由。

通货膨涨率假定每年为[Z]%。

财务报告

应记住这一事实，预算报告不是孤立的。任何一个审查你的财务报告的人都希望读到一些支持你所做的有关预算的探讨性说明（有关你对市场的研究，对竞争对手的研究等）。

应该简单地讨论一下商业计划中每份财务报告所叙述的汇总分析结果。还应讨论一下销售增长率和各种大宗消费项目。销售经济学问题也应加以解释。总量调整测定法有助于投资者增加对讨论课题的准确把握。这些内容包括作为销售收入百分比量的累计数、库存量、应收帐款、当日应付帐款平衡量、投资回报率等。

应向你自己提出的基本问题是：当我考虑将我自己的钱拿去投资之前，我应该具备哪些知识去评估一个商业建议书？如果你作为一个投资者所提出的全部问题都得到解答，你可能就可以准备对外投资或成为贷款人了。

收入报告

请对各类大型收入项目或各种较大的变动做出评论，如研发活动或市场消费等。这些事项往往在运作的头几个月显示出较大的不平衡性，特别是以销售百分比的方法审视时，更是如此。不过这种现象过一段时间就会逐渐消失。

要考虑建立两种收入报表：第一种报表按月反映出第一年的收入：第二种报表应反映出五年中的逐年收入。

五、资产负债预计表

对资产负债表中任何一个较大的或不正常的项目进行评估，比如现有其他资产，其他应付账款或逐渐递增的负债等。

应考虑建立两种资产负债表：第一种是按月反映出第一年的负债情况；第二种是反映五年中逐年年度负债情况。

收支平衡分析

我们可以在[*具体的月份*]月份达到收支平衡。届时我们的销售额可望达到[*具体金额*]元。

六、现金流量表

在财务计划中应考虑建立两种财务状况变化报表——现金流量表。一种是反映一年状况的逐月报表；另一种是反映五年中资金流动情况的逐年年度报表。

[第八章　附录]

陈列展览

造成一个计划主体内容混乱的原因是有过多的详细说明与解释，因此，就需要有陈列展览加以形象化。陈列展览可使投资者能够透过数字背后的实物更清楚地了解你公司。陈列展览应包括以下内容：

- 产品样本与说明书
- 销售报单
- 顾客清单
- 新闻报道与采访媒体
- 工业出版物的剪辑材料
- 专利证明
- 市场调研数据
- 以往的广告活动
- 实用的设施、仓库等的图片

附录的内容如下。

一、[*公司或项目*]的背景与机构设置

这方面的介绍是有必要的，它可以使人们了解你公司的历史与发展。

[*你公司或项目*]的全称或曾用名称[*全称/原名称*]，创建于[*具体年份*]。我们现在的名称是从[*解释一下有关你所使用的名称意义*]沿袭而来的。199X 年，本公司推出了[*具体产品名称*]，它是一种[*说明产品特性*]。199Y 年，我们在[*具体投资领域*]进行了投资，成立了[*分公司/部门名称*]。199Z 年，[*分公司/部门名称*]从本公司被分离出来，成为一家独立的法人机构。

你在此还要说明，其他一些分离机构，兼并单位的形成历史，预期亏损措施、税费庇护带来的好处，资产负债的优点、缺点，资本结构，股票交换，资产保值，国外、政府的反常行为，法人债务的转换，董事会关系，所有权或其他基本投资者应知的其他事项。

二、市场背景

这里需要说明一下你所服务的市场长期以来正在发生或已经发生的事件。凌乱琐事、集会、关于新产品的影响、发挥作用的技术问题、全球范围的联系、国际与国内互联网等。市场区域的成熟情况、新建或兼并标准等，以及对你的市场冲击情况。

三、管理层人员简历

在此你要叙述高级管理人员和主要技术人员的简历。

四、董事会

包括全体董事会成员的姓名、地址和联系方式等信息。如果可能，附以简历。若不可能，也必须提供其经历和职能的汇总材料。

王积力先生，男，43 岁，XYZ 公司董事长兼总执行官；

曹童博士，男，37 岁，现任 XYZ 公司副总裁，负责产品研发工作，还兼任 ABC 公司董事长及 NMP 公司董事等职务。曹童博士是英国伦敦大学的毕业生，取得生物工程学硕士学位，并曾在乌克兰基辅大学和俄罗斯莫斯科国家科学院做访问学者，在基辅大学取得哲学博士学位。在 XYZ 公司成立之前，曹童博士曾是 OPP 公司的生物实验室和产品开发部任负责人。曹童博士现为奥地利公民，长期住在中国北京。

五、行业关系

[*公司或项目*]组建了一个专业协作系统，用以支持[*你公司或项目*]的董事会和管理层的工作。具体如下：

会计师事务所：

法律事务所：

管理顾问：

技术支持：

六、竞争对手的文件资料

在此你要描述有关竞争对手的公司名称和产品系列，包括竞争对手的实用参考性资料。

七、公司现状

在此你要将资本结构、净资产、年报（如果是上市公司的话）或其他有助于投资者认识你公司的有关参考资料附上。如果是私营公司（不是处于创始阶段），还应提供前几年的经过审计的财务报告。如果未经审计，请注明；如果已经审计过，请注明会计公司名称。

八、顾客名单

请提供一份完整的顾客清单，如有可能，请按市场区域、行业编码规范整理。内容应包括各类主要顾客的资料，顾客对你公司提供产品和服务的满意度调查结果，潜在购买群，用户会议和产品目录等。

九、新闻剪报与发行物

包括全部有关你公司和产品/服务的主要新闻介绍情况和过去一年或以前的新闻报道资料。

十、市场营销

包括公司最新出版的公司介绍资料、说明书及任何促销性资料，如录像带、出版物、调查材料、教育、培训及学术会议汇编，或其他与公司有关的展示材料。

十一、专门术语

包括各种专门用语。应尽量使你的计划阅读起来不感到费劲，尽量使人感到其直观性强。有许多投资者，尤其是那种个人或家族投资者——“天使”，他们有对你有利的投资模式和资金，想参与投资，但一般对你所在行业的技术用语缺乏了解。所以，不要假设他们懂得你的商业规则。举例如下：

DLL：动态链接数据库

DOS：磁盘操作系统

GUI：图形用户接口

ISV_S：独立软件销售商

参考文献

[1] 周耀烈，刘艳彬．创造性思维——创意生成的智慧[M]．吉林：吉林大学出版社，2010.

[2] 李猛．思维导图大全集[M]．北京：中国华侨出版社，2010.

[3] 周耀烈．思维创新与创造力开发[M]．第 1 版．浙江：浙江大学出版社，2008.

[4] 杨春燕，蔡文．可拓工程[M]．北京：科学出版社，2007.8.

[5] 可拓学网站：http://web.gdut.edu.cn/~extenics/.

[6] 蔡文．物元模型及其应用[M]．北京：科学技术文献出版社，1994.

[7] 蔡文，杨春燕，何斌．可拓逻辑初步[M]．北京：科学出版社，2004.

[8] 杨春燕，张拥军.可拓策划[M].北京：科学出版社，2002.

[9] 李兴森，李萍，朱正祥．可拓思维辅助企业管理创新[J]．科技智囊，2009（2）: 40-43.

[10] 李兴森．从没有银弹到银弹加工场[J]．软件世界，2007（9）:64-66.

[11] 袁齐瀚．创新案例的可拓分析．浙江大学宁波理工学院本科毕业论文，2008-06.

[12] 博诺．水平思考法[M]．冯杨，译．山西：山西人民出版社，2008-01.

[13] 斯隆．创新何来：卓越领导者的横向思维技巧[M]．赵玉涛，译．第 1 版．北京：企业管理出版社，2004.

[14] 韩国文．创业学[M]．武汉：武汉大学出版社，2007.

[15] 蒂蒙斯，斯皮内利．创业学：第 6 版[M]．周伟民，吕长春，译．北京：人民邮电出版社，2005.

[16] 库拉特克，霍杰茨．创业学：理论、流程与实践[M]．张宗益，译．北京：清华大学出版社，2006.

[17] Ang T，姜旭平．我的创新管理课堂[M]．上海：上海交通大学出版社，2006.

[18] 林嵩，谢作渺．创业学：原理与实践[M]．北京：清华大学出版社，2008.

[19] 莱韦斯克．创造力[M]．李敏，译．黑龙江：黑龙江科学技术出版社，2009.